Elio Providenti

Colloqui con Pirandello

Edizioni Polistampa

In copertina: Caspar David Friedrich, *Il tempio di Giunone ad Agrigento*, 1830

© 2005 EDIZIONI POLISTAMPA
  Sede legale: Via Santa Maria, 27/r – 50125 Firenze
  Tel. 055.233.7702
  Stabilimento: Via Livorno, 8/31 – 50142 Firenze
  Tel. 055.7326.272 – Fax 055.7377.428
  http://www.polistampa.com

ISBN 88-8304-897-0

*A Willi Hirdt, amico carissimo,
senza il quale l'idea di queste pagine
non sarebbe nata.*

Su la vecchia sedia a dondolo
mi spingevo avanti e indietro
quando udii con molta forza
dar tre colpi a l'uscio a vetro.

L'uscio s'apre ed entra d'impeto
un signore... proprio quello!
Faccio un salto e balzo in piedi.
Chi ho dinanzi? – Pirandello!

Come sottrarsi al dovere di riferire i colloqui notturni avuti con l'insigne scrittore, apparsomi ripetutamente tra acri fumi di zolfo nei primi inverni del nuovo millennio?

A lui, nei lontani anni della sua giovinezza, alla fine del XIX secolo, in identico modo era apparso l'arcidiavolo Belfagor, inviatogli allora da *Nicolaus, segretario fiorentino*, che dagli inferi manifestava così al giovane e ancor sconosciuto poeta la sua presaga amicizia. E così, come in un incubo della cattiva coscienza, anch'Egli a me inaspettato si manifestò, a colpire le false opinioni e le poco attendibili interpretazioni che molti di noi, suoi indegni esegeti, avevamo indebitamente e sconsideratamente seminato. Null'altro dunque, se non sottomettermi alla sua volontà e adoperarmi a trascrivere quanto più possibile fedelmente ciò che, talora con impetuosa indignazione, veniva dicendomi.

È questo dunque, prima che un omaggio alla sua memoria, un atto di doverosa obbedienza a un uomo tormentato e inquieto che ha voluto mi rendessi tramite dei suoi pensieri senza il velo delle convenienze e con tutta l'insofferenza che sempre dimostrò nei riguardi delle ipocrisie del mondo.

I

La fede

– Ahimè, Maestro, il soffio gelido della Sua apparizione m'investe con una terribile folata che mi fa rabbrividire...

– Non me ne parli: ce n'è stata una pestifera che mi è arrivata fin laggiù asfissiandomi, malgrado io sia – come lei sa – abituato agli effluvi sulfurei tra i quali crebbi.

– «Laggiù?»

– Sì, laggiù. Se lei l'ignora, le ricordo che dopo essermi liberato del fardello terreno finalmente bruciato per mia esplicita volontà in un solo allegro rogo, io andai ad abitare agli inferi in compagnia di Satanasso e di Belfagor suo arcidiavolo e mio indimenticabile personaggio giovanile. Volli essere cremato, suscitando così l'ultimo scandalo della mia vita. Mussolini, cui, tutto sommato, ero cordialmente antipatico (m'aveva mandato a dire che ero *un brutto carattere*), si fece saltare i nervi, figuriamoci!, e batté i pugni sul tavolo ordinando che nessuno osasse riferire quella mia scelta. Nessuno fiatò, naturalmente. Ci fu il mio amico Ugo Ojetti, impiastricciato di politica e di gesuitismo come nessun altro, che nel suo articolone pubblicato (badate bene!) quasi un mese dopo sul «Corriere della Sera», si dette l'aria di trascrivere le mie ultime volontà, ma omise, naturalmente, una parola sola: «bruciatemi». Scrisse invece con tutta l'ipocrisia di cui era capace: «Sento che forza di convinzione gli deve essere occorsa per arrivare, lui nato in Sicilia e cattolico, a quelle negazioni». Avrei voluto gridargli: «Mi pensi un cretino!», ma l'abbandono e la solitudine in cui fu lasciata l'urna con le mie ceneri, mi ricompensava di tutto.

– Abbandono, solitudine... Non è possibile!

– Ah, quei dieci anni trascorsi tra i cipressi del Verano in perfetto anonimato, che feroce consolazione e che pace per me! Perché, se lei non lo sa, quell'urna, racchiusa in una teca di legno d'olivo, fu contraddistinta col n. 2873 e calata nell'ossario comune, dove venivano (e vengono tuttora) tumulati coloro che, per una ragione o per l'altra, non trovano sepoltura. Dal così detto *Tempio egizio* – il luogo dove a quel tempo avvenivano le cremazioni – si attraversa soltanto un viale per raggiungere la prospiciente area dell'ossario; un breve tragitto, quindi: lo stesso che alcuni mesi dopo, verso la fine d'aprile, fece un piccolo sardo gibbuto, a me non del tutto ignoto per via di certe sue critiche teatrali sull'edizione torinese dell'«Avanti!» degli anni della guerra, venuto a tenermi silenziosa compagnia. – Che crede lei? che la mia morte sia stata come quella di D'Annunzio? Quell'uomo l'ho sempre detestato e più ancora nella circostanza della morte: funerali di stato, parata di gerarchi e di accademici, messa funebre e osanna celebrativi, e infine la gran sepoltura nel *Tempio dell'Olocausto* in cima al Vittoriale. Altro che il mio *Tempio egizio*! Non che me ne importi. Badi bene: ero io che avevo voluto così, perché a me – lo dico una volta per tutte – è il genere umano, è la vita stessa che mi han sempre ripugnato. Ho sempre avuto orrore della mia carne, del mio cuore pulsante nelle vene, del colore del sangue, del mio alito di fumatore, della finale putrefazione di ogni cosa vivente. C'è un marinese (uno di Porto Empedocle) che, poverino, si prese uno "scanto" da bambino quella volta che andai a riabbracciare sua nonna Carolina, mia antica compagna di scuola. La poveretta rivedendomi dopo tanto tempo all'improvviso, gettò un urlo e scoppiò in lagrime. Chissà che gli sembrò quella scena, "poviro picciliddro"! Ebbene Andrea, così si chiama, si è messo a sostenere che io sono un *figlio cambiato*. Altro che cambiato! Nato sbagliato! Nacqui prima del tempo. Non dovevo nascere, dovevo morire alla nascita. Meglio non nascere. Che si nasce a fare?

– Ma questo, Maestro, è nichilismo puro…

– Amico caro, lei o è un ingenuo o è un ignorante. Non sa che fortuna è essere bestia. Meglio bestia che uomo. Nascere è sventura, nascere uomo è doppia sventura, perché nell'uomo c'è un di più: il senso di sé, che le bestie non hanno. Una superfluità che lo rende infelice. Io questo l'ho imparato da uno che nella vita fu infelice molto più di me. Era un mezzo ungherese, un mezzo romeno, un mezzo nobile, un mezzo matto, un mezzo di tutto: si chiamava Lenau. In una poesia scrissi:

che significa – se lei non capisce – che la storia, l'esperienza del passato a niente servono, nulla insegnano. Poi, leggendo e traducendo il suo *Faust* appresi la più grande lezione della mia vita: che il nostro più acerrimo nemico è chi ci ha creato, e che la natura è sempre stata una madre maligna. Sfidarli entrambi, creatore e natura, come Lenau nel suo impeto romantico proponeva? – No, meglio – dicevo io – imitare il savio armento, per cui il vero è l'erba tenera che gli cresce sotto il mento. L'immersione nella vita puramente animale e vegetativa, sciogliendoci per così dire e annullandoci nelle cose, come fa il povero Moscarda, rappresenta l'unico modo per raggiungere una simbiosi col tutto. Annichilirsi, appunto, che è l'unica forma di serenità e forse di beatitudine raggiungibile dai viventi.

– In questo che dice, caro Maestro, c'è, direi, una saggezza orientale. Certo ne è assente la grande tradizione dell'occidente, di cui Lei pure è figlio.

– Insopportabili classificazioni di professori! Se vuole intera la mia opinione, caro lei, l'uomo, non contento della sua infelicità, ha pure creduto bene di costruirsi tutta una serie di religioni e di filosofie più o meno strampalate per spiegarsela, questa sua infelicità: io le ho chiamate «lanterninosofie», vani tentativi per stenebrare l'oscurità in cui è da sempre avvolto. Ma ha creato così un altro maggior motivo d'infelicità, perché alla sua naturale perfidia è bastato questo per cominciare a covare un odio forsennato verso chi la pensa diversamente: l'odio religioso, l'odio ideologico, tutte le forme d'odio possibili, e le guerre contro chi non accetta di pensarla allo stesso modo. Bel risultato! Io che ho vissuto la prima guerra mondiale e i prodromi della seconda (per fortuna sono morto prima), ho ancora addosso i brividi d'orrore che mi dava quella brama di carneficina da cui di tanto in tanto si fa prendere l'umanità.

– Dunque, non si salva nulla…

– Ma non dica sciocchezze! Che salvazione vuole lei? Sono stufo di questi discorsi salvifici. Me li son sentiti fare negli ultimi due anni della mia vita, prima da un compaesano che aveva letto la dichiarazione *Schreiben Sie Null* (scriva "ateo") fatta al momento dell'iscrizione all'università di Bonn al segretario che mi domandava a quale religione appartenessi. Quel compaesano voleva a tutti i costi rivelare la mia inconsapevole religiosità, e intanto ascoltava e raccoglieva tutte le malignità che si dicevano in paese sul mio "matrimonio di sùlfaro" e sulla cattedra straordinaria avuta grazie a Cocò Gallo. In quel tempo mi s'accostò con molta discrezione un giovane prete, intelligentissimo e pieno di fervore, uno dei migliori della sua generazione (la stessa dei miei figli), e che io trattai dunque con affetto, ma che infine rimase anch'egli scottato. Voleva fare una raccolta di colloqui su Dio: pensi, con me! – rimasti naturalmente progetto perché c'era ben poco da dire. So che la mia morte la prese proprio male: «Fui chiamato a casa Pirandello – così scrisse a Papini – appena furono certi che era spirato. Non so cosa avrei fatto se quel balordo di D'Amico, che sapeva, mi avesse avvertito. E tuttavia non so quietarmi di essere giunto dodici minuti, *dodici minuti* dopo che Pirandello era morto». E aggiungeva, il buon don Giuseppe: «le ultime volontà erano atroci». Sfido, non aveva capito niente di me neppure lui!

– Maestro, sono sconvolto, mi sento mancare. Un bicchier d'acqua. Aiuto, aiuto!…

– Ah no! Questa che proprio io debba darle soccorso, non l'accetto! Forse potrei aiutarla a riprendersi ricordandole che sul capezzale del mio letto c'era (e c'è ancora) un crocifisso, donatomi – guarda un po' – proprio dalla moglie di colui che don Giuseppe gratificava di «balordo», mentre avrebbe dovuto lodarne – come altra volta in verità fece – quello spirito «riposato, chiaro, allegro» che lo rendeva caro a tutti noi suoi amici. Noti pure che fui io stesso a suggerire al mio primo biografo di intitolare il suo libro *Vita e croci…*, non solo, ma una crocifissione dipinta da mio figlio Fausto io tenevo nel mio studio…

– Ah dunque vede, Maestro, che qualche segno cristiano…

– Piano! Non corriamo troppo! Cristo io l'ho sempre considerato il simbolo dell'umanità sofferente, ma da qui a caricarlo di tutto ciò che la storia di duemila anni di cristianesimo ne ha fatto, ci corre! Per me è solo quel «povero Cristo!» che ricorre spesso nelle mie esclamazioni di compassione. Un simbolo – ripeto – dell'umanità perseguitata dal suo infame destino, o vogliamo dir meglio da un dio crudele e oscuro.

– Il Dio della Bibbia…

– No! L'onnipotente e l'inconoscibile, cui l'uomo deve piegarsi accettandone le leggi senz'altro domandare. Le sue regole sono in sé incomprensibili come la vita stessa. Non c'è alternativa né scelta: o vivere con pena questa vita, o non viverla. Ma perché noi viventi ci imponiamo il dovere di affrontare questa pena di vivere? Non sarebbe migliore e più saggia la scelta di non vivere?

– Ma è appunto da questa alternativa che Cristo ci ha liberati…

– Ci ha dato un'illusione, ci ha raccontato la bella favola del dio giusto e misericordioso! Ma nessuno ci ha mai creduto, tant'è che i suoi contemporanei (e io direi il suo stesso dio) l'hanno – tanto per non sbagliare – crocifisso. E dopo di allora quante altre volte ancora è stato crocifisso? È il destino dell'uomo la crocifissione perpetua sull'altare sacrificale della vita. Ecco, così, povero Cristo! Non vivere, non vivere!

– Ma Lei, Maestro, ha pur accettato di viverla, la sua vita…

– Sì, come tutti i viventi, nati senza alcuna partecipazione della loro volontà, per forza biologica, da poveri cristi, appunto, illudendoci, senza mai riuscirci, di dare un senso alla nostra vita.

II

Bonn

– Questa è buffa! Dopo un secolo e più avevo completamente dimenticato quel mio taccuinetto di Bonn con le pagine sulla gita a Kessenich, ed ecco che la filologia tedesca, alla cui scuola ahimè anch'io mi formai, si allea con un'altra temibile filologia, quella giapponese, per anatomizzarmi ancora una volta. Come se fossi un Procopio Scannamosche qualsiasi, mi mettono sotto osservazione, ripercorrono i miei passi ad uno ad uno, analizzano ogni mia mossa e fanno deduzioni e cercano spiegazioni cui nessuno, tanto meno io, aveva mai pensato.

– Mi perdonerà, caro Maestro, per il disturbo che Le sto arrecando con quest'idea di anatomizzarla sul Suo incontro con un giapponese sulla via di Venusberg…

– Un giapponese?… Venusberg?… Può spiegarsi meglio?

– Ma sì, non ricorda? Nelle pagine sulla gita a Kessenich Lei aveva scritto di quell'incontro con un uomo dall'aspetto elegante, che pareva facesse la stessa sua strada. Raggiuntolo, s'accorse che era un giapponese molto ben vestito, anzi troppo: vestito – così Lei diceva – all'ultima moda di Parigi…

– All'improvviso, quanti ricordi!… – Arrivai a Bonn all'una del pomeriggio del 10 ottobre 1889. Scesi dal treno senza un recapito e senza saper dove andare e così presi alloggio all'Hotel zum Münster. Poi, dal 1° novembre, su consiglio di un irlandese di nome Madden (non *inglese* come pure con suo gran dispetto qualche volta distrattamente io lo chiamavo), mi trasferii nella pensione della signora Mohr in Neuthorstrasse 1, dove anche lui alloggiava. Egli mi coinvolse nell'atmosfera goliardica della città renana, nella quale grazie al suo aiuto andavo ora ambientandomi senza difficoltà. Era un gran paesone dominato dalla sua università, polo d'attrazione di giovani d'ogni parte del mondo, i quali con la loro presenza mettevano in movimento tutta l'economia locale: richieste di alloggio, di vita sociale, di divertimenti, di donne.

– Donne, Maestro?

– Donne, sì! I costumi, lo notai subito, erano molto più liberi e – come scrissi a mia sorella Lina – meno impastati d'ipocrisia. In paragone con Girgenti o Palermo, o anche con Roma, quella città del nord, scarsa di sole, fredda e nebbiosa, era una bella novità per me. L'allontanamento radicale dai costumi e dalle abitudini consuete mi metteva per la prima volta a mio agio in un ambiente tanto diverso, come non m'era accaduto neppure nel mio primo approccio con Roma, *la terza Roma* che, come dicevamo noi giovani, aveva soffocato ogni ideale risorgimentale ed era diventata bizantina. Strinsi molte amicizie: con William Madden, appunto, cui insegnavo l'italiano e lui a me l'inglese, il tedesco, il celtico addirittura; col socialdemocratico Karl Arzt, un altro scavezzacollo sempre pronto a infiammarsi per la causa del proletariato; con Fritz Wichmann, il più raffinato del gruppetto, già avviato al giornalismo, che amava ascoltare la lettura delle mie elegie boreali e che poi s'invaghì talmente della *Pasqua di Gea* da offrirsi di tradurla in tedesco. La nostra combriccola cominciò a frequentare la casa di due ragazze che abitavano in Poststrasse, Mary e Johanna Rissmann. Quest'ultima durante quel rigidissimo inverno s'ammalò di polmonite e morì. Scrissi in sua memoria un'elegia che, tradotta in tedesco da Karl Arzt, fu pubblicata su un giornale letterario a orientamento socialdemocratico di Berlino. Ebbene, lo credereste? Tra i tantissimi che si sono dedicati a ricercare e ad indagare ogni minimo particolare del mio soggiorno, nessuno è stato capace di trovare quel numero di giornale. Ed ora ecco che vanno a cercare a chi apparteneva quella faccia gialla di giapponese che incontrai nella passeggiata mattutina nei dintorni di Bonn!

– Quando fu?

– Fu esattamente – ora ricordo bene – il 17 gennaio del 1890, come del resto annotai nel taccuino. Ma troppe altre cose erano nel frattempo accadute. Debbo confessare che a causa della difficoltà della lingua io non seppi sulle prime rinunciare alla compagnia di un italiano, Giovanni Sambo, un mosaicista impegnato nei restauri della chiesa cattolica, anche lui cliente dell'hotel zum Münster. In quel mio iniziale isolamento mi arrampicavo sui ponteggi dov'egli lavorava e lì passavo le ore, leggendo e di tanto in tanto scambiando qualche parola con lui. Ma presto, come dicevo, fui coinvolto nella vita goliardica da William, che, tra l'altro, essendo squattrinato, si appoggiava a me, molto più fornito da questo punto di vista. Il 6 novembre mi recai all'università per l'iscrizione e colsi l'occasione per affacciarmi nelle aule dove i celebri Buecheler e Usener svolgevano le loro lezioni: non capii un'acca e me ne ritrassi inorridito. Perciò, molto insicuro del mio tedesco, dovetti farmi davvero coraggio quando andai dal Foerster il 12 novembre a consegnargli il biglietto di presentazione che mi aveva dato il mio caro professor Monaci. Non potevo certo immaginare che egli, ben contento d'avere in mano una cavia fornita d'una perfetta conoscenza del dialetto siciliano, ne scrivesse subito a lui, ragguagliandolo sul piano di studi che m'aveva tracciato: – per il primo semestre terminare almeno la fonetica e possibilmente anche la morfologia, tenersi comunque in continuo contatto «per trattare insieme tutti i punti o difficili o arrischiati». Per giustificare il mio ritardo (il *Wintersemester* cominciava a metà ottobre) avevo addotto di esser stato malato; ma quando il Foerster vide che, dopo essermi presentato a lui, continuavo nelle mie assenze alle lezioni si preoccupò e venne di persona al mio alloggio a cercarmi. Ma lì non mi trovò.

– Cosa accadde? Non ci tenga in ansia, caro Maestro.

– Debbo dire che venivo da un'esperienza universitaria per nulla simile alla metodicità, alla disciplina ed anche alle cure quasi filiali che vedevo ora applicate nelle scuole tedesche. Ai nostri docenti poco importava che uno studente frequentasse o no le lezioni, fosse presente o no ai loro improbabili seminari: oltre tutto, occuparsi di queste cose era un fastidio di cui facevano volentieri a meno. Dare la massima importanza alle esercitazioni e ai seminari, e perciò al contatto diretto con gli allievi, era invece, dal Mommsen in poi, il fulcro dell'insegnamento universitario tedesco e la ragione stessa della sua rinomanza nel mondo. Io che soprattutto correvo dietro ai miei sogni di poeta, sia a Palermo che a Roma avevo cumulato esperienze solo negative: m'ero congedato dall'università di Palermo il 1° novembre 1887 senza aver dato alcun esame; a Roma m'ero iscritto al secondo anno della facoltà di lettere, ma anche lì, nei due altri anni di frequenza, avevo seguito, sì, molti corsi, m'ero accostato, è vero, al professor Monaci che prese a benvolermi; eppure rimanevo sempre dominato da una profonda avversione verso quegli studi privi per me di vero interesse, ai quali malvolentieri mi assoggettavo o cui recalcitravo del tutto. Ricordo solo per inciso il mio contrasto con il professor Occioni, del resto ben raccontato dal Nardelli, a dimostrazione di quanto antitetica mi fosse quella scuola. Così mi congedai anche dall'università di Roma ai primi d'ottobre del 1889 senza aver sostenuto neppur lì alcun esame e dimenticando financo di restituire il libretto d'iscrizione. Si può immaginare dunque quanto poco io, distratto dall'allegria studentesca e dalla convivialità renana, mi rendessi conto di questa nuova più seria e severa realtà. Seppi subito dalla signora Mohr del guaio, e allora il 5 dicembre corsi ai ripari presentandomi al Foerster con una esercitazione che avevo preparato alla bell'e meglio. Ma ormai egli aveva masticato la foglia, e così il 10 dicembre scrisse di me al Monaci: «Venne a trovarmi nella mia casa e mi portò due piccole pagine nel suo taccuino, trattanti una particella di *a* nel girgentino […], lavoro che con molta tranquillità avrà potuto terminare in una mezza oretta»… I guai per me erano appena cominciati, perché quando volle ancora informarsi della mia salute, io per impietosirlo gli parlai di quei dolori al petto che già a metà del 1888 mi avevano tormentato a Roma e che da un altro tedesco, il dottor Held, erano stati diagnosticati come *endocardite*. Questa parola magica, nella mia ipocondria, l'avevo usata come un grimaldello molte volte e, debbo dire, con un certo successo anche con il buon professor Monaci. In realtà – ora lo so con certezza – non d'endocardite si trattava, ma di questa mia maledetta costituzione, che mi ha sempre tenuto in una perenne ansietà nervosa, in uno stato di dissidio interiore, in una smaniosa oppressione… d'allora, tra alti e bassi, i miei più fedeli compagni. Non m'aspettavo che il Foerster, temendo invece un'affezione polmonare molto più comune tra i giovani e che spesso li conduceva alla morte, mi indirizzasse così su due piedi al professor Schultze, suo collega d'università e luminare della medicina, per fare subito una visita e riferirgliene il giorno dopo. Non so come fu; fatto sta che dopo questo secondo incontro ancora una volta mi eclissai tranquillamente. Infatti in quella stessa lettera al Monaci così egli continuava a parlare di me: «Lo pregai di venire il giorno dopo (6 dicembre) nel mio seminario, di dirmi cosa abbia detto il medico e di venire poi meco a pranzare in casa mia. Il P. il giorno dopo non si fece vedere nella *Seminarübung* – come non è venuto finora mai in nessuna lezione, non venne al pranzo al quale lo ebbi invitato e non si fece sentire né vedere. Ebbi di nuovo paura che fosse ammalato, ma il mio figlio lo ha veduto girar a zonzo il medesimo venerdì nel nostro quartiere nelle ore pomeridiane. Per non dimenticar, avevo il 1° giorno già indirizzato il P. al nostro *Studentischer Neuphilologen-Verein*, l'élite dei miei allievi: inutile di dire che non vi si è fatto mai vedere. – Se dunque è ben, diciamo, educato, almeno è un tipo, direi, piuttosto originale. Io temo che non avrò più tempo e occasione di vederlo».

– Un disastro, davvero, caro Maestro. Ma come poté rimediare a questa difficile situazione?

– Non rimediai affatto. Col Foerster, con il quale mi sentivo in colpa, non mi feci più vedere. Non so com'è, ma m'aveva preso una febbre, una sete, un ardore di vivere mai provati prima e che mai più proverò. Proprio in quei giorni di dicembre io maturavo la decisione di liberarmi da tutti i vincoli che m'ero creati col mio sciagurato fidanzamento di Palermo. Sognavo di sparire, di non ritornare più, sognavo una libertà nuova, senza confini. Mentivo, – dopo quel che avevo combinato col Foerster – mentivo spudoratamente, dicendo a mia sorella Lina in una lettera di quei giorni, del 12 dicembre, che «in aprile sarò dottore in Filologia romanza e appena ottenuta la laurea e il titolo passerò a insegnare Lettere italiane in questa università di Bonn, con un emolumento annuo di circa 4 mila lire italiane, suscettibili d'illimitato aumento»! Era un parlare a sorella (in Sardegna) perché la notizia corresse fino in Sicilia e giungesse alle orecchie di quell'altra Lina, alla quale seguitavo a scrivere lettere più o meno appassionate, secondo le mie già consolidate abitudini di grafomane. E ritorcevo il coltello nella piaga aggiungendo: «Ciò che in Sicilia, a casa nostra, quest'ultima estate, dicevo per ischerzo pare che si sia completamente avverato. Ti ricordi? "Chi s'è visto, s'è visto; e chi s'è baciato, s'è baciato"». – Non vorrei sbagliarmi, ma forse da questa specie di mio primo sdoppiamento cominciò l'ideazione del *Mattia Pascal*.

– Questo che Lei dice, Maestro, è quasi incredibile, ma pure sconvolgente e affascinante…

– Si tenga forte. Non è finita. Anche col buon professor Monaci mentii spudoratamente: gli scrissi una lettera in tedesco proprio dopo il mio incontro col Foerster, facendogli credere d'esser appena arrivato a

Bonn e che senza alcun indugio ero andato a presentarmi al professore. Gli spiegavo, al solito, d'esser stato molto male e d'aver dovuto interrompere il viaggio fermandomi venti giorni a Como.

– Quante menzogne… non ho più parole…

– La smetta. Lei è ridicolo. Mi faccia finire la storia, senza interrompermi con i suoi sciocchi moralismi. – Con la solita combriccola d'amici andammo ripetutamente a Colonia, la città santa, la Roma tedesca, attratti soprattutto dalla fama del suo carnevale e dalla bellezza delle sue donne. Spesso facevamo lunghe passeggiate nei dintorni di Bonn, sulle rive del Reno, a Beuel, sul Drachenfels o sulle Sette Montagne, sfidando il freddo dell'inverno in allegre comitive cui si univano con entusiasmo le ragazze del luogo. E poi teatri, veglioni, una completa spensieratezza che taluni imprevisti non scalfirono neppure: un attacco influenzale, una distorsione alla caviglia per uno scivolone sul ghiaccio, il furto del denaro appena arrivato da casa, che mi costrinse a improvvise ristrettezze. Ma ciò che veramente m'accadde, io l'ho cantato nella *Pasqua di Gea*: il rinascimento della vita con lo sbocciare del fiore dell'amore. Abbandonati in una corresponsione completa dei sensi, senza più pensieri, noi innamorati ci affidammo confidenti all'abbraccio della Grande Madre.

– Jenny Schulz Lander?

– Sì, Jenny, naturalmente. Quella giovinetta si diede a me con la gioconda spensieratezza dei suoi vent'anni, offrendomi il dono del suo amore come un serto: il ricordo più bello, più struggente della mia vita. E di questo io cantai con la mia voce più melodiosa, come un poeta antico che eleva il suo canto al miracolo della rinnovellata primavera, alla pasqua pagana della terra. – Si comprende come tutto questo non fosse compatibile con l'aridità arcigna degli studi dialettologici di Wendelino Foerster e che quindi io disertassi la fosca università dell'imperatore Federico-Guglielmo durante tutto il mio primo *Wintersemester*. – Quanta pace fosse entrata in me dopo il consolidamento del vincolo con Jenny «*piuttosto no'l comprendo che te'l dica*». In quell'aprile del 1890, allo spirare, appunto, del semestre invernale, mi trasferii a Breitestrasse 37/ª sotto lo stesso tetto della mia colomba, a pensione dalla signora Alvina Lander (sua madre). Conobbi per la prima volta l'ineffabile serenità della *Gemütlichkeit*, quel senso dolcissimo della vita familiare nel quale la mia piccola innamorata mi attirava pian piano, conducendomi per mano. Oh le indimenticabili notti di quella primavera renana, finite e lontane come la mia spensierata giovinezza e per sempre!

– Commoventi ricordi, ineffabili sensazioni d'un tempo irrecuperabile... Ma come andò a finire?

– Ho ridestato la sua curiosità, nevvero? – Ma io m'ero troppo aggrovigliato nelle menzogne per potermene liberare, e così dovetti continuare a raccontarne di sempre maggiori e peggiori. Scrissi ai miei d'aver terminato il primo lavoro accademico, il famigerato *Lessing, la Favola e le Favole*, che null'altro era se non una raccoltina di esercizi di libera traduzione dal Lessing (che utilizzai anni dopo in varie occasioni e anche su un giornaletto per bambini), suggeritami dalla lettura dei *Saggi di critica letteraria* del Canello e in particolare dallo studio dedicato a *Favole, fabliaux e fiabe su Renardo e Isengrino*. Mi vantai, nelle lettere dell'8 e del 18 aprile (che mi bruciano ancora nel ricordo), d'esser già *doctor candidatus* e d'aver ricevuto gli elogi anticipati del Foerster per il suddetto fantomatico lavoro, e di prepararmi a svolgere un corso di lezioni sull'*Inferno* di Dante, nientemeno!, senza aver neppure superato lo *Staatsexamen* che, con la solita faccia tosta, dicevo rimandato *sine die* in virtù degli esami brillantemente sostenuti a Roma e convalidati a Bonn per le forti raccomandazioni pervenute in mio favore dal consiglio dell'università romana! «Io – aggiungevo spudoratamente – non ne sapevo nulla, me l'ha detto giorni a dietro il Foerster, e io suppongo che questa sia tutta opera del Monaci, che mi ha amato e continua ad amarmi come un padre può amare un diletto figliuolo...».

– Ormai siamo preparati a tutto, immagino che la confessione sia tutt'altro che finita...

– Bravo! – Sul taccuino di Bonn c'è segnata anche un'altra data: 13 giugno 1890 con l'annotazione «Visitata la casa natale di Goethe, in Francoforte». Si trattò di una nuova occasione di svago che noi amici inseparabili ci prendemmo soggiornando a Francoforte sul Meno, appunto, e a Wiesbaden, l'elegante città termale dell'Assia. Era giustamente celebrato a Francoforte lo *Zoologischer Garten*, uno dei più grandi della Germania, che io mi recai a visitare. Ma, preso e affascinato dalla maestosità dei luoghi e dalle sterminate varietà faunistiche, non mi accorsi del trascorrere del tempo e del sopraggiungere della sera; così, nel cercare inutilmente un'uscita, mi smarrii. Vagando nel buio mi vidi all'improvviso addosso gli occhi fosforescenti d'una tigre che mi fissavano: istintivamente arretrai, caddi all'indietro e battei la testa rimanendo senza conoscenza. Quando mi ripresi, nel silenzio di quella notte indimenticabile (che m'ispirò molto tempo dopo alcune pagine del *Si Gira…*) mi balenò – non so come né perché – un'idea singolare per troncare il mio sciaguratissimo fidanzamento. Ancora una volta la collaudata trovata della malattia inguaribile mi sembrò la più plausibile. Scrissi dunque alla Lina di Palermo una lettera lacrimevole sull'infausto esito d'una visita a un fantomatico specialista in malattie del cuore a Wiesbaden. A una mia precisa domanda egli m'aveva risposto: «L'affezione cardiaca è ormai molto invecchiata, l'organo non è più integro, e però bisogna che ella muti per sempre e radicalmente modo di vita». A un'ulteriore mia richiesta: – Crede Ella che da qui a un anno io possa trovarmi in condizione di prender moglie?, la risposta suonava sinistra e definitiva, «*Non lo faccia mai, se ha cara la vita!*». Debbo dire che m'ero invaghito di questo mio stato di malato immaginario, e ne scrissi in quegli stessi giorni anche al professor Monaci, inventando di sana pianta un inesistente rientro in Italia prolungatosi poi per tutti quei mesi: «Ebbi – soggiungevo – il gran torto di non recarmi prima dal professor Foerster a comunicargli il mio divisamento e tôr da lui commiato». E poi l'altra menzogna che al Monaci – informato dei fatti dal Foerster stesso – non poteva che appalesare tutto il mio imbroglio: «Fui a Bonn che già il semestre era per chiudersi, ed ebbi a pena il tempo di fare apporre la firma al mio libretto, ma il Foerster non potei vederlo». Sfido! Ne stavo accuratamente alla larga! Infine, con la massima indifferenza, passavo a parlare degli studi condotti a termine, come la traduzione della grammatica delle lingue romanze del Meyer-Lübke che in realtà avevo solo iniziato a studiare insieme ad altri testi canonici, facendone ampi riassunti in alcuni quaderni. Infine, sicuro di far colpo su di lui che aveva curato la pubblicazione di un codice chigiano di poeti umoristici del XIII secolo (Cene della Chitarra, Folgore da San Gimignano, Cecco Angiolieri), mi dilungavo a illustrargli un progetto di edizione critica dei testi di questi poeti con collazione accurata di tutti i codici reperibili, e concludevo seraficamente promettendo di dedicargli questo mio primo lavoro filologico. Mi arrivò invece una risposta che lessi arrossendo fino alla radice dei capelli e che súbito bruciai: nessuno oltre me l'ha mai letta, ma le parole del mio buon maestro servirono a darmi il primo salutare scossone e un'indimenticabile lezione di vita. Ben più violenta bufera stava intanto salendo dalla Sicilia, suscitata dalla mia lettera a Lina. Ella aveva reagito con un aspro telegramma a me e con l'invio della lettera incriminata a mio padre! Credetti bene di correre ai ripari scrivendo a mia volta una lettera d'identico contenuto ad Annetta, la mia sorella più piccola (che sapevo non avrebbe potuto nasconderla ai nostri genitori); ma nei giorni seguenti un fitto scambio di telegrammi con la Lina furibonda e con mio padre giustamente indignato, mi aprirono come una voragine sotto i piedi che mi spinse a partire precipitosamente per la Sicilia. Ennesima bugia fu quella che raccontai alla povera Jenny, di dover partire per il peggioramento dello stato di salute di *mia sorella* Lina. Questa delle malattie era proprio una fissazione! Passai quindi anche l'inizio del secondo semestre, il *Sommersemester*, lontano dall'università e in tutt'altre faccende affaccendato, cercando di rabberciare una situazione francamente paradossale: da un lato la Lina che sin dall'inizio non aveva creduto alla mia malattia e che riuscii a rassicurare soltanto con la mia vicinanza e accantonando ogni velleità di rottura, dall'altro cedendo alle apprensioni dei miei sulla mia salute, e soprattutto di mia madre, con la promessa che mi sarei fatto visitare a Palermo dal dottor Bianchi, un altro luminare. Naturalmente quando fui a Palermo feci credere di non averlo trovato e rimandai tutto a un'altra visita dal grandissimo Baccelli nel mio passaggio da Roma prima del rientro in Germania, ma neppure da lui ovviamente andai.

– Quando, Maestro, ritornò a Bonn?

– Fui di nuovo a Bonn ai primi d'agosto. E fu soltanto allora che cominciai a dedicarmi più assiduamente alla preparazione della mia tesi. Mi rendevo conto di averla fatta grossa e, trovato il coraggio, riscrissi circa un mese dopo, il 7 settembre, al professor Monaci prospettandogli i criteri adottati per l'ortografia vocalica e consonantica del dialetto girgentino e assicurandolo d'esser giunto alla fine della mia dissertazione di laurea, ma soprattutto cercando, tramite lui, di riconquistare la fiducia del Foerster. Gli dicevo infatti che speravo, con la presentazione del mio lavoro, di riottenerne la stima perduta «a cagione della mia ultima malattia e d'uno spiacevole malinteso». Così affermavo, e mi dilungavo ad attribuire tutte le mie sventure alla diserzione involontaria dal malaugurato invito a pranzo, e infine imbastivo un altro progetto, al momento del tutto inattuabile, di un incarico per me di *lector* di italiano addirittura presso l'università di Lipsia, dove in quel momento sapevo essere andato il Foerster. Insomma, per concludere, quegli ultimi mesi del 1890 io li passai a recuperare il tempo perduto e a studiare accanitamente. Ma quando, nel cuor della notte, le dolci dita di Jenny all'improvviso si posavano sui miei occhi distraendomi dallo studio... oh come tutto mi si tingeva del color dell'amore! In quegli intervalli di serenità vissi, più che scriverla, la mia *Pasqua di Gea*.

– Maestro, come, malgrado tutto, le Sue parole riescono a rasserenarci quand'Ella ripercorre quei giorni felici prima della laurea...

– Presentai la mia tesi alla *Philosophische Fakultät* il 28 gennaio 1891 e l'accettazione mi pervenne il 7 febbraio. Il professor Foerster finalmente consentì, non senza farmelo pesare, che io fossi considerato a tutti gli effetti *sodalis ordinarius* della sua *Seminarübung* per i *due* semestri canonici, mentre io ne avevo fatti in realtà tre, con una frequentazione della facoltà che era stata quel ch'era stata. I risultati dell'esame di laurea dunque, pur con tutto l'impegno profuso nell'ultimo *Wintersemester*, non furono gran che brillanti: nel diploma, pur riconoscendomi le qualità di «*observatione accurata et docta expositione*» il giudizio sulla dissertazione era «*probabilis*», e quanto al risultato del temibile *Staatsexamen*, un deludente «*rite superavit*» e nulla più. – Un'ulteriore ragione perché io non attendessi oltre a lasciar definitivamente e senza rimpianti quell'università, malgrado il dolore del distacco dalla mia povera Jenny.

– Finalmente, caro Maestro, siamo al definitivo chiarimento di una vicenda che aveva intrigato fortemente schiere di studiosi, esegeti e filologi suoi ammiratori!

– Sai che bella soddisfazione! Se non ne avessi parlato io, chi dei miei illustri studiosi, esegeti e filologi, come lei me li ha elencati, se ne sarebbe accorto? – Ma parliamo d'altro.

– Già, Maestro, della questione del giapponese...

– Quel giapponese è diventato un'ossessione! Ma, a pensarci bene, se non fosse stato per lui non starei qui a rievocare quei tre semestri trascorsi a Bonn (e i primi due, come ho detto, quasi perduti per lo studio ma indimenticabili per la mia vita). Vorrei però prima di tutto sapere chi è stato quel bello spirito che s'è preso la briga di fare questa ricerca speciosissima...

– È stato, per così dire, un felice connubio nippo-tedesco: l'incontro di due *Weltanschauungen* analitiche e tenaci. – Lei conosce, caro Maestro, il professor Hirdt, uno dei suoi migliori studiosi in Germania e profondo cultore della sua opera, che occupa oggi con molto merito la cattedra che fu del Foerster nel *Romanistisches Seminar*? Orbene egli aveva pubblicato una decina d'anni fa un suo prezioso libricino *Bonn im Werk von Luigi Pirandello* al quale aveva aggiunto un'appendice di testi, tra cui naturalmente la *Gita a Kessenich*. Ebbe dunque egli di recente, durante un convegno organizzato da un altro istituto universitario, lo *Japanologisches Seminar*, occasione di offrire alcune copie di quel libricino ai colleghi, tra cui una al direttore di quell'istituto, il professor Josef Kreiner...

– ...mai immaginando lo sconquasso che ne sarebbe seguito.

– Come ha fatto a indovinare? Effettivamente nell'animo del professor Kreiner, non so com'è, quand'ebbe letto di quell'incontro col giapponese sulla via di Venusberg, cominciò un rovello, un desiderio di conoscere, un'ansietà, un'angoscia....

– Gliel'ho detto: il solito sconquasso! – Il poveretto fu preda di *pirandellite acuta*!

– Fatto sta che consultò gli elenchi degli studenti iscritti negli anni accademici 1889 e 1890, trovando tre nominativi di giapponesi, immatricolati con i numeri 117, 216 e 295. Escluso il terzo, la cui data di iscrizione era il 20 gennaio 1890, cioè tre giorni dopo la fatidica gita, rimanevano gli altri due. Il primo era Nitobe Inazô, un ventisettenne proveniente da Morioka, una delle città feudali di Honshu, l'isola centrale dell'arcipelago giapponese, arrivato a Bonn il 26 ottobre 1889 e ripartito il 12 aprile 1890. L'altro, Masakichi Miyazaki, di ventisei anni, da Saga (isola di Kyushu), padre banchiere, religione buddista, era arrivato a Bonn il 2 novembre 1889 e ne sarebbe ripartito il 6 agosto 1890. L'attenzione del professor Kreiner si concentrò dapprima su Nitobe Inazô, personalità di indubbio interesse, il cui padre era stato uno degli ultimi esponenti della grande feudalità *Daymiô* ormai in dissoluzione. Spirito inquieto e curioso come tutta la gioventù giapponese di quell'epoca che si trovava al guado dell'attraversamento tutt'altro che indolore dalla civiltà feudale a quella moderna, si era impegnato nello studio e nell'assimilazione delle culture occidentali con soggiorni in America del nord, dove rimase tre anni, e a più riprese in Germania, dove frequentò non soltanto l'università di Bonn, ma anche quelle di Berlino e di Halle. In quest'ultima università si laureò nel 1890 con un lavoro sull'evoluzione dell'economia agricola giapponese nell'epoca del tramonto della feudalità e sulle prospettive del nuovo diritto agrario. Convertitosi al cristianesimo e sposato con un'americana, pubblicò nel 1899 un libro in lingua inglese *Bushido, the soul of Japan,* un'interpretazione dell'etica samurai nello spirito rinnovato del moderno Giappone. Fondatore e rettore delle prime scuole di perfezionamento presso l'università di Tokyo (1906-13), fece poi parte della missione nipponica a Versailles nel 1918 per i trattati di pace dopo la prima guerra mondiale. Nella Società delle Nazioni ricoprì a Ginevra la carica di vice capo-delegazione del suo paese fino al 1926. Nominato membro della Camera Alta giapponese, morì improvvisamente nel 1933 mentre era in viaggio per partecipare in Canada al Congresso Pan-Pacifico. Una sua effige è incisa sulle banconote giapponesi da cinquemila yen.

– Non riesco a riconoscerlo sulla banconota che ora lei mi mostra, perché l'immagine non è certamente dell'età giovanile in cui io (se fosse davvero lui) lo incontrai una sola volta.

– Dato il rilievo del personaggio non mancano anche fotografie giovanili. Ivi è raffigurato magrissimo, il volto incavato, con piccoli occhi dietro lo spessore delle lenti.

– Non lo riconosco lo stesso. Mi faccia piuttosto la storia anche dell'altro giapponese. Mi sto divertendo.

– La storia di Masakichi Miyazaki è molto più semplice perché non ebbe l'eminente carriera di Nitobe. Nacque nel 1864 nella città di Saga nell'estremo nord-ovest del Giappone (isola di Kyushu); studiò a Bonn e a Lipsia prima di rientrare in patria nel 1891. Ivi seguì la strada paterna impegnandosi nell'ammodernamento dei servizi bancari e creditizi. Si dedicò anche con successo al commercio e all'esportazione della soya e dei suoi derivati. Morì nel 1950 (data presunta).

– E del terzo che ne è? È pur vero che la sua presenza nella matricola dell'università figura dopo il fatal 17 gennaio, ma nulla esclude che potesse esser arrivato a Bonn anche prima, come accadde anche a me, e che nell'attesa di iscriversi si dedicasse alle passeggiate nei dintorni della città renana.

– Si chiamava Aisuke Kabayama, era originario di Kagoshima (parte meridionale dell'isola di Kyushu), ove era nato nel 1865. La sua era una famiglia di militari e di guerrieri le cui origini risalivano al XVI secolo, naturalmente schieratasi con l'ultimo tentativo di conservazione, quello di Saigo Takamori e della feudalità di *Satsuma*, concluso con la sconfitta e col suicidio di Saigo (1877). Il giovane Aisuke all'età di tredici anni, quando s'era appena consumata la rivolta *Satsuma*, venne inviato negli Stati Uniti per completare i suoi studi, e da lì in Germania. Rientrato in patria, una grave malattia lo tenne lontano dalle attività; ripresosi si dedicò allo sviluppo del settore assicurativo giapponese creando una vasta rete di società fiduciarie anche a partecipazione bancaria. Nominato membro della Camera Alta nel 1925, fece poi parte della delegazione nipponica ai negoziati per la limitazione degli armamenti navali che si svolsero in Inghilterra nel 1930. Fu successivamente chiamato a dirigere le linee aeree giapponesi. Morì nel 1953.

– Ci sarebbe dunque solo l'imbarazzo della scelta. Del mio giapponese ricordo la ricercatezza del vestire secondo la moda di Parigi, il cappello a bombetta grigioperla, la sua faccia rancia di vecchia cartapecora. Ma quale dei tre? Il mio cane Mob, abituato alla socievolezza, gli era corso incontro per saltargli addosso, com'era nelle sue abitudini festaiuole, ma il giapponese, temendo gli sporcasse l'abito, l'allontanò bruscamente. Fu così, per via di Mob, che facemmo conoscenza e un pezzo di strada insieme. Tutto qui.

– Non c'è proprio modo, tra tanti riferimenti, trovare una connessione, un indizio?…

– Amico caro, ci provi lei! Io già sto perdendo la pazienza a questo giuoco senza costrutto. Ah, ecco, lo chieda a Mob, che di sicuro l'avrà annusato per bene. Dicono che i cani hanno una grande memoria olfattiva…

III

Lenau

– Queste rievocazioni dei tempi della Sua giovinezza, caro Maestro, ridestano in noi tante curiosità finora non soddisfatte. Alcune Lei ce l'ha chiarite or ora. Ma molte altre domande rimangono, che vorrei provare a porLe.

– Ci risiamo? Dovevo allora proprio non ritornare su questa terra che ho trovato assai peggiorata e sempre più inospitale! Quando io morii era cominciata da poco la guerra civile in Spagna; poi di seguito iniziò la seconda guerra mondiale. Da queste spaventose ecatombi nelle quali di tanto in tanto voluttuosamente si precipita, l'umanità si illude poi – chissà perché – di uscirne migliorata. Non è vero niente! Dopo una pausa, che non è neppur contrizione o raccoglimento ma solo un riprender fiato, ritorna allegramente alla consueta ferocia.

– Maestro, mi sembra azzardato dare un'immagine così pessimistica del progresso della civiltà, perché nella seconda parte del secolo XX, testé trascorso, non si è più conosciuto – *Deo gratias*! – il flagello di nuovi conflitti mondiali.

– E bravo! mi sono sbagliato: non è accaduto nulla! Solo che di guerre se ne sono scatenate talmente tante, che alla fine se n'è perso perfino il conto. S'è cominciato, mi corregga se sbaglio, con il conflitto di Korea appena cinque anni dopo la fine della seconda guerra mondiale, che allora fece temere l'inizio della terza. Non c'è stata, è vero. Ma quanta miseria, quante stragi, quanti orrori nelle parti più popolose del mondo, Asia e Africa. È vero, è rinsavita l'Europa, e neppure tutta: solo lo spicchio occidentale, intontito dal benessere. Ma questa attuale opulenza, quanto durerà? e quanto a tutta la fascia ricca del mondo costerà il consumo sfrenato di ogni bene, lo spreco al quale s'è abbandonata? Nel 1932, negli ultimi miei anni, ebbi la debolezza di acquistare una *Fiat 524 L* ("L" sta per lusso) dal senatore Agnelli (non da quello da voi conosciuto, ma dall'avo omonimo), che me la fece pagare sedicimila e cinquecento lire. Sciocchezze, se si pensa a quanto si paga ai tempi attuali una *Ferrari*! ma allora, con quella somma, si poteva comprare una bella casa! Debbo confessare che di quell'automobile, che era davvero il simbolo della ricchezza, io mi pavoneggiavo: «*Sono anch'io diventato un signore*», andavo dicendo. Ed era vero, perché era un lusso riservato a pochi. Oggi è di tutti, e non è più un lusso: è anzi una delle peggiori jatture, una maledizione. Come si rovesciano le situazioni! È da lì, o, a dir meglio, dall'energia da cui sono alimentati tutti questi mezzi di locomozione, che sono nati gli attuali guasti. Ai miei tempi l'energia era tratta esclusivamente dal carbone: le navi, che lentamente si affrancavano dalla vela, e i treni se ne alimentavano. Ricorda?

> *Un bello e orribile*
> *Mostro si sferra,*
> *Corre gli oceani,*
> *Corre la terra:*
> *Corusco e fumido*
> *Come i vulcani…*

– Carducci!

– Appunto! Quand'ero ancora giovane, al carbone si aggiunsero il petrolio e l'elettricità, destinati a un sempre maggior sfruttamento. E poi per ultima ecco l'energia atomica, impiegata al termine del secondo conflitto mondiale per una delle più belle e grandiose stragi che l'umanità ricordi. Temibilissime tutte, le risorse energetiche (come le chiamano) dominano oggi i mercati e condizionano la nostra… la *vostra* vita. Bah! non c'è proprio di che stare allegri! Ammorbano l'intero pianeta e pian piano, di questo passo, lo distruggeranno: ecco il nostro… il *vostro* benessere. E pensare che mio padre per un momento immaginò che io potessi continuare la sua attività dedicandomi come lui al commercio dello zolfo, un monopolio della Sicilia di quei tempi e una delle attività più redditizie, finché non subentrò la concorrenza dei grandi giacimenti americani. Ci pensai molto seriamente allorquando, impaniato come un farfallone amoroso nel precoce fidanzamento con la Lina, era diventato per me indispensabile trovare una rapida sistemazione. Ma dovetti ritrarmene: il farfallone non sarebbe sopravvissuto tra i fumi pestilenziali dello zolfo. Mi accorsi così, alla prova, di essere un disadatto, un'inutilità, un anacronismo vivente, esattamente come il mio povero nonno materno, vittima delle sue vane idealità, perseguitato dal Borbone, transfuga dalla patria siciliana, morto di stenti in esilio a Malta a quarantasei anni. La mia vocazione artistica mi riservava un destino amaro di solitudine e di emarginazione: ero un estraneo nella società ottimistica e progressiva *fin de siècle* che celebrava proprio allora i suoi trionfi. E volli disvelarne i limiti e presagirne il fallimento in *Arte e coscienza d'oggi*, un largo, eloquente esame della coscienza moderna e principalmente di quella artistica, che inizialmente, proprio come descrissi nell'*Esclusa*, fu una conferenza tenuta per le insistenze di mio padre al *Casino Empedocleo* di Girgenti il 25 marzo 1893 (non dunque all'università palermitana come, inducendo in errore qualche mio acríbico esegeta, avevo scritto nel romanzo). La conferenza venne poi pubblicata da Angiolo Orvieto nel numero di settembre del supplemento letterario de «La Nazione» di Firenze. Era l'esame di coscienza di chi, con l'esuberanza del suoi ventisei anni, dava sfogo a tutti i dolori della sua giovinezza – potete immaginare! – in quell'angolo sperduto di provincia, tra la placida e sonnolenta indifferenza dei suoi concittadini. Ma quando, due anni dopo, quei temi, in altra forma naturalmente e con molta più ventosa e franciosa prosopopea, furono riproposti da Ferdinando Brunetière sulla parigina «Revue des deux mondes» per proclamare la bancarotta della scienza e il rinascimento dell'idealismo (per intenderci, e per dirla appunto alla francese, null'altro che un *rappel à l'ordre* dei vinti di Sedan, che si presentavano ora con rinnovata burbanza al confronto con la Germania e col mondo), ci fu nella cultura italiana un tal sussulto e una tale eco di consensi che mai io avrei potuto sognarli per la mia povera conferenza girgentina. Tant'è che ancor oggi quel mio scritto è dimenticato, e quando in questi ultimi anni alcuni bravi giovani son ritornati a sviscerare in lungo e in largo la questione, non si son neppur essi ricordati del mio contributo, ignorandolo ancora una volta e caricando viceversa di superiori valenze innovative quella bolsa parabola ideologico-nazionalistica d'oltralpe. Così va il mondo. Il verbo di Brunetière fu osannato allora da tutti i miei amici: gli Orvieto, i Corradini, gli Ojetti, e quando io osai azzardarne una critica non dico sul «Marzocco» ma su un minore giornaletto romano dovetti quasi vergognarmene e scusarmi con Angiolo Orvieto.

– Addirittura!

– Già, addirittura! Ma sembra proprio che lei ben poco ha letto e tanto meno studiato l'opera mia…

– Effettivamente, io…, direi…, però…

– Lei ha la beata capacità di farmi uscire dai gangheri ogni qual volta apre la bocca. La tenga chiusa, almeno.

– … … …!

– Debbo dire che in *Arte e coscienza d'oggi* c'era anche qualcos'altro che veniva da più lontano, slegato dalla contingenza di quelle polemiche; qualcosa che diventerà una delle architravi del mio modo di pensare. Occorre perciò ritornare ancora una volta ai miei studi e ai tre semestri trascorsi in Germania. Ho un ricordo preciso di quando un giorno, poco dopo il mio arrivo a Bonn, mi infilai in una libreria ad acquistare libri di Goethe, di Schiller, di Heine, di Platen, di Lenau, di Ibsen e financo di Martin Lutero: tutti, ad eccezione dei quattro volumi editi da J. C. Cotta dei *Sämtliche Werke* di Schiller, nelle ottime e pratiche edizioni Philipp Reclam jun. di Lipsia. Di Goethe acquistai il *Faust*, naturalmente, e alcune altre opere drammatiche, *Hermann und Dorothea*, *Iphigenie*, *Tasso*; di Heine, molto noto in Italia grazie al De Sanctis e al Carducci, il *Buch der Lieder*, i *Neue Gedichte* e i poemetti *Atta Troll* e *Deutschland*; di Ibsen, in versione tedesca, le più conosciute e controverse opere teatrali, da *Casa di bambola* a *La donna del mare*, da *Hedda Gabler* a *Le colonne della società*; di Lenau, infine, quasi tutte le non numerose opere: *Gedichte*, *Faust*, *Don Juan*, *Savonarola*. Lenau, confesso, mi aveva subito attratto non tanto per le sue giustamente celebri poesie, quanto per il *Faust* e per quel che aveva sdegnosamente affermato: «L'idea che Goethe abbia già scritto un *Faust* non può spaventarmi. Faust è un comune patrimonio dell'umanità, non un monopolio di Goethe». Io ci vedevo un nascosto riferimento anche per me, giacché segretamente continuavo a confrontare le *Elegie boreali* (poi *renane*), che stavo componendo, alle *romane* del Goethe: una bella presunzione per un giovane di ventidue anni! Del resto le *Römische Elegien* qualche anno dopo io con devozione tradussi in un'elegante edizione illustrata da Ugo Fleres, unica mia opera ancora ricercata dai bibliofili, ma impresa economicamente in perdita per l'editore livornese Giusti, della quale il Pascoli volle assumere generosamente il patrocinio, salvo poi a pentirsene al suo solito tra molti lamenti su noi giovani ingrati; ma questo è un altro discorso. Mi misi dunque a leggere con segreto piacere quel *Faust* antigoethiano, che, insieme agli altri libri, serviva poi a me e a Madden per le nostre esercitazioni linguistiche. Sin dalle prime pagine fui travolto dal fascino arcano di quel testo. M'ero appena trasferito a Neuthorstrasse a pensione dalla signora Mohr quando iniziai la lettura della seconda delle ventiquattro parti, *Der Besuch* (La visita). Fui come folgorato dalla scena di Faust e Wagner chiusi nel gelido teatro anatomico (gran teatro, quello!) intenti su un cadavere a investigare i misteri della vita. Faust esclama: «Se questo cadavere potesse ridere, in che risate improvvise scoppierebbe vedendoci così intenti a sezionare le sue membra e ad esaminarlo per chiedere alla morte che cosa sia la vita».

> *Wenn diese Leiche lachen könnte, traun!*
> *Sie würde plötzlich ein Gelächter schlagen,*
> *Daß wir sie so zerschneiden und beschaun,*
> *Daß wir die Toten um das Leben fragen.*

Mi misi a tavolino e di getto stesi i primi versi di «una mia pazza poesia», come la definii in una lettera a mia sorella Lina. La intitolai *La maschera* e vi chiamavo in causa i due più grandi personaggi dell'arte: Amleto e Faust, simboli entrambi dell'uomo moderno (lassù, nelle fredde terre boreali, il pensiero non m'andava al Quijotte, che pure ben conoscevo). Ed era Faust, il *Faust* di Lenau, che soverchiava Amleto:

> *Io non ti prego, o vuoto cranio umano,*
> *che il gran nodo mi voglia distrigar.*
> *Follie d'Amleto! Io sto co 'l Lenau: è vano*
> *de la vita la Morte interrogar.*

Un brivido d'irrazionalità percorreva quei miei quattro versi che negavano la conoscenza, fuoco e sorgente della vita umana. Ma dopo quel felice avvio poetico, l'ispirazione, non so com'è, mi s'era spenta nelle secche di un macabro stecchettismo di maniera. Non val la pena di parlarne altro.

– Sono i versi che già nel primo dei nostri colloqui Ella aveva ricordati. Per la forte impressione non ho potuto certo dimenticarli… Ma riuscì poi, Maestro, ad approfondire lo studio del Lenau?

– M'infervorai su quel genio segnato dalla follia, e con Madden lo traducevo e ne recitavamo i versi. Fu la mia miglior scuola di tedesco. Feci la traduzione della parte iniziale, *Der Morgengang* (La passeggiata mattutina), e avrei forse proseguito a tradurre se Jenny, gli amici, le gite, le tante distrazioni e infine l'impegnativo studio dialettologico non me ne avessero distolto. Ritrovai dieci anni dopo quella traduzione e la pubblicai con un titolo mio, che ne valorizzasse meglio il senso, *L'ascensione*. Non che fossi soddisfatto di quel lacerto che riaffiorava dai miei anni giovanili, anche se l'avevo un po' rimaneggiato alla luce della traduzione fattane frattanto dal Nannarelli, neppur essa, in verità, un gran che. Ma *Der Morgengang* aveva un altro brano che mi affascinava, l'esortazione a Faust di rinunciare alla sfida con Dio:

> *Laß nicht den Flammenwunsch im Herzen lodern,*
> *Der Schöpfung ihr Geheimnis abzufodern;*
> *O wolle nicht mit Gott zusammenfallen,*
> *Solang' dein Los auf Erden ist zu wallen.*
> *Das Land der Sehnsucht ist die Erde nur.*

Che io traducevo:

> *[…] Spegni il desir fero*
> *di strappare alle cose il lor mistero;*
> *con Dio non t'affrontar, non voler guerra,*
> *mentre è tuo fato errar su questa terra,*
> *la qual soltanto è luogo di desio.*

Spinto dall'ansia della conoscenza, Faust in quell'escursione alpina si inerpica sempre più in alto, oltre le nubi, su sentieri impervi e sconosciuti, come nel celebre quadro di Caspar Friedrich *Bergsteiger in einer nebelhaften Landschaft*. E quando un masso gli cede all'improvviso sotto i piedi ed è sul punto di precipitare, ecco che la mano possente di un misterioso cacciatore viene a sostenerlo, deponendolo salvo sul ciglio di una rupe. In questa scena è racchiuso tutto il senso tragico della vita umana. Faust obbedisce al suo fatale destino, che lo isola dal resto del creato. Il démone della ricerca (personificato in Mefistofele) è il suo tormento, la conoscenza il suo desiderio: a ciò non sa e non può sfuggire. Il diabolico soccorritore che l'ha posto in salvo è ormai sicuro di avere in mano la sua preda. – Io rielaborai questo stesso tema anche nella XII composizione della *Pasqua di Gea* adottando una chiave umoristica che per allora mi era nuova, ma che poi divenne per me abituale:

Che fai? Che pensi? Ha bene
la squilla de la chiesa
contato dodici ore.
Qual mai delira impresa
te, vecchio egro e cadente,
su queste carte gialle,
curve l'ossute spalle,
rannuvolato il ciglio,
vigile ancor ritiene?
Che mai tanto ti tarda
stanotte di scoprire?
L'arcano de la vita?
Bravo! quand'è finita
per te, presso a morire.
Su via, su via! ma guarda,
la tua lucerna muore
su 'l teschio riflettendo,
che le sta freddo a fianco,
l'ultimo suo barlume...
[........................]
Perché voler sapere
ciò che non volle il fato
pei sensi nostri fare,
quando è poi tanto bello,
Dottore, tutto quello
che pure ad essi è dato
di côrre e migliorare,
comprendere e godere?
Ahimè, magro conforto,
questo, per voi, Dottore!
Per voi, che tutto assorto
a studïar la vita,
tra tante carte avete
di vivere oblïato!

Con questi versi io d'un colpo mi liberavo di un'angosciosa antinomia
che m'aveva perseguitato sin da quando avevo cominciato a leggere
Lenau. Tra il suo tragico pessimismo romantico, che io dentro di me
respingevo, e la possibilità d'una soluzione più saldamente ancorata alla

realtà, io abbracciavo quest'ultima. C'è un passo, sempre in questa seconda parte dedicata alla visita di Mefistofele, in cui Faust esclama disperato: «Perché nell'anima mia deve bruciare questo desiderio inestinguibile di conoscenza! Nulla può la scienza! Dunque come liberarmi dalle catene dei miei tormenti e dei miei dubbi?»

> *Warum doch muß in meiner Seele brennen*
> *Die unlöschbare Sehnsucht nach Erkennen!*
> *Nichts ist die Wissenschaft; doch wo ist Rettung*
> *Aus meiner Zweifel peinlicher Verkettung?*

La risposta di Mefistofele è la spietata riproposizione di quell'antinomia senza scampo: «Il tuo creatore è il tuo nemico, devi ammetterlo! Perché ti ha abbandonato dalla nascita nelle tenebre di una notte senza fine e perché dal suo nascondiglio deride le tue angosciose invocazioni. Se vuoi scoprire il segreto del tuo nemico, devi assalirlo all'improvviso nel suo accampamento misterioso con le tue ardite domande e avanzare spietatamente contro di lui».

> *Dein Schöpfer ist dein Feind, gesteh dir's keck,*
> *Weil grausam er in diese Nacht dich schuf,*
> *Und weil er deinen bangen Hilferuf*
> *Verhöhnt in seinem heimlichen Versteck.*
> *Du mußt, soll sich dein Feind dir offenbaren,*
> *Einbrechen plötzlich als ein kühner Frager*
> *In sein geheimnisvoll verschanztes Lager,*
> *Mußt Angriffsweise gegen ihn verfahren.*

E qui Mefistofele prospetta l'altro corno del dilemma, l'alternativa impossibile. Se l'uomo si sottraesse alla sua sfida titanica, con ciò stesso egli si degraderebbe al livello animale, piegandosi a un destino inferiore di cieca sottomissione. Egli dice: «Chi crede, obbedisce e non fa domande: è come il pio bove che pascola nel suo angolo di prato, null'altra verità aspettandosi oltre quella benigna dell'erba che gli cresce sotto il naso».

> *Wer glaubt, gehorcht, des Fragens sich bescheidet*
> *Als frommes Rind sein Plätzchen Wiese weidet,*
> *Dem wird wohl nimmer mit dem Futtergrase*

Die Wahrheit freundlich wachsen vor die Nase.

Ma l'uomo moderno – io andavo riflettendo – non è più quello romantico di Lenau, che lancia la sua sfida col suo grido temerario: – Mai sottomettersi, piuttosto perire! L'uomo moderno – era la mia convinzione – deve ormai accettare la realtà, consapevole che «l'eterno despota continuerà sempre secondo imperscrutabili leggi a governare i suoi destini».

> *Den Menschen gab der ewige Despot*
> *Für ihr Geschick ein rätselhaft Gebot.*

Fu proprio questo dualismo che io dibattei interiormente nel periodo di Bonn. Composi proprio in quel tempo un'elegia boreale (non raccolta e lasciata da me dispersa), che è quasi una parafrasi del *Morgengang*.

> *Lancia a scabre roccie la fune su 'l monte fatale,*
> *giovin gagliardo, e fermo l'occhio a la vetta, sali.*

Dunque, un giovane anelante all'assoluto, come il Faust di Lenau. Ma io vi introdussi due significative variazioni: l'ascesa avviene felicemente e il giovin gagliardo (non il vecchio Faust, si badi) raggiunge la cima senza alcun intervento del tenebroso cacciatore. Fermo e saldo lassù, sveglia col suo riso trionfale il sonno delle aquile e

> *ascolta dei sublimi venti la piena voce.*
> *Ciò che nel sen chiudesti, là in basso, nessuno mai seppe;*
> *or qui, coi cieli azzurri, spazia felice e ride.*
> *Ride a la bionda luce, che palpita e freme diffusa;*
> *ride a la pace e guarda fidente l'avvenire.*
> *Oda or la grigia terra da l'alto i tuoi nunzî sonare;*
> *contra il nascente sole tu solo, o prode, stai.*

Un inno alla giovinezza, un'affermazione di forza gioiosa, nati in me nell'imminenza della conclusione dei miei studi, un canto di liberazione in contrasto col pessimismo romantico di Lenau. In proposito vorrei aggiungere un altro particolare: se non fallano i miei ricordi, in questi versi c'è anche lo zampino del mio amico Karl Arzt e l'influenza di certe suggestioni allora molto in voga in Germania sul proletariato che spezza le sue catene ed avanza verso il sol dell'avvenire, suggestioni delle quali l'amico socialdemocratico si faceva fervido sostenitore… Debbo dire infine che io, scrivendone ai miei in Sicilia, utilizzavo questi stessi versi per ribadire la mia avversione agli studi storico-filologici cui finora m'ero assoggettato e l'insoddisfazione per la loro grettezza, ma soprattutto per riaffermare il bisogno di un diverso, più spirabil aere di libertà artistica e intellettuale.

– Finalmente qualcosa di positivo. Finalmente un coraggioso confrontarsi con la realtà nell'affermazione del proprio valore…

– Ma lei, al solito, non capisce nulla! Dicevo che quell'elegia io non la raccolsi nel *corpus* delle mie *renane* né mai più dopo la ripubblicai. Ci sarà stata ben una ragione! Troppo trionfalistica mi sembrava, troppo legata a un sentimento caduco di liberazione. Il fatto è che Lenau m'aveva posto davanti a una scelta: se l'uomo si distingue da tutti i viventi per la consapevolezza di sé, per quel suo *sentirsi vivere*, che ne fa, all'apparenza, il prediletto dell'universo, non può d'altronde sfuggire all'antinomia che ne consegue. O accettare questo privilegio abbandonandosi al démone faustiano che lo spinge furiosamente e ferocemente in avanti, sempre più in avanti, verso un oscuro e ignoto destino, o adottare la scelta più difficile, quella in contrasto con la parte più profonda del nostro essere, la scelta del sacrificio di sé, della rinuncia al proprio privilegio di primogenito della natura. Altro che prediletto del Signore! Altro che forma eletta e culminante dell'evoluzione naturale! È finita con Copernico l'epoca in cui l'uomo poteva sentirsi al centro dell'universo. Che è divenuto l'uomo? Che è divenuto questo microcosmo, questo re dell'universo? Ahi povero re! – Quali scelte ormai gli s'addicono? – Ma è chiaro: la scelta realistica e umoristica che io feci a cominciare da questi versi del poemetto *Belfagor*:

> *Se Dio esiste o no, se l'anima*
> *è mortale od immortale*
> *come spiegasi il fenomeno*
> *delle cose, ciò che è male,*
> *ciò che è ben, qual sia la regola,*
> *qual de l'esser sia lo scopo,*
> *se ebbe il mondo o no un principio,*
> *se avrà un fin; che avverrà dopo…*

e altre ancora, altre scempiaggini,
ch'or mi giran per la mente!
Ah perdio! dite sul serio?
Questo è il senno, che ha la gente?
Ma perché di tante chiacchiere
v'opprimete l'esistenza,
quando, io dico, alla men facile,
con un po' di pazienza
solamente può risolversi?
Dura tanto poco. Quasi
pare un sogno, è un sogno. In aria
perché mai dovete i nasi
tener sempre e gli occhi in estasi?
Ma imitate il savio armento,
per cui il vero è l'erba tenera,
che gli cresce sotto il mento!

Nel *Faust*, Lenau aveva posto l'antinomia: da allora l'adottai e la riproposi un'infinità di volte, facendo intendere verso quale soluzione propendessi, e mantenendomi poi ad essa costantemente fedele.

– Di tutto questo abbiamo anche parlato nel primo dei nostri colloqui.

– Già. Piuttosto vorrei aggiungere che da quel poema io assorbii tanto altro. Nella terza parte, *Der Verschreibung* (Il patto), trovai la più tremenda pagina sulla disperazione di Faust dinnanzi al fallimento della sua vita: «Non c'è modo che io mi liberi dalla smania di conoscere in profondità la creazione, cui mi spinge l'eterno bisogno di cogliere la verità ultima dell'essere; ma ogni tentativo si risolve in nulla e il mio desiderio si consuma nell'odio di sentirmi prigioniero della finitezza del mondo. È un dissidio terribile, amaro come la morte, quando senti dentro di te una tempesta di domande e da fuori ti arriva un silenzio mortale senza risposte, e un eterno rifiuto».

Ich kan mich nicht vom heißen Wunsche trennen,
Den schöpferischen Urgeist zu erkennen,
Mein innerst Wesen ist darauf gestellt,
In meiner ewigen Wurzel mich zu fassen;
Doch ist' versagt, und Sehnsucht wird zum Hassen,

Daß mich die Endlichkeit gefangen hält.
Furchtbaren Zwiespalt ist's und tödlich bitter,
Wenn innen tobt von Fragen ein Gewitter
Und außen antwortlose Totenstille
Und ein verweigernd ewig starter Wille.

E quest'altra affermazione di cui io ero convinto da sempre, pronunciata da Isenburg nella quarta parte, *Der Jugendfreund* (L'amico d'infanzia), che rievoca la giovinezza di Faust: «Come egli, tra l'esultanza di tutto l'uditorio, demoliva con un soffio leggero nell'aria gli incartapecoriti sistemi scientifici dei vecchi professori, le loro farraginose costruzioni dottrinarie, che serravano in una prigione senza uscita il comune buonsenso popolare!».

Wie er den alten Professoren,
Den eingeschrumpften Weisheitstoren,
Dem Auditorium zur Freude,
Die hochgetürmten Lehrgebäude,
Des Volksverstandes Burgverlies,
Leicht hauchend in die Lüfte blies!

Io dicevo press'a poco lo stesso: «Ah i filosofi furono, sono e saranno dei gran poltroni, costruttori infaticabili di castelli di parole e di sillogismi senza costrutto. La loro filosofia dice ben poco, ben poco davvero…». Ma come poi dimenticare l'incontro di Faust con Görg, quando quest'ultimo, bevendo la sua birra, gli dice: «Mi hanno scaraventato su questo mondo in una notte di buio pesto, niente di più ne so e neppure come vi sono arrivato; del resto, non me ne importa nulla».

Sie haben mich stockfinstrer Nacht
In diese Welt hereingebracht,
Ich weiß kein Wort, auf welchen Wegen,
Ist just auch nichts daran gelegen.

O quando più avanti Faust, quasi a rispondergli, dice: «Il più fortunato di tutti è chi chiude già gli occhi quando è bambino, chi non ha mai, neppur toccato la terra coi piedi, scivolando senza saperlo dal calore del seno materno direttamente nelle braccia della morte».

Der Seligste von allen ist,
Wer schon als Kind die Augen schließt,
Wes Fuß nie auf die Erde tritt,
Wer von der warmen Mutterbrust
Unmittelbar und unbewußt
Dem Tode in die Arme glitt!

– Quanti echi, quante sorprendenti consonanze tra il Suo pensiero e quello di Lenau!

– Ma vuol saperla tutta? – Lo sa che ho utilizzato un verso di Lenau perfino in una mia lettera a Jenny? Fu dopo la conclusione degli studi e dopo il mio rientro in Italia. Non avevo smesso di scriverle, un po' illudendola e illudendomi su un mio improbabile ritorno, un po' cercando di sciogliere senza uno strappo troppo forte il nodo di quell'amore. Dalla Sicilia nel giugno del 1891 le scrivevo dunque così, accennando ai miei lavori letterari e alla composizione del *Belfagor*: «Ich habe mich ganz der *Belfagor* ergeben; d. h. ich habe mich ganz dem Teufel ergeben». E Faust in *Der Abend gang* (La passeggiata serotina) così a un certo punto esclama: «Mi sono dato al diavolo, io l'amo, viva il diavolo!».

Dem Teufel hab' ich mich ergeben,
Den Teufel lebb' ich, er soll leben!

– Insomma, Maestro, Lei non finisce mai di stupirci.

– Fermiamoci qui. Sono stanco.

IV

Se ...

– Ben tornato, caro Maestro! È passato un po' di tempo dalle nostre ultime conversazioni, ed ecco ancora verificarsi l'arcano fenomeno della Sua apparizione. Ne sono atterrito, confesso, ma insieme intimamente felice per l'interesse degli argomenti da Lei ogni volta affrontati, che ci svelano aspetti nuovi del Suo pensiero e segreti risvolti della Sua tormentata esistenza.

– *Uchronie*: sa cosa significa?

– Veramente... È un termine francese?...

– Cambio la domanda: Renouvier, le dice niente questo nome? Carlo Renouvier, il filosofo di Montpellier che inventò questa parola unendo la *u* di *u*topia a χρόνος (il tempo) e condensando così in un sol termine la sua *utopia della temporalità*?

– ... ?

– Se si ricostruisce un episodio della propria vita o, ancor meglio, un avvenimento storico immaginandone un diverso svolgimento rispetto all'accaduto si fa, appunto, secondo quel filosofo, dell'*ucronía*. Le azioni umane si dispiegano così sotto i nostri occhi nelle loro infinite possibilità, e noi vaghiamo con la fantasia fantasticando «*sur le développement de la civilisation européenne tel qui n'a pas été, tel qui aurait pu être*». Beh, quel neologismo Renouvier lo coniò per un suo libro pubblicato nel 1876, che gli valse negli ambienti filosofici la nomea di assai astratto filosofo, ma che eccitò invece l'immaginazione dei suoi sparuti discepoli e dei molti scrittori visionari. In Italia, peraltro, noi ne sapevamo già molto senza aver mai saputo niente né dell'*ucronía* né di Renouvier: e ciò grazie alla schiera dei vari Grossi, Carcano, Capranica, Niccolini, Ruffini, Guerrazzi, Cantù, fino al grande Manzoni (non voglio escluderlo), i quali tutti si dilettavano con la storia, piegandola a fini patriottici. Sfido! Svincolati da ogni appiglio con la realtà, noi l'*ucronía* la praticavamo da sempre, adattandola ai desiderî e ai sogni vani che ci assillavano. Né il mondo in cui noi giovani compivamo le prime esperienze era tale da soddisfarci; anzi al contrario, l'idea di cambiarlo, o forse meglio di *sfasciarlo*, come nel mio anarchismo istintivo io qualche volta dicevo, non poteva che istigarci al *sogno ucrónico* di un diverso svolgimento delle recenti vicende storiche. In particolare molti di noi, « *i nati sotto il '70*», come una volta ci apostrofò il Pascoli spazientito dalla petulanza di Ugo Ojetti, eravamo tra i più delusi e acerbi critici degli ormai spenti ideali risorgimentali.. Insomma, sognavamo una realtà del tutto diversa…

– Diversa? Ma il 1870 fu l'anno di Roma capitale e del compimento dell'unità italiana…

– Quella Roma finalmente strappata alle *Sacre Chiavi* si offriva opulenta e fermentante alla cupidigia degli affaristi, degli speculatori e dei trafficanti che giungevano a frotte da tutt'Italia, attratti come mosche dal miele. Altro che la Terza Roma, altro che la Roma del Popolo di Mazzini, altro che la redenzione di tutti gli italiani al soffio rinnovatore dell'unificazione! Ricorda l'epodo carducciano per Vincenzo Caldesi?…

Impronta Italia domandava Roma,
Bisanzio essi le han dato.

Questi versi risuonarono a lungo nel cuore di ciascuno di noi che non avevamo dismesso il sogno mazziniano: ci colpirono come una frustata ed ebbero una diffusione immediata; finirono anche nella testata dello spregiudicato periodico «La Cronaca bizantina», palestra delle nuove generazioni letterarie nella prima metà degli anni ottanta. L'aveva creato il meneghino Angelo Sommaruga, tra i tanti calati a Roma in quel tempo, che s'era imposto come editore di successo con nuove e fin'allora inaudite iniziative. Carducci l'aveva in simpatia e si compiaceva talvolta di mandare i suoi versi alla rivista che, oltre a tutto, riusciva a pagare profumatamente gli autori e a lanciarne e a sostenerne la fama. Fu il caso di D'Annunzio, che ebbe allora il suo *soffio in culo*, afferrando giovanissimo la fortuna che, pur tra le tante sue dissipatezze, mai più l'abbandonò. Ma stiamo divagando.

– Dobbiamo ritornare all'*ucronía*?

– Sì, sì, naturalmente. Il pensiero ucrónico di Renouvier fu un'ulteriore spinta a sviluppare una diversa sensibilità e un nuovo modo di pensare; si diffondeva ormai una generale insofferenza verso la dominante cultura positivistica: sempre più riusciva difficile accettare che ogni cosa fosse solo il risultato necessario dell'azione di forze meccaniche. La dottrina secondo cui tutto l'esistente soggiacesse unicamente alla legge universale della causalità non soddisfaceva noi giovani. Il nostro pensiero si muoveva secondo altri schemi: anzitutto, nel ripudio sistematico delle opinioni tradizionali e poi, in mancanza di nuove norme ancora non ben definite, allargando a dismisura il concetto della relatività. Al rigido principio di *causalità* contrapponevamo quindi l'elastico principio della *casualità*. E fu dunque così che io all'età di ventisette anni esordii da novelliere con uno scherzo ucrónico dal titolo *Se...*

– Ma veramente, Maestro, l'esordio novellistico non fu con la raccolta *Amori senza amore*?

– Ah, ci risiamo con queste pedanterie da filologi! Se badiamo alla composizione, lei potrebbe aver ragione perché gli *Amori senza amore* precedono (ma di poco, solo di mesi) la novella filosofica, ma secondo la verità artistica, che è quel che conta, la nascita della mia novellistica, per il taglio narrativo, per l'impostazione drammatica, per il sotteso culturale, principia propriamente da *Se...* Sono stato chiaro?

– Sì, Maestro!

– E le aggiungo, per colmo di misura, che quella raccolta cui lei tanto tiene, io non volli mai inserirla nel corpus delle *Novelle per un anno*, mentre il *Se...* sì! Del resto, fui poi io stesso nel '26 a ripescare dagli *Amori senza amore* la trama di una nuova commedia, *L'amica delle mogli*, che si prestava ottimamente a un'utilizzazione drammaturgica. Vecchia storia! Non era certo la prima volta che io facessi di queste operazioni, trasformando, ricreando e adattando testi nati in altra forma. – Ma ho detto di Carducci, che fu, non dimentichiamolo, uno dei riferimenti obbligati della mia giovinezza. «Possono i giovani d'oggi comprendere che cosa egli sia stato per la generazione nata fra il '60 e il '70? possono apprezzare la schiettezza intimamente italiana, la serenità classica, la dignità civile della sua opera? possono comprendere come egli dominasse allora tutte le correnti ideali, come sembrasse integrare nel nostro cuore l'anima stessa della patria?». – Era press'a poco quel che scriveva all'inizio dell'ormai scorso secolo un critico della mia stessa generazione, Enrico Thovez, nato a Torino due anni dopo di me, e morto, ben per lui, undici anni prima. Di matrice carducciana era dunque il disagio, e quasi direi l'avversione, che sentivamo verso la nuova Italia, in cui tutti i difetti di quella preunitaria sembravano ripetersi, e in peggio. Semmai c'è da dire che mentre Thovez e tanti di noi diventavano carducciani, Carducci stava dimenticandosi di esserlo e cominciava a sdilinquirsi per l'*eterno femminino regale*… Io, repubblicano per la pelle, respingevo assolutamente queste debolezze e le consideravo un imperdonabile cedimento senile. E iniziò da lì quel ripensamento critico che alla fine, dapprima con disagio e poi apertamente e clamorosamente fu espresso, appunto, dal Thovez. L'astro del Carducci, alla sua morte, tramontò rapidamente e già allo scoppio della grande guerra, sette anni dopo, di lui nessuno più si ricordava. È stata questa la ragione per cui anche il mio debito generazionale (come pure è accaduto per altri apporti e influenze), sia rimasto dissimulato. Quando, dopo un oscuro itinerario artistico poco seguito dal pubblico e dalla critica, la mia fama esplose all'improvviso e molto tardi, nessuno capì o si accorse da dove effettivamente io venissi, risultando pressoché indecifrabile ai critici. Ma certi influssi, specialmente se ricevuti in età giovanile, riaffiorano in modo imprevedibile. È il caso della conferenza che Carducci tenne su Jaufré Rudel a Roma nella sede della *Società per l'istruzione della donna* in via della Palombella, l'8 aprile 1888. Io, che avevo ascoltato alcuni mesi prima all'università quella precedente su *L'opera di Dante*, cercai di non mancare neppure a quest'ultima, anche se la presenza della regina Margherita, dando mondanità all'avvenimento, mi toglieva ogni piacere a parteciparvi. Perciò mi procurai subito l'opuscolo zanichelliano per gustare compiutamente e per mio conto la bella lezione sul poeta provenzale…

– Incredibile precisione di ricordi, sembra quasi di esser lì, presenti e coinvolti…

– … Anche in questo caso mi accadde una cosa non infrequente: che alcuni passi della conferenza mi colpissero profondamente, mi si fissassero per sempre nella mente e divenissero quasi un *topos* del mio modo di pensare. Carducci, traducendo alla lettera dalla bella romanza fantastica di Arrigo Heine, descriveva l'incontro nel castello di Blaya del poeta con la sua amata Melisenda, contessa di Tripoli siriana. C'era tutto l'armamentario della poesia trobadorica: la donna tanto vanamente desiderata e finalmente raggiunta nel momento stesso della dipartita dalla vita; il bacio d'amore che diventa insieme suggello di morte; il radicamento sempiterno dei loro spiriti inquieti e tormentati in quei luoghi esotici e di crociata… Ma c'era anche qualcos'altro, che produsse in me una scossa e come un eccitamento del sangue per tutte le vene: *la nascita del personaggio* nel momento in cui, uscendo dalla precarietà dei sentimenti, incede nell'assoluta vita dell'arte! Veniva non dal Carducci, che semplicemente traduceva, ma sempre da Heine questa prodigiosa immagine: «Nel castello di Blaya tutte le notti si sente un tremolio, uno scricchiolio, un susurro: le figure degli arazzi cominciano a un tratto a vivere. Il trovatore e la dama scuotono le addormentate membra di fantasime, scendono dalla parete e passeggiano su e giù per la sala».

> *In dem Schlosse Blaye allnächtlich*
> *Gibt's ein Rauschen, Knistern, Beben:*
> *Die Figuren der Tapete*
> *Fangen plötzlich an zu leben.*
> *Troubadour und Dame schütteln*
> *Die verschlafnen Schattenglieder,*
> *Treten aus der Wand und wandeln*
> *Durch die Säle auf und nieder.*

Cosa mi accadesse non saprei: ma io vedevo improvvisamente sotto i miei occhi realizzarsi il momento irripetibile dell'epifania dell'arte. Vedevo, *vedevo* quei personaggi, viventi oltre e al di sopra dei viventi, nella loro perfezione inquietante, immagine essi stessi dell'eterno. Un soffio soprannaturale muoveva quegli arazzi!… Ero a Roma da cinque mesi, avevo vent'anni e scoprivo tra impennate d'orgoglio, disdegni carducciani, amarezze e solitudine, il mio destino di poeta e d'artista senza avvenire e senza prospettive. Soffrivo crudelmente, perché capivo di dover sacrificare la mia vocazione a una qualsivoglia sistemazione lavorativa impostami dal legame amoroso che da appena un anno avevo sventatamente stretto, sommo ostacolo al destino cui anelavo. Entravo nei teatri romani, nei quali la dovizia degli spettacoli, se non la qualità, era maggiore che a Palermo, e scoprivo la vita teatrale: mi assaliva l'estro della creazione, ardevo di desiderî e di velleità drammaturgiche. Mi accompagnavo allora ad un autore di teatro che mi faceva da mèntore in quegli ambienti, Tito Màmmoli, giornalista conosciuto in casa dello zio Rocco, dove inizialmente ero andato ad abitare. Frequentata dai più svariati tipi umani, in quella casa circolavano prevalentemente cantanti, perché la consorte dello zio, Adelaide Verger, chiamata familiarmente *Nanna*, aveva una scuola di canto. Un via vai di personaggi stravaganti, perfino sensitive e medium; e poi gli amici politici dello zio (mio zio ormai era vicino al culmine della carriera prefettizia), deputati, senatori, esponenti massonici, preti spretati, funzionari di prefettura: uno spaccato balzacchiano romano al quale io attingevo senza neppur rendermene conto. Ah, quanti ricordi struggenti in quella fuggevole stagione studentesca, frequentando (poco) la vecchia e austera Sapienza borrominiana!

– Ma quella prodigiosa immagine di Heine, così potentemente evocativa, ha davvero poi lasciato in Lei, Maestro, una traccia?…

– I personaggi dell'arte sono sempre esistiti, liberi e *vivi*, più e meglio di ogni essere vivente: sin dalle mie prime prove, sin dai primi abbozzi, io non li ho mai considerati creazioni della mente o semplice frutto del mio lavoro. Essi vivevano per sé, uscivano da un loro iperuranio e quando mi raggiungevano, io li accoglievo indipendentemente da ogni personale partecipazione, come un concepimento naturale, misterioso e ineffabile, che si concludeva, appunto, nella loro nascita. Erano loro, erano i personaggi che mentre componevo, mi dettavano: io li seguivo, prima con la mente e poi fermando le loro azioni sulla carta. È sempre andata così; ricordo un'estate del '93 sul monte Cave dei colli Albani in un convento semiabbandonato per scrivere il mio primo romanzo, quasi non riuscivo a liberarmi di Marta Ajala e di Giovanni Guarnara, e scrivevo, scrivevo senza interruzione per oggettivarli, quei personaggi, mandarli finalmente per il mondo e così liberarmene anch'io… Più complessa la vicenda di Jaufré Rudel e di Melisenda, perché di loro io ho solo scritto in qualche pagina saggistica. Eppure…

– Maestro, non ci tenga in ansia…

– Sarà un residuo romantico, un lascito delle partecipate letture giovanili dei sunnominati scrittori risorgimentali, i Grossi, i Capranica, i

Guerrazzi, di cui era piena la libreria domestica, fatto sta che io ho sempre subìto il fascino delle storie cavalleresche. Del resto, questo medioevo di maniera era nel gusto patriottico dell'epoca: basti pensare ai versi *Su i campi di Marengo* dello stesso Carducci, per non dire del medioevalismo di tanto teatro e di tanta letteratura allora di moda. Così, quando nell'autunno dell'89 giunsi a Bonn, non mi trovai impreparato a cogliere quest'aura di medioevo anche in Germania e in particolare nelle contrade del Reno. Piccola città, cresciuta tutt'intorno alla sua celebre università, Bonn custodiva gelosamente le sue tradizioni: gli abitanti indossavano nelle feste i caratteristici costumi delle vallate ed ovunque si sentiva, si respirava quasi, l'affezione alle antiche saghe e c'era la consuetudine di rievocarle nostalgicamente nelle varie ricorrenze. Qualcosa ne ho detto anche nelle mie *Elegie renane*. Ricorda la decima?

> *Spuma in lucenti tazze la cesia bionda, e la mesta*
> *canzon del basso Reno sopra vi batte l'ala.*
> *Grave all'accolta un vecchio con rauca voce la saga*
> *narra d'Enrico quarto, tragico imperatore;*
> *narra d'Orlando, come di Francia il fedel paladino*
> *d'Ildegonda, la bella, s'innamorasse al Reno.*

Ecco, sulle saghe e sulle leggende renane m'ero giovato di un testo di Carl Geib, *Sagen und Geschichten des Rheinlandes*, da cui ricavavo spunti e fantasie poetiche, indulgendo al *piacere della storia* tanto felicemente coltivato da quell'autore.

– Nell'elegia renana appena ricordata Lei accenna a Enrico IV!... E lo chiama «tragico imperatore»?!...

– Sì, e le rispondo con la battuta di Landolfo. – «Quello di Canossa! Sosteniamo qua, giorno per giorno, la spaventosissima guerra tra Stato e Chiesa!»

– Allora un nesso c'è! Si tratta proprio della tragedia scritta al culmine della Sua parabola drammaturgica, nella quale Ordulfo, un altro consigliere segreto di Enrico, esclama proprio così, con le stesse parole: «Il grande e tragico imperatore!»

– Piano! Le ho parlato poc'anzi delle arcane strade della fantasia e del mistero della nascita dei personaggi. Ebbene, ora le posso dire che durante tutto il corso della mia vita – senza scopo preciso ma con un segreto piacere quasi d'entomologo – io mi sono dato a raccogliere i germi e i semi dispersi di esistenze irrealizzate, imperfette, infelici, che talvolta miracolosamente e senza diretta partecipazione si incarnavano in personaggi compiuti. È stato anche il caso di *Enrico IV*. La prima cellula vagante di questa nuova esistenza io la colsi nell'evocazione heiniana delle fantasime di Melisenda e di Jaufré. Gli arazzi ondeggianti al soffio della brezza notturna che penetrava nelle sale del castello di Blaya, le figure che s'animavano uscendo prodigiosamente dall'ordito io le *rividi* all'inizio del terzo atto, e quell'urlo di raccapriccio di Enrico era come uscisse ora finalmente dalla mia gola, pietrificato dentro di me per tutti quegli anni... Vogliamo dire che intorno a questo archetipo sia germinato lentamente, costruendosi e strutturandosi con lunghissima gestazione, di cui fui consapevole solo alla fine, quel personaggio che nascondeva nel rifugio del suo castello umbro il segreto doloroso di un'esistenza spezzata?

– Prodigioso!

– Non è tutto! Un'altra componente posso indicarla con certezza nel mio soggiorno tedesco: quell'Enrico, nato a Goslar, nel cuore dello Harz caro a Heine, orfano del padre e proclamato re di Germania a quattro anni; a sei imperatore sotto la reggenza d'una debole madre, Agnese di Poitiers, incapace di difenderlo dai principi tedeschi; rapito a lei ed educato a Colonia e a Bonn dai due potenti arcivescovi Annone e Adalberto fino al raggiungimento dei 15 anni della maggiore età; e da lì iniziando la parabola d'un vorticoso destino... – Io, che ne avevo spesso sentito rievocare la fanciullezza renana, fui poi, leggendone le gesta, turbato e affascinato da quella sua esistenza irrequieta convulsa disperata, travolta in tumultuose e continue guerre contro i papi Gregorio VII e Urbano II e perfino contro i suoi stessi figli...

– Ah!... Contro i suoi stessi figli...

– Un terzo elemento, infine, fu proprio nell'uso ucrónico della storia. Il personaggio che stava materializzandosi in Enrico IV, in realtà aveva solo per caso, durante una festa in maschera, assunto il travestimento dell'imperatore: disgrazia aveva voluto che una caduta da cavallo gli facesse smarrire la memoria e lo immedesimasse definitivamente in quella parte. Certo, come autore, confesso che non avevo voluto sottrarmi al piacere sottile e beffardo d'una caricatura dei drammi storici allora in voga, che vedevo confezionati con indefessa lena dai vari Sem Benelli, Enrico Corradini, Giovacchino Forzano. Ma il mio personaggio era ben qualcosa di diverso: un disilluso e un sognatore che fuggendo dal fallimento della sua vita aveva trovato rifugio nella storia, non quella in atto costruita febbrilmente nell'ansia di chi la viva giorno per giorno, ma quella immobile ed immutabile delle *res gestae*. Precisi e coerenti in ogni loro dettaglio, gli avvenimenti gli si dispiegavano sotto gli occhi come in uno splendido affresco, governati da nobili fini e rivolti a una conclusione già prevista e necessaria... tali da suscitare ineffabili emozioni, da versarci sopra una lacrima rasserenante. Il piacere, il piacere della storia, caro mio! rifugio sicuro di chi fugge la vita! Il *se*... finalmente, così, realizzato! e la fatal cavalcata in maschera, all'origine di quel dramma, resa innocua, per sempre! per sempre!

– Ah, bello! bello!

– Bello, ma basta! Ne ho la nausea adesso!

V

Rocco e le due famiglie

– Del mio giovanile soggiorno presso la casa romana dello zio Rocco ho detto già prima, ma vorrei ora discorrerne un po' più diffusamente, e sarà così anche l'occasione di parlare della mia famiglia.

– L'argomento è affascinante….

– Che famiglia speciale era la mia! Non una, potrebbe dirsi, ma due, per le differenze profondissime tra i Pirandello e i Ricci-Gramitto. Parliamo prima di questi ultimi, il cui doppio cognome derivava, da un lato, dai toponimi *Riggio, Rizzo, Risi* e simili, diffusissimi ovunque in Italia, ma che avevano nell'area greca delle coste ioniche siciliane e calabresi, com'è noto, base lessicale e fulcro linguistico in Reggio (Ῥήγιον, la città, da cui le derivazioni). D'impronta arabo-mediterranea invece a me sembra il cognome Gramitto (anche con la doppia *m*, Gram*m*itto, come testimoniato ancora in documenti ottocenteschi), assimilabile a sequenze del tipo Zammut, Zambut, Zammit fino a Zammuto, Zambuto, diffuse nelle isole maltesi e, in minor misura, nella stessa area girgentina; a meno che non si voglia collegarlo al lemma γραμμή (linea, tratto) o ancor meglio γραμματεύς (scrivano, segretario), e ricondurli quindi entrambi alla stessa radice, quella greca. Comunque sia, i Ricci-Gramitto, nella piccola Girgenti di poco più di quindicimila abitanti della fine del XVIII secolo, erano tra i pochi dediti ad attività civili ed ecclesiastiche: *dictum nomen atque omen*, quindi, il meglio che potesse darsi tra i ceti borghesi. Don Francesco Ricci-Gramitto, il mio bisnonno materno, era *cerusico*, cioè a dire chirurgo, professione allora subalterna a quella del medico e da questa dipendente, giacché il principio generale era che *medicina sicut ecclesia a sanguine abhorret*. Ricorda *Il barbiere di Siviglia*? il bisnonno, oltre quella di cavar sangue, far cauterio, strappar denti e usare ago e bisturi, svolgeva svariate altre attività non connesse necessariamente all'ausilio del medico o all'assistenza del malato, in una parola era un *fac-totum* per le necessità d'una clientela agiata e nobilesca che aveva come punti di riferimento il medico, la bottega dello speziale e quella del cerusico. Di tutt'altro temperamento mio nonno, Don Giovambattista, che non seguì la strada paterna, preferendo dedicarsi alla più astratta attività di *patrocinatore*, equivalente pressappoco a quella di avvocato, cui l'avviò il suocero, cancelliere del tribunale di Girgenti; finché le sue deprecabili inclinazioni di sognatore e di poeta non lo portarono al funesto coinvolgimento nella rivoluzione siciliana del '48-49 e alla morte in esilio a Malta a quarantasei anni. Non che fosse un eroe: mio nonno lo fu suo malgrado, senza quasi rendersene conto; e una volta proscritto dalla sua patria siciliana non resse al cordoglio, morì di crepacuore l'anno dopo a Búrmula. Era Búrmula uno dei tre antichi borghi che i Cavalieri Ospitalieri di S. Giovanni di Gerusalemme fortificarono quando l'imperatore Carlo V diede loro il possesso dell'isola per farne un baluardo contro l'avanzata mussulmana; che infatti vi s'infranse e vi si logorò durante il grande assedio del 1565. Ma neppure da morto mio nonno ebbe pace: le sue spoglie, per l'estrema povertà in cui s'era ridotto, furono inumate, senza una lapide o un segno che lo ricordasse, nel remoto convento dei Frati Cappuccini di Kalkara, lontano da ogni abitato. I suoi resti poi furono definitivamente dispersi quando la presenza di endemie coleriche nell'isola fece sì che venisse applicata con rigore la norma che prevedeva la rimozione delle salme dalle chiese. L'unica traccia rimastaci di lui è l'iscrizione nel *Liber mortuorum* a pagina 64 del Registro XI della Collegiata e chiesa parrocchiale di Cospicua (l'antica Búrmula), che ne indica il luogo della sepoltura. Il fratello maggiore, il canonico Innocenzo, che era monsignor ciantro della chiesa cattedrale di Girgenti, si mosse a pietà e accolse presso di sé gli orfani e la cognata Anna Bartoli, mia nonna, nella sua casa alla scesa di s. Francesco, sotto la Badia grande. Sensibilissimo, pieno d'umiltà cristiana, compì quel suo atto senza un lamento e a costo di paure da vincere ogni giorno, di offese da sopportare fingendo di non notarle… Mia madre Caterina raccontava che da giovinetta, con la fierezza del suo lutto, soleva rinfacciare allo zio Canonico la celebrazione del solenne *Te Deum* con il capitolo del duomo girgentino al gran completo in occasione della restaurazione della monarchia, mentre nelle stesse ore il fratello, bandito dal regno, era costretto a scampare a Malta. – Tutti questi miei ascendenti io li ho conosciuti attraverso i racconti di mia madre. Quando nacqui, infatti, nessuno di loro era più vivente: gli ultimi ad andarsene erano stati lo zio Canonico nel 1863 e mia nonna Anna Bartoli nel '67, l'anno stesso della mia nascita. Di loro io sentii sempre parlare in famiglia, come fossero presenti, e rievocarne i nomi nelle circostanze più varie; così che la mia fantasia di fanciullo si esercitava a fantasticare sulle loro vicende immaginandomeli più che persone, veri e propri *personaggi* di un mondo fantastico e familiare!

– E i Pirandello?

– I Pirandello venivano dal commercio e avevano tutt'altra storia. Io mi son divertito a raccontare al Nardelli la derivazione del cognome da un improbabile τὰ πυρά αναγγέλλω ("annuncio di fuoco"), quando invece la sua onomastica è molto meno complicata, individuabile nelle numerose variazioni e alterazioni del nome *Pietro* (donde i Pietrucci, i Pierucci, i Pierantelli, i Piranelli, ecc.), semplice insomma come l'origine loro, mercantile e marinara. Infatti, quel favoloso *sciu' Ndre'*, mio bisnonno paterno, era un ligure di Pra che nell'ultimo quarto del Settecento, secondo gli antichi e stretti legami commerciali tra le due sponde tirreniche, giunse in Sicilia attratto dal florido commercio degli agrumi e degli zolfi, le due gemme dell'economia siciliana. Stabilita a Palermo la sede commerciale, aprì il suo scagno e si cercò moglie: una Vella, figlia di un mercante di agrumi, piacente d'aspetto e fornita di buona dote…

– Una Vella?!…

– Già, una Vella. Lei si meraviglierà giustamente che la mia povera ava sia ricordata semplicemente così: *una Vella*, senza nemmeno il nome di battesimo! e sa perché? Beh, questi liguri non erano stinchi di santo, e *quella Vella* andò bene anzitutto per la sua ricca dote e poi perché dimostrò d'esser buona fattrice di molti figli; dopodiché, quando, sfiancata dai parti, morì, si raccontava che lo *sciu' Ndre'*, preoccupato dallo spreco inammissibile dei quattro ceri accesi ai lati del letto su cui era stata deposta, vi soffiò sù e andò a dormire. Ma c'è dell'altro ancora: i Vella erano d'origine maltese e proprio in quel tempo avevano ospitato un loro parente, il fra cappellano Giuseppe Vella quando, piuttosto male in arnese, era giunto a Palermo da Malta chiedendo loro provvisorio ricovero. Un ambiguo individuo, proprio nello stile dell'epoca, ambizioso, avido, spregiudicato e avventuriero. Più che dir messa, il fra cappellano preferiva gironzolare per le zone popolari della città acquistandosi fama di *numerista* e concupendo le popolane condiscendenti.

– *Numerista*?

– Certo: interpretava i sogni e li traduceva in numeri per il lotto, ricavandone fama e vantaggio economico. Ma la più grande occasione per lui giunse quando poté utilizzare la sua conoscenza dell'arabo per raggirare non più i *vastasi* dei quartieri poveri di Ballarò, della Vuccirìa, della Feravecchia o del Càssaro, ma la Palermo bene, quella che veramente contava. Fu monsignor Alfonso Airoldi, arcivescovo di Eraclea e giudice dell'apostolica Legazia del regno, appassionato oltre ogni dire alla storia dei musulmani in Sicilia ma ignorante, come la più parte allora, della loro lingua, a cadere nella rete e a richiedere la consulenza del fra cappellano per l'esame di un codice arabo conservato nella biblioteca dei benedettini a S. Martino delle Scale. Per farla breve, l'infernale Vella trovò in quel codice tutto ciò che mai mons. Airoldi avrebbe potuto desiderare e sognare…: il più prezioso monumento della storia degli arabi in Sicilia! E della sua trascrizione, col titolo *Codice diplomatico di Sicilia sotto il governo degli Arabi*, uscì nel 1789 (l'anno della rivoluzione!) il primo tomo, sotto il nome e il patrocinio dell'ingenuo monsignore. Naturalmente le condizioni del Vella mutarono come dalla notte al giorno e, con gran dispetto dell'abate Meli che da tanto l'agognava per sé, ottenne senza difficoltà, con il titolo, la ricca abbazia di S. Pancrazio. Nacquero gelosie e odiosità, ma soprattutto dubbi sulle sue effettive qualità scientifiche, cui temerariamente egli oppose un nuovo codice, questa volta d'epoca normanna, un *Libro del Consiglio d'Egitto* pervenuto, a suo dire, dal Marocco, ma in realtà confezionato insieme a un suo accolito, un monaco delle sue stesse parti, col quale aveva inventato di sana pianta uno pseudo dialetto *mauro-siculo*. Com'ebbe ad osservare l'ottimo Pitrè, questa volta il bersaglio era ancora più ambizioso: dimostrare la superiorità delle prerogative e dei diritti della Corona di Sicilia sul potere baronale sin dai tempi della dinastia normanna; il che gli procurò l'unanime avversione della nobiltà, ma gli valse un invito alla corte di Napoli, dove, alla presenza del re Ferdinando, «orientalmente prosternandosi con la fronte per terra, offrì a S. M. Siciliana un anello con lettere cufiche, che egli diceva del Conte Ruggeri» (un altro falso preparato nel suo laboratorio). Fu l'ultima impostura, sventata dall'ostinata e rigorosa dottrina di due eruditi, il siciliano Rosario Gregorio ed il tedesco Giuseppe Hager. Il Vella, che cominciava a non sentirsi più sicuro e paventava d'esser preso con le mani nel sacco, simulò dapprima un furto per far scomparire le prove dei falsi, e poi una malattia mortale. Sottoposto infine a processo, venne condannato nel febbraio 1796 a quindici anni di carcere e alla confisca dei beni.

Una fine meritata, ma una bella macchia per tutti i suoi parenti! Un nome, dunque, da trattare con le molle; e da allora la consegna fu di parlare il meno possibile della povera ava imparentata a quel furfante.

– E del nonno paterno che può dirci?

– Continuatore egregio delle intraprese dello *Sciu' Ndre'* si chiamava Luigi, e da lui venne introdotto nella nostra famiglia l'uso del nome del santo giovinetto Gonzaga. Mia nonna, Rosalia D'Anna, fornì anch'essa una numerosa discendenza, che, alla morte prematura del marito falciato dall'epidemia colerica del 1836-37, fu dal primogenito, di nome Felice, spogliata di ogni diritto, avendo egli in quarantott'ore fulmineamente accentrato nelle sue mani l'intero patrimonio. Tralascio i particolari già raccontati dal Nardelli; le basti che mio padre, l'ultimo dei figli, nato nel '35, era di 26 anni più giovane di Felice; il quale per lui fu davvero un vice-padre, avviandolo agli studi e poi all'attività mercantile, come del resto fece, si deve pur riconoscere, con gli altri dieci fratelli. Un figlio dello zio Felice, anch'egli di nome Luigi (sempre in omaggio al nonno), coetaneo di mio padre, fu inviato in un altro punto strategico della Sicilia, Messina, stabilendovi una nuova fiorente sede commerciale dei Pirandello, talché in famiglia venne presto soprannominato *il ricco di Messina*; scomparve poi tragicamente nel terremoto del 1908. – E arriviamo a mio padre, di cui tutto si sa e sul quale quindi poco ho da aggiungere. Il primo contrasto che ebbi con lui da giovinetto (è noto) fu per le ragioni che evocai nella novella *Ritorno* quando quattordicenne mi eressi a paladino di mia madre, andando a sorprenderlo in un convegno amoroso. Quel nascondersi di mio padre dietro una tenda, quel mio affrontare la donna con uno sputo: tutto ciò passatemelo come frutto della mia libertà letteraria. La realtà fu insieme più semplice e più complessa: nelle buone famiglie, specialmente in quei lontani tempi, tutto rimaneva soffocato in lunghe e silenziose sofferenze, e quel che a me ragazzo mingherlino e inquieto capitò di fare, fu subito minimizzato come atto di deprecabile stravaganza giovanile e, al pari dell'infedeltà di mio padre, presto dimenticato; tranne che da me! Intorno agli avvenimenti familiari, l'ho appena detto, c'era sempre la tendenza a creare un clima di eccezionalità e di eccitamento fantastico, che io assimilavo, rimuginavo e variavo nel mio intimo in mille modi, imbevendomene e soffrendone sempre più del normale. In me si generò così un invincibile desiderio d'indipendenza, che mi spinse precocemente fuori della casa paterna. L'occasione fu data dalla necessità di un nuovo trasferimento da Palermo alla *Marina di Girgenti* (l'antica denominazione di Porto Empedocle), dove mio padre non voleva mancare un affare ricchissimo che gli si prospettava, combinando all'affitto di alcune miniere di zolfo, l'estrazione, la raffinazione e l'avvio del prodotto finito sui mercati nazionali ed esteri. Un ciclo completo di attività, che aveva avuto un non lontano esempio in Ignazio Genuardi, divenuto tra i più ricchi imprenditori siciliani di quel settore, finito poi miseramente in una clamorosa bancarotta: destino infausto e tristemente comune a quanti s'impegnavano nello sfruttamento di quel maledetto minerale! Per me invece, che avevo del resto già diciotto anni, si prospettava l'opportunità di rimanere a Palermo per non interrompere gli studi, senza più seguire la famiglia a Porto Empedocle.

– Noi abbiamo ora la raccolta delle Sue lettere giovanili, che inizia proprio da quell'anno scolastico 1885-86, l'ultimo del liceo e il primo passato da solo a Palermo, documento e quasi diario giornaliero della Sua formazione …

– Lo sa? sono state le mie due sorelle Lina e Anna a raccoglierle e a conservarle con un atto d'amore presago d'un futuro ancora del tutto incognito. Non le nascondo che rileggendo quelle carte dimenticate ho provato uno strano turbamento: vi ho ritrovato le mie due anime, quella colta e sensibile dei Gramitto, e l'altra, più terragna, concreta e senza fronzoli, dei Pirandello. Io avevo pur provato a raffigurarle, quelle due anime, in un mio *piccolo me* e in un mio *Gran me*, primo tentativo di proto-umorismo giovanile, di cui parlerò più avanti. Le riconobbi, quelle mie due anime, molti anni dopo, nei primi anni del nuovo secolo, nel bel mezzo del mio estenuante, defatigante e inconcludente impegno artistico, quando mi arrivò, fulmine a ciel sereno, la notizia del tracollo dell'azienda paterna. Da un giorno all'altro – con l'immensa frustrazione di non essere in grado di superare la tempesta – dovetti far fronte ad improvvise, angosciose difficoltà economiche, mentre la mia casa coniugale si trasformava in un inferno. Fu allora che mi sentii tradito nel punto più sensibile dei rapporti con mio padre: crollava ad un tratto il sentimento di sicurezza che da lui m'era sempre venuto ed io m'accorgevo furente d'esser stato sconsideratamente sacrificato. Nel ricostruire ossessivamente quel tradimento, a un tratto mi si delineò la figura di un avido mercante che induce deliberatamente il figlio a un matrimonio di convenienza pur di metter le mani su una cospicua dote da acquisire alla propria attività commerciale. Ma quella dote, con gli interessi quadrimestralmente corrisposti sul capitale, era anche la base del sostentamento della nuova famiglia! – Tutto svanito nel nulla, risucchiato nel baratro del fallimento! Una folgorazione come quella di Martino Lori, una benda che mi cadeva dagli occhi, un sipario alzato su uno scenario inaspettato e crudele…

– Ah, davvero sconvolgente!…

– Lei se ne esce sempre allo stesso modo: stupidamente! Non ha valutato l'altro aspetto, che pure le avevo prospettato: la radice gramittiana, il cannocchiale rovesciato, la filosofia del lontano, contrapposti al mio caratteraccio e alla mia maledetta impetuosità! Quando la tempesta accennò a placarsi, subentrò in me il senso della vanità esistenziale di un Cosmo Laurentano, la consapevolezza riflessiva di un Vitangelo Moscarda, la rassegnazione compassionevole dello zio Canonico. Ce ne volle però prima che il mio animo riacquistasse la calma necessaria a valutare con mente più sgombra ciò che m'era accaduto: anni tormentosi di torture interiori! Stati d'animo che una volta svelai a Luigi Antonio Villari, un amico umorista che, con letteratissima *politesse*, voleva tentare d'interrompere il mio silenzio: «Quella che voi chiamate *mia bella attività* è frutto d'albero insanabilmente attossicato, radicato profondamente nella più acre e nera tristezza […]. I miei lavori, come a me non dànno gioja, così mi pare non debbano né possano darne altrui»… Vissi gli anni della maturità (per intenderci, dal *Fu Mattia Pascal* al *Si gira*), in una sorta di incubo, chiuso in me stesso, schivando le amicizie, in rotta con i parenti più stretti, dedito esclusivamente all'attività professorale, divenutami ora amara come quella d'un condannato, ed al mio lavoro letterario, ammazzandomi di fatica, sia per dimenticare, sia per non darmi per vinto; ma talvolta, confesso, meditando il suicidio o una fuga impossibile da tutto. Il miglior ritratto che allora, con crudele gusto autodistruttivo, tracciai di me, fu, in *Si gira*…, quello di un pover'uomo oppresso dalla gelosia della moglie e umiliato dal disprezzo con cui lei, beneficiaria d'una ricca eredità paterna, lo tratta. Ormai abituato a vedere il mondo come una galera, Fabrizio Cavalena (questo il personaggio), per sbarcare il lunario è ridotto a confezionare soggetti al prezzo di 500 lire cadauno per la casa cinematografica *Kosmograph*, dove tutti lo conoscono con il nomignolo di *Suicida*, affibbiatogli per l'immancabile conclusione di tutti i suoi scenarii… – Un soffio d'aria nuova mi arrivò da Nino Martoglio, che inaspettatamente venne a chiedermi di scrivere per il teatro dialettale siciliano. Eravamo in piena guerra mondiale quando, associati fraternamente con Antonino Campanozzi (già, anche il dimenticato Campanozzi!) e sostenendoci l'un l'altro allestimmo in pochi anni un repertorio che, senza scadere in facili effetti o in gratuite volgarità (com'era preferito dai comici siciliani, sempre disponibili verso gli autori più corrivi), ci immise nel giro delle grandi compagnie teatrali. Ma mentre il povero Martoglio, anch'egli nel pieno della sua maturità, aprendo una porta d'ascensore che dava su un baratro moriva crudelmente, e Campanozzi, a sua volta, non disposto a sottomettersi al fascismo, scontava la sua fedeltà al socialismo con l'emarginazione, la persecuzione e l'oblio, io afferravo saldamente nelle mie mani il destino finalmente non più avverso e imboccavo decisamente quella strada che già m'aveva affascinato nel primo approdo nella Roma umbertina, quando i miei velleitari tentativi giovanili cozzavano immancabilmente nell'indifferenza dei capocomici. Il teatro, la miglior fonte di guadagno per un artista, era finalmente alla mia portata! *Non ero più un Fabrizio Cavalena tartassato dalla sorte!* Quando vidi i miei redditi crescere come mai prima, confesso che la mia prima reazione non fu la pur legittima, intima soddisfazione del riconoscimento artistico, ma quella vivissima del figlio del commerciante che aveva raggiunto il traguardo del successo economico, senza tradire se stesso...

– Il massimo delle soddisfazioni, senza dubbio, caro Maestro!

– Ma ho continuato a trascurare colui di cui avrei voluto parlare più a lungo: lo zio Rocco. Fu per me ciò che mio padre non seppe mai essere. Già, perché mio padre io lo sentii sempre lontano, un uomo costantemente assorbito dal lavoro dal quale rientrava affranto e nervoso: bastava poco, un'operazione commerciale non andata a buon fine, un accordo di vendita sfumato e le conseguenze sulla serenità domestica erano inevitabili. Cadde, infatti, molte volte e molte volte con l'aiuto non disinteressato dello zio Felice si risollevò. Alti e bassi della vita di chi opera nel commercio: ricordo che quando io cominciai ad avere i miei sciagurati sogni d'arte («*sei il ritratto di tuo nonno Giovanni*», mi diceva la mamma), mio padre, impegnato – come ho detto – nell'affare delle zolfare, era in uno dei suoi momenti migliori. Pensò quindi che potesse sostenere agli studi questo suo figlio che non aveva preso certo da lui, ma che tuttavia l'attuale agiatezza gli permetteva di non contrastare. Io d'altronde ero nel pieno d'una crisi adolescenziale che mi faceva compiere le più grandi stranezze. Non seguivo gli studi con l'assiduità necessaria, in compenso m'infervoravo a tutto. Sfornavo giornalmente sfilze di versi, perché allora la poesia era il sogno di ogni giovane. M'innamoravo a ripetizione ora della fanciullina del balcone accanto, ora della villanella figlia del fattore, ora della cugina vezzosa e capricciosetta... Quest'ultima, di quattro anni più grande di me, fu quella che m'incastrò, dando la prima frustata alla mia esistenza. Mi strappò, altro che!, alla mia adolescenza, imponendomi una promessa di matrimonio e l'impegno ad abbandonare i miei sogni, per diventare, da un giorno all'altro, un futuro marito! Fu così che mi trovai ad entrare nella sua casa, la casa della zia Eugenia (vedova d'un fratello di mio padre), nella veste di fidanzato ufficiale, al posto d'un ricco mercante di panni che Lina, la mia promessa, aveva respinto, scegliendo me. Ve lo figurate un giovanotto sbarbatello e sussiegoso che porta sottobraccio la cuginetta fidanzata al passeggio vespertino? – quello ero io per le strade di Palermo! Non ci volle molto perché cominciassi a provare un *sentimento del contrario*, a odiarmi, cioè, e a cercare di sfuggire alla situazione nella quale m'ero cacciato. L'amore era svanito nel momento stesso che mi s'era rivelato il più gravoso impedimento ai miei sogni d'arte. Fu lei, la povera Lina, la prima che si scontrò con la forza del mio destino. E ne fu necessariamente la prima vittima: perché io, insofferente della trappola nella quale m'ero impaniato, passai tutti gli anni da lei concessi *per farmi una posizione*, a tormentarla con gli spasimi wertheriani d'un amore impossibile e – largamente attingendo alla disponibilità delle finanze paterne – sempre più allontanandomi da lei con la scusa di dover completare i miei studi prima a Roma e poi a Bonn.

– Dicevamo dello zio Rocco...

– Ah sì! Quando pervenni a Roma la prima volta, a metà novembre del 1887, egli era impegnato in una delle solite missioni con cui, in veste ispettiva di commissario di governo, arrotondava le entrate sempre insufficienti al *ménage* alquanto disordinato della sua casa. Il mio primo contatto fu quindi con colei che da lì a poco in gran segreto, con il solo rito religioso, sarebbe diventata la sua consorte davanti a Dio: Adelaide Verger, detta familiarmente *Nanna*, cui già ho accennato nella nostra precedente conversazione.

– Un matrimonio religioso?!...

– Sì, un segreto di Rocco, che io non svelai mai, mantenendo il giuramento al quale egli m'aveva impegnato. Avevano vinto le insistenze di Adelaide che voleva porre fine a una convivenza che durava dall'epoca in cui s'erano conosciuti, quando entrambi per vie diverse erano giunti nella Roma da poco congiunta all'Italia. Lui dalla Sicilia, sfuggendo alle delusioni d'un fallimento politico (che non era solo il suo personale), per rifugiarsi in un lavoro burocratico tanto insoddisfacente quanto ormai ineludibile. Lei, giungendo a Roma dalla Spagna, reduce da un continuo girovagare alla ricerca di effimeri successi sui palcoscenici di mezza Europa, con la voce ormai compromessa, solo in grado di dedicarsi all'insegnamento del canto insieme alla sua numerosa e caotica parentela d'artisti, un vero carro di Tespi! I tardi sponsali (lei 44 anni, lui 54) si svolsero il 5 aprile 1888 nella chiesa di S. Giacomo in Augusta e furono per me il primo impatto con un mondo di *bohème* romana nel quale, con sorpresa, scoprii immerso il povero Rocco: negli occhi gli lessi il disagio e l'angustia della sua situazione, perché quel matrimonio, in contrasto con tutti i principî laici e massonici da lui sempre professati, era un atto di resa finale a colei con la quale aveva per tanto tempo convissuto e che non voleva più scontentare con un ulteriore rifiuto.

– Però, caro Maestro, nelle Sue prime lettere da Roma Lei aveva insistito con la mamma perché raccomandasse a Rocco di lasciarlo completamente libero sul suo modo di pensare e di agire…

– È vero! Ma mi ricredetti subito quando mi resi conto d'avere in Rocco un amico, verso il quale provare sentimenti d'affetto sincero. La nostra complicità cominciò da quella data e, stante la mia ferma decisione di stabilirmi a Roma per il resto della mia vita (come poi fu), durò immutabile fino alla sua morte, che io piansi come quella d'un padre…

– In quella circostanza Lei scrisse a Sua sorella Lina: «*Tu sai che Rocco fu per me tanti anni padre amorosissimo. Fece la morte del giusto: la morte lo fissò nel sonno, risolente. Era bellissimo!*»…

– …L'appressamento della morte, quando l'anelito si arresta all'improvviso ed il corpo, fin'allora vitale, diventa oggetto inanimato… Ah!, il bisogno di non veder svanire quelle care sembianze ha spinto tanti uomini dell'Ottocento a pratiche di imbalsamazione e di pietrificazione: chi non ricorda Federico Ruysch, Orazio Antinori o Paolo Gorini? e, a proposito di quest'ultimo, le vicende che subì la salma di Mazzini? Quante mie novelle hanno affrontato il tema della morte! Dovetti perfino subire la censura di un'anima delicata, quella di Renato Simoni, per aver descritto una *digestio post mortem*! Tutto ciò che vive, per il fatto che vive, distrugge la sua forma nel continuo invecchiamento corporeo. Dopo, l'inerte, orrido residuo continua a vivere decomponendosi, putendo e vermicando oscenamente, prima di sciogliersi nei suoi tristi frammenti d'ossa! Giustifico (poco!) l'imbalsamazione che gli antichi egizi praticavano per dare un'illusoria continuità di vita ai loro faraoni. Comprendo (ancor meno!) le pratiche di pietrificazione, nel desiderio di non perdere le fattezze tanto amate e di arrestarne così l'inesorabile sparire. Ma non accetto che un corpo, ormai privo di vita, sia lasciato a marcire in una cassa, sotterra, abbandonato all'orrore della decomposizione. Meglio bruciarlo, sull'esempio di quanto già praticato da tanti popoli fin dalla preistoria. – Macché! ci si son messe le religioni, ciascuna a suo modo, a creare regole e ad imporre rituali; per cui Giovanna D'Arco e Giordano Bruno sono, sì, saliti al rogo, ma da vivi, accusati d'eresia e per espiare la loro suprema condanna. A chiunque, invece, è stata interdetta la purificazione del fuoco: una bella sopraffazione, dico io; cui, affé mia!, riuscii in punto di morte a sottrarmi con una bella cremazione massonica, come lei ben sa!

– Ah! caro Maestro! Non ricordi, La prego, il nostro primo colloquio, che è stato per me motivo di inaudita sofferenza!…

– Quella sarebbe stata la morte che per sé anche Rocco avrebbe voluto e che invece, andando a raggiungere la sua *Nanna*, non ebbe. S'imposero, ancora una volta, le convenienze. Io ne fui passivo spettatore perché non in grado, in quegli anni orribili della mia esistenza (gli anni, per intenderci, di *Fabrizio Cavalena*), d'intervenire e oppormi. Ma fu allora che, quasi per un risarcimento, scrissi quelle *ultime volontà* riemerse poi, come per un miracolo laico, nella circostanza della mia morte.

– Ah! Maestro!…

– Ho capito! Cambio discorso! – Rocco ebbe una personalità affascinante: era un Socrate moderno, disponibile ad ascoltare e a far emergere in una continua colloquialità la parte migliore di ciascun interlocutore. Dei figli di Giovambattista era il più dotato, eppure la sua prevedibile ascesa subì un fatale arresto: non riuscì a conseguire le mète cui legittimamente poteva ambire. Il perché lo spiegava pacatamente egli stesso quando riconosceva di esser sempre stato incapace, assolutamente incapace, di mancanza di scrupoli e di quell'aggressività intellettuale che, nella vita come nella politica, fa la differenza tra il vincente e il perdente. Nelle lotte cui partecipò negli anni dei governi della Destra (per la Sicilia i più difficili di tutta la storia unitaria), egli, operando nell'ambito dell'*Associazione unitaria italiana* che raccoglieva intorno al nome di Garibaldi i migliori esponenti delle leve risorgimentali, seppe eccellere nella disponibilità e nella generosità: sempre in prima fila quando si trattava di offrire la sua opera, ma inadatto poi a quegli opportunismi che gli avrebbero portato vantaggi ed acquisito benemerenze. Così, reduce dalla detenzione al forte di Monteratti presso Genova, dove insieme con altri giovani garibaldini era stato rinchiuso per i fatti d'Aspromonte, si trovò, al rientro a Girgenti, dopo i rituali festeggiamenti patriottici, a doversi accollare tutto il carico della famiglia colpita da ripetuti lutti: la morte prematura di un cognato, che lasciava sul lastrico la numerosa famiglia della *Padrina*, la sorella primogenita; poi la morte dello zio Canonico, infine quella della madre. Rocco così, oberato dagli obblighi familiari e privo delle disponibilità economiche indispensabili per concorrere alla candidatura per la Camera, lasciò il passo al suo commilitone garibaldino Luigi La Porta, che divenne il deputato della sinistra girgentina per un trentennio, dal 1862 al 1892. Costretto a rimanere nella sua città, si adattò a svolgere il ruolo di consigliere in seno alla deputazione provinciale ed a ricoprire il grado di colonnello ispettore della Guardia nazionale, incarichi assolutamente inferiori alle sue capacità. Ma quando, anni dopo, l'introduzione dello scrutinio di lista e l'allargamento dei collegi sembrò offrirgli la possibilità di concorrere per un seggio alla Camera senza danneggiare la candidatura del La Porta, i tempi erano già cambiati, tutti i precedenti equilibri sconvolti, e la battaglia elettorale contro l'avvocato Filì Astolfone, suo rivale di seggio, finì con la sconfitta per la ripugnanza ad usare senza vergogna l'arma della demagogia ed a scendere sul terreno dell'inganno e delle facili promesse. Eppure il figlio dell'esule, orfano a quindici anni, chiamato da una sacra vocazione familiare, s'era andato preparando nel decennio 1850-'60 alla vita pubblica con rigorosi studii economici e sociali. Trasferitosi allora a Palermo per partecipare alla vita intellettuale dell'isola e conseguire in quell'università la laurea giuridica, cominciò presto a collaborare a riviste di fronda (nel regime borbonico tutto ciò che era vivo diventava *di fronda*), impegnandosi con un gruppo di amici e coetanei nell'avventura di un ebdomadario girgentino, «La Palingenesi», pubblicato dal 1858 al 1859, alla vigilia del biennio rivoluzionario, da stare alla pari con le più celebri riviste palermitane «La Ruota» o «L'Osservatore». Un giovane, Rocco, che sapeva d'istinto adoperare una sua acuminata vena radicale, come quando scopriva che il matrimonio era un perfetto contratto capitalistico, formato da due solide cambiali

> *Che invece del pagate e dell'accetto,*
> *Acquistan corpo co' lor sì finali.*

Già, perché egli scriveva per lo più in versi i suoi pensieri, secondo la gnomica del classicismo illuministico che aveva avuto nell'abate Parini a Milano e nell'abate Meli a Palermo gli ultimi ammiratissimi esponenti. Del resto, non aveva neppure bisogno di andar tanto lontano, giacché l'esempio paterno d'una poesia patriottica e tirtaica gli era costantemente presente. In un altro componimento dedicato alla lode del danaro da parte di chi è ben consapevole di non sapersene personalmente avvantaggiare, mette in contrasto

> *Un nobile usuraio e un virtuoso*
> *Usciti in piazza ad un industria nuova,*
> *L'un con merce-moneta e con vistoso*
> *Capitale di frode e d'impostura*
> *A cui non dia un istante di riposo;*
> *L'altro con scienze, onore e assidua cura*
> *D'oprare il ben, piegando ognor l'ingegno*
> *A una coscienza cosiddetta pura;*
> *Vedrai che il primo, vinto ogni ritegno,*
> *Dando al suo capital libero sfogo*
> *In breve spazio d'ogni onor fia degno;*
> *Mentre l'altro, a cui piace aversi il giogo*
> *D'ogni stolto morale pregiudizio*
> *Povero e abbietto sarà in ogni luogo.*

Le questioni della ricchezza e della povertà, predominanti nella sensibilità moderna da Proudhon a Marx, catturano le sue riflessioni e lo spingono ad occuparsi della figura d'un usuraio girgentino, il barone Francesco Schifano che, dopo una vita *stentata e gretta in mezzo alle sue ricchezze, appagandosi del pretto necessario per alimentarsi*, aveva destinato un cospicuo lascito ai suoi concittadini. La raccomandazione, contenuta nelle disposizioni testamentarie, di utilizzare quel patrimonio in opere di beneficenza – argomentava il nostro Rocco – era in contrasto a ogni saggio criterio, perché disperdeva in mille inutili rivoli quel che, tenuto unito, poteva invece più opportunamente servire alla creazione d'una vera ricchezza collettiva: ad esempio, con l'istituzione di una colonna agraria o di una cassa di risparmio, del tutto sconosciute nella Girgenti preunitaria e di cui i più avvertiti cominciavano a sentire la necessità…

– C'era in lui la stoffa degli uomini del Risorgimento che, pur lontani tra loro e dispersi in ogni parte d'Italia, lavoravano all'unisono e si preparavano alle imminenti trasformazioni alle quali avrebbero dato il contributo anche del loro sangue!

– Ben detto! Le ho dato così una sorta di sommario delle sue idee e di quel che scriveva in quegli anni; ma la sorprenderà apprendere che nello stesso periodo egli componeva anche un altro *Capitolo*, che non poté per allora esser pubblicato: il titolo stesso era tutto un programma, *La proprietà è un furto, la famiglia un nome…*

– Tutto ciò non sembra promettere niente di buono…

– Stia tranquillo! Rocco aspettò molti anni prima di darlo fuori, e ne spiegava le ragioni all'amico marchese Ruggiero Maurigi, cui in ultimo lo dedicava.

– Il marchese Maurigi…?

– Già, Ruggiero marchese di Castel Maurigi, commilitone di Rocco all'Aspromonte e poi con lui nella prigionia al forte di Monteratti, combattente a Bezzecca nel 1866, a Mentana nel 1867, deputato di Trapani dal 1874 al 1886 e di Siracusa per la XVII legislatura (1890-'92); infine senatore del regno. Nella lettera dedicatoria Rocco spiegava all'amico che di quel capitolo sul comunismo, scritto nel 1858, glien'era sempre apparsa inopportuna la pubblicazione, finché gli avvenimenti della *Commune* del marzo 1871 non l'avevano finalmente convinto. E infatti la data apposta, *Girgenti 21 aprile 1871*, indicava, insieme alla consueta attenzione ai problemi sociali, la consapevolezza che i tempi fossero ormai maturi per riproporre quelle meditazioni giovanili. Si aggiunga che la Sicilia, da Giovanni Corrao a Giuseppe Badia e fino a Saverio Friscia, era stata una precoce incubatrice della prima Internazionale, di cui quest'ultimo, il Friscia, era stato tra i più attivi esponenti. La *verità* – esordiva dunque Rocco – ha sempre destato universale diffidenza e spesso portato i pochi che l'hanno ostinatamente professata ad esser condannati «*alla tortura e al foco*». Oggi ciò potrebbe accadere anche a quanti sostenessero un'altra verità scomoda, quella dell'*uguaglianza*:

> ... *sendo ogni uomo all'altro eguale*
> *Per potenza, per forma e per valore,*
> *Ogni lor differenza è nominale:*
> *E se abbiam pari lo intelletto, il core,*
> *Gli obblighi, i dritti, i desiderii, infine*
> *Tutto ciò che sta dentro e che sta fuore;*
> *Perché degg'io corcarmi su le spine,*
> *Mentr'altri si riposa in sulle piume*
> *Perfin cansando i zefiri e le brine?*

Il gran male dell'umanità è stato quando ci si è dimenticati di questo principio sacrosanto, e si è ceduto a un'insana ingordigia, anzi a una *manìa*, la detestabile

> ... *manìa di possedere; è face*
> *Che alla discordia illumina il cammino,*
> *Dove ogni amor, sia pur di madre, tace!*

Occorre dunque ripristinare il primigenio diritto naturale:

> *E a dimostrar qual dose di buon senso*
> *Alberghi in noi, facciam rinunzia piena*
> *Ad ogni idea di secolar compenso,*
> *Purchè questa mortifera catena*
> *Che società si appella, in un sol tratto*
> *Venga scomposta e si ricordi appena.*

Ma per consolidare questo nuovo patto d'uguaglianza e di fraternità tra gli uomini occorrerà rimuovere ancora un altro vincolo, il più funesto e il più nocivo: *quello della famiglia*. Ed ecco dunque delinearsi l'altra grande rivoluzione:

> *Ché de' malanni nostri il rio complesso*
> *Durerà sempre, sino a che dispersa*
> *Non fia l'idea del singolar possesso,*
> *Quel che ha l'uom sulla donna, e viceversa.*
> *Perché da questa convivenza prima*
> *Ebbe origin siffatta società*
> *La quale sempre più si accascia e adima,*
> *A misura che ognor si accresce e va*
> *A pigliar base e a raffermarsi più,*
> *Il gran furto che dicon proprietà.*

Che l'uomo nasca di per sé libero, è evidente:

> *… − libero al paro*
> *Degli elementi; par che nato sia*
> *A fare a meno di leggi e di notaro:*
> *Ed una pace universale e pia*
> *Rallegrerebbe il mondo, ove non fosse*
> *Questa femina tua, quell'altra mia.*

Ecco dunque nascere una società perfetta, da cui l'uomo verrebbe rimodellato e trasformato:

> *Emerso allor dal mar di affanno e lutto,*
> *Ogni mortal ritroverebbe il pasto*
> *Della natura nell'immenso frutto,*
> *E senza angustie, palpiti o contrasto,*
> *Senza stento verun, senza fatica,*
> *L'uom diverrebbe di un novello impasto.*

La fondazione della nuova società sarà all'insegna di un rovesciamento delle parti: il ricco che lavora, il povero che riposa…

Non si fatichi più, stiamci in riposo
Fin che al lavoro il ricco sia costretto,
Ed in comun metta il denaro ascoso:
Facciam quel che ne aggrada, e sia permesso
Che ognun opri a suo modo e a suo diletto:
S'apra al vergine istinto ampio l'ingresso,
Non ascoltando la ragion mendace,
Causa prima del male e del regresso:
Si usi infin quel che piace e quando piace,
Ciò che disgusta sfuggasi e rigetti,
E allor soltanto avrem perpetua pace.

Ma accadrà che nella parte conclusiva Rocco, a sorpresa, introdurrà un nuovo concetto, non consequenziale coi precedenti e svincolato dai principî roussoviani e proudhoniani cui s'era ispirato. Confesso di non aver conservato alcun preciso ricordo né altra particolare impressione della lettura, negli anni giovanili, della composizione. Allora io ero *rosso*, dominato da una gran voglia di distruggere questa brutta società nella quale mi sembrava impossibile poter vivere. Tutto mi appariva inamabile e vano, tutto artefatto e insincero: perché non darvi un crollo con un bell'urto, con una spallata decisiva? Non so dire perciò quanto allora Rocco abbia potuto effettivamente influenzarmi. Il mio anarchismo era istintivo. Diversamente da lui, che svolgeva e argomentava i suoi concetti, io mi dichiaravo radicale e repubblicano, senza tante riflessioni. Dovrà perciò passare ancora del tempo prima che mi si appalesasse appieno il senso di questi versi, il massimo lascito intellettuale di Rocco, quasi una trasmissione ereditaria di genii:

I bruti infatti che non van soggetti
Ad altra legge, in piena libertà
Vivon tranquilli tra gioie e diletti,
E quella lor diversa società,
Non si sconvolge mai, gli fa più lieti,
Per non aver famiglia e proprietà.
Famiglia e proprietà che in tutti i ceti
Spargon seme d'invidia, oltraggi e guerra,
Onde mai non sarem contenti e cheti,
S'entrambo non spariscon dalla terra!

Come, a questo punto, non ritornare col pensiero in Germania, a Bonn, quando mi appassionai alla poesia di Lenau e scattò in me qualcosa cui ero già inconsciamente preparato? Era qualcosa che giungeva a me dalle straordinarie affinità che mi legavano a Rocco, che scatenavano in me riflessioni, idee … che lei ora, immagino, avrà ben presenti…

– Ah sì, Maestro, ricordo perfettamente il nostro precedente colloquio sulle insanabili contraddizioni dell'*homo sapiens* teso alla ricerca della verità ma segnato fatalmente dalla perenne sconfitta del suo vano e insoddisfatto domandare. Se alla fine rinunciasse – Lei si chiedeva – a tutte queste domande, non potrebbe venirne un capovolgimento radicale della realtà? Non il *sapiens*, ma l'*insapiens*, il *bruto* (come diceva Rocco), è colui che ha la scelta vincente, vivendo in piena libertà, al di fuori d'ogni artefatta costruzione e oltre ogni vana forma di civilizzazione, in comunione e in fratellanza con tutte le forme viventi, in un totale abbandono alla natura. Come Lei, Maestro, ha detto con i versi:

> *Ma imitate il savio armento,*
> *per cui il vero è l'erba tenera*
> *che gli cresce sotto il mento!*

– Un'utopia… Ma lei sa che l'utopia ha accompagnato tutto il corso della mia vita. Ritorneremo ancora a parlarne, a conclusione di questi nostri incontri, e non le nascondo nuove sorprese! L'utopia ha dato sostanza ai miei pensieri, mi ha sostenuto nelle sciagure ed ha acquietato i tormenti dell'animo mio. Era presente anche nella mia famiglia, in seno alla quale io ritornavo per rinfrancarmi e per ritrovare me stesso, riconoscendomi nella sensibilità di Rocco ma soprattutto nella riflessiva dolcezza di mia madre, di colei che sapeva dissolvere con la mitezza d'una parola le furie dell'iroso marito (quanto a me somigliante!), e così riottenere, con un sorriso ed una carezza, la pace della casa e la serenità di tutti noi.

VI

Amici e maestri

– Se ripenso alle varie stagioni della mia vita, quanti nomi e quanti volti dimenticati mi s'affacciano alla memoria! Al termine degli impegni scolastici, noi alunni del liceo Vittorio Emanuele ci ritrovavamo nei tiepidi pomeriggi del mite inverno palermitano a scorrazzare per le vie cittadine in preda agli astratti furori della nostra età, sempre pronti alle rodomontate e alle tarasconesi iniziative. Frequentavamo caffè e ritrovi, stabilendo rapporti con giornalisti, letterati, poeti… in una parola, con tutti quelli che nella vita cittadina contavano, talora sbeffeggiando opinioni correnti, tal'altra entrando a tu per tu in discussioni accanite con i nostri insigni concittadini. I miei compagni erano Carmelo Faraci, Giuseppe Schirò, Enrico Sicardi, Ignazio Salemi, Enrico Palermi e poi i miei due cugini, figli del defunto zio Andrea, Ettore e Pietro, della cui sorella Lina io (ricorda?) malauguratamente m'ero invaghito. Carmelo era un giovanottone di Sant'Agata Militello, paese affacciato sul Tirreno, a mezza strada tra Palermo e Messina, ai piedi dei maestosi Nébrodi. Come il fratello più grande, che gli premorì, era minato dal mal sottile, male incurabile che avrebbe condotto anche lui a morte precoce, amaro destino allora di tanti giovani. Divisi con lui la stanza di via Maestro d'Acqua quando rimanemmo soli a Palermo nell'ultimo anno degli studi liceali, e fu proprio allora che la malattia lo costrinse a interromperli per ritornare alla più salubre aria del suo bel paese. Nel separarci nessuno di noi poteva immaginare che non ci saremmo mai più rivisti. Continuammo però a scriverci: quando andai a Bonn, il buon Carmelo mi spedì una botticella di vin nero siciliano, io gli inviai in lettura la mia *Pasqua di Gea*, della quale si mostrò talmente entusiasta che dinnanzi alle difficoltà di pubblicarla si offrì di finanziare lui l'edizione. Nel breve periodo della nostra vita comune scoprimmo di condividere i fieri sentimenti repubblicani definitivamente consolidati in noi dalla ferita d'Aspromonte che la monarchia aveva inferto all'unità degli italiani. Le nostre convinzioni ci portavano a un radicalismo che mi faceva scrivere all'altro nostro comune amico Giuseppe Schirò di Piana dei Greci (allo *zingaro mio*, come talvolta lo chiamavo), di invidiargli il sogno da lui coltivato d'una patria albanese libera e forte, affrancata finalmente dalla servitù ottomana, quando a noi toccava assistere allo spettacolo di una Italia mangiata dai cani, con un re creduto buono ma in realtà imbecille, sedente su un trono merdoso – così mi esprimevo – innalzato sui sacri cadaveri dei martiri. – Schirò… un altro amico che persi presto; perché, poverino, s'era invaghito di mia sorella Lina e m'affidò questo suo sentimento cercando in me un appoggio, figuriamoci!, proprio nello stesso periodo in cui mia sorella si prometteva sposa a «un ingegnere ricco e intelligentissimo». Così gli scrissi in una mia lettera del tutto inopportuna: egli ci restò male, e la nostra amicizia ne fu compromessa. – Ma ritorniamo al discorso iniziale: in quegli anni di impetuoso sviluppo della questione sociale chi ci avrebbe parlato del socialismo come d'una speranza del futuro, esortandoci ad operare per la sua realizzazione, fu un professore della nostra università, Giuseppe Salvioli, docente di storia del diritto, alle cui lezioni molti di noi si recavano spontaneamente, e che io pure frequentai qualche volta. Intorno a lui si andava formando tutta una nuova leva politica siciliana che da lì a poco sarebbe stata travolta nel primo grande sommovimento socialista in Sicilia, quello dei fasci dei lavoratori. Da De Felice Giuffrida a Garibaldi Bosco, da Bernardino Verro a Ignazio Salemi, da Nicolò Barbato a Francesco De Luca (questi ultimi tre legati a me da fraterna amicizia, e il girgentino De Luca addirittura da vincoli di parentela per parte materna), tutti finirono perseguitati e incarcerati dal patrio governo di Francesco Crispi, siciliano anch'egli, di Ribera, dimentico degli ideali mazziniani della sua giovinezza. Nelle campagne di Giardinello, di Lercara, di Marineo, di Pietraperzia, di Santa Caterina Villarmosa si consumò per suo ordine una delle più feroci repressioni *manu militari* delle plebi contadine, col massacro di oltre cento vittime, che m'ispirò poi le pagine finali del romanzo *I vecchi e i giovani*. Quando, nell'anno universitario 1888-89, mi trasferii a Roma, ebbi occasione di seguire un corso sulla rivoluzione francese (ne ricorreva il centenario) tenuto da un altro docente, Antonio Labriola, il maggior cultore della dottrina marxistica in Italia, e di assistere esterrefatto a una dimostrazione di un gruppo di scalmanati che l'accusava d'aver fomentato le sommosse degli edili romani (febbraio '89), che a me viceversa erano sembrate un avvenimento grandioso, da paragonarsi a quel che immaginavo accadesse a Parigi alla vigilia dei grandi moti rivoluzionari.

– Ma dunque, Maestro, Lei e questi suoi compagni di "tarasconesi iniziative" eravate tutti simpatizzanti del nascente socialismo?

– Non proprio! E lei al solito fa d'ogni erba un fascio, senza saper distinguere. Prenda ad esempio me, che avevo un supremo disprezzo per i lestofanti della politica, per coloro che sfruttavano cinicamente il disagio e la sofferenza altrui: beh, da questi io mi tenevo accuratamente alla larga, convinto che la strada dell'Arte, alla quale m'ero dato, fosse un ben diverso e superiore impegno. Le racconto un episodio: nelle elezioni politiche del 1886 alcuni di noi, studenti palermitani di liceo e d'università, pensammo bene di convincere un povero uccellatore che ogni mattina pieno di freddo e di fame sostava alla salita dei Centorinaj vendendo le sue gabbiette di uccelli, a candidarsi anche lui, e ne sostenemmo la campagna elettorale al punto che, temendo un contraccolpo sui risultati, gli altri candidati mostrarono di prendere sul serio quella che noi consideravamo una sfida goliardica alla loro compassata vuotaggine. Ma chi alla fin fine ci rimase davvero male (ed io per lui!) fu proprio il povero Menico La Licata, l'uccellatore, che scoprì d'esser stato l'inconsapevole strumento d'una beffa politica, peraltro ben riuscita, e poi lasciato lì come un fantoccio. – Ecco, se vuol un esempio opposto, le dirò di Enrico Palermi, un bellissimo giovane e un simpatico scapestrato, sempre pronto a infiammarsi, ma non per il socialismo! Ogni odor di femmina lo accendeva repentinamente ed egli iniziava a delirare e a soffrire orribilmente. Imprevedibile com'era, non si capiva mai fino a che punto facesse sul serio o non piuttosto si avvalesse delle sue esperienze di palcoscenico per coinvolger tutti nelle sue macchinazioni, architettate sempre con sorprendente teatralità. Provavo per lui una contrastante attrazione: quella sua aria sorniona di giovane guitto, quel suo trascorrere leggermente di esperienza in esperienza senza darvi peso, vinceva la mia diffidenza e finiva per coinvolgermi. Così per esempio m'accadde quando, in una delle sue frequenti disavventure amorose, tentò il suicidio, da cui risorse guarito all'improvviso al riapparire della sua diletta, tornata per fare la pace: mentre io, finito senza quasi rendermene conto nella sua trappola, vegliai trepidante *il morente* per tutta una notte! Che minchione! …E non parlo dei quattrini che riuscì a spillarmi in più d'una occasione!

– Era così anche Enrico Sicardi?

– Non dica eresie! Sicardi era tutt'altra persona: un temperamento riflessivo e quieto, umile e laborioso. Si costruì un avvenire di studioso, al quale era naturalmente vocato, con grandi sacrifici personali perché la sua famiglia era povera e non poteva sostenerlo agli studi. Si aggregava a noi con cautela, sempre titubante se potesse permettersi i nostri lussi e le nostre smargiassate. Mutuandolo dallo spirito dei palermitani, del cui gusto spagnolesco, sornione e supponente m'ero nutrito nell'adolescenza trascorsa in quell'antica capitale, io, confesso, avevo acquisito un alto concetto di me. Sedotto dalla mia sicumera, Enrico mi seguiva come un discepolo e io talora non mancavo di approfittarne, come fu per il *Mal giocondo*. Avevo conosciuto a Roma in casa dello zio Rocco un libraio tedesco, Carlo Clausen, che per caso seppi sul punto di acquistare varie librerie tra cui quella del buon Pedone *tirafiato*, il libraio palermitano presso cui tenevo un conto sempre aperto. Con un colpo di fortuna riuscii a convincere il tedesco di far stampare il mio libro di versi presso quella libreria di nuovo acquisto. Senonché la lontananza da Palermo dopo il mio trasferimento all'università di Roma e poi la prospettiva della partenza per la Germania, m'avevano indotto a lasciare al Sicardi la revisione delle bozze e la cura dell'edizione. Mal me ne incolse! Nell'atto di imbarcarmi sul postale *Segesta* in partenza dal porto di Palermo per Napoli, prima tappa del mio lungo viaggio verso le contrade del Reno, ebbi finalmente in mano la prima copia del *Mal giocondo* e non tardai ad accorgermi che era lardellato di errori *che erano orrori!* Gli occhi mi s'empirono di lagrime e, preso da un impeto di rabbia, feci volare il bel volumetto elzeviriano tanto vagheggiato giù dal parapetto della nave! Questa fu la sorte della prima copia del *Mal giocondo*. Naturalmente le conseguenze si rovesciarono tutte sul capo del povero Sicardi, che io martirizzai a lungo dall'Italia e dalla Germania con lettere infuocate di rimprovero, finché l'ira a poco a poco non mi sbollì. – *Habent sua fata libelli!* benché presentato in quell'edizione insoddisfacente, ebbe una discreta accoglienza. A Firenze, su «La Vita nuova», una delle riviste sperimentali messe in campo dai fratelli Angiolo e Adolfo Orvieto prima del «Marzocco», ne scrisse Giuseppe Saverio Gargàno spalancandomi così le porte alla collaborazione sui periodici di questi nuovi amici; e a Bologna, su «Lettere ed arti», una rassegna, manco a dirlo, carducciana, scrisse di me Ugo Brilli, cogliendo acutamente le novità della mia solitaria voce poetica. Firenze e Bologna: due scuole, due importanti riconoscimenti. Ma che accadde a Roma? Ahimè, il conte Gnoli, *magna pars* della «Nuova Antologia», la più importante rivista d'Italia, prefetto della nuova Biblioteca nazionale Vittorio Emanuele e *poeta princeps* della "scuola romana", si accorse con terribile indignazione che un esordiente e sconosciuto poetino aveva osato in certi suoi versi peregrini dar voce a un lamento del padre Tevere che suonava così:

> *Mi duol che Roma non sia più pagana,*
> *però che fra codesta genterella*
> *ogni dì più divenïente nana,*
> *alcun non v'è che in una manatella*
> *di buoni versi sappia ora cantarmi.*
> *Romana poesia come eri bella,*
> *e come lieto io mormorava i carmi*
> *che in lode mia scioglievano preclari*
> *i poeti di Roma, ad onorarmi!*
> *A me i poeti furon sempre cari,*
> *massime quelli che han di me cantato,*
> *innocui fanciulloni visionarî.*
> *Ma il conte Gnoli ahi quanto m'ha seccato,*
> *e le scimmie, le scimmie, ohimè, d'Orazio!*
> *Figliuolo mio, nessun l'ha bastonato?*

Bastonare il maggior poeta della scuola romana, l'autore delle *Odi tiberine*? e chi era a osar tanto? – ma guarda!, uno sbarbatello ultimo arrivato. Via, era davvero troppo! E quindi giù, dalle pagine della «Nuova Antologia», il primo liscio e busso della mia vita! Meritato, lo riconosco, anche se col conte Gnoli fui più che recidivo, rappresentandolo ancora una volta come Maurizio Gueli in *Suo marito* e facendone poi il protagonista (ma anche il mio *alter ego*) di *Quando si è qualcuno*! Chi insorse in difesa del suo conterraneo (si badava allora molto alle differenze regionali!), fu, sulla «Psiche» di Palermo, Giuseppe Pipitone-Federico, libero docente all'università, archivista e paleografo, autore di opere storiche e di critica letteraria, giornalista tra i più conosciuti non soltanto sul piano locale. Un'analisi, la sua, acuta e battagliera che s'aggiungeva alle altre due del Gargàno e del Brilli: per un esordiente, non c'era davvero male! In effetti, negli ambienti culturali palermitani, in quegli anni di studio, io avevo stabilito e consolidato rapporti non solo col Pipitone-Federico ma anche col più anziano Girolamo Ragusa-Moleti, autore di un celebrato saggio su Baudelaire, traduttore dei *Pe-*

tits pöemes en prose ed esponente di quell'eclettismo culturale siciliano che aveva Parigi come principale punto di riferimento, e poi col De Luca-Aprile e col Lo Forte-Randi, che insegnavano nell'Istituto tecnico dove studiava Enzo, il mio fratello minore, e ancora altri, come Ferdinando Di Giorgi, più giovane di me di due anni ma già attivo nel giornalismo e promettente scrittore. Anche su alcuni professori dell'università la mia improntitudine era riuscita a far breccia, e fu così che azzardai d'offrire in lettura a Giacomo Cortesi, professore di letteratura latina, le prime prove del poemetto *Belfagor*.

– Lo stesso accadrà a Roma, quando Lei, Maestro, frequenterà anche quella università?…

– Di tutto questo abbiamo già detto; ora vorrei passare direttamente agli esordi della mia attività letteraria al rientro da Bonn. Mi lasciavo alle spalle l'epoca degli studi e la mia più bella storia d'amore, concluse entrambe con la mia spensierata giovinezza. Non vedevo chiaro nel mio avvenire: avevo conseguito un pezzo di carta, è vero, ma rimanevo senz'arte né parte, con pochissima voglia di cercarmi un impiego per cominciare una vita da filisteo: a proposito, avevo finalmente trovato il coraggio di troncare il mio fidanzamento con la Lina di Palermo. Dunque ero solo con me stesso e a un nuovo difficile passo, perché mi rendevo ben conto che la poesia, sì, andava bene, ma non era tutto, non poteva bastare, e ben magre consolazioni in conclusione mi avevan dato il *Mal giocondo* e la *Pasqua di Gea*. Avevo portato dalla Germania le *Elegie boreali* che erano finite a dormire in un cassetto (– *versi? Dio ne scampi e liberi!*); insomma, bisognava allargare gli orizzonti e guardarsi intorno. In quella terra di immigrati che era la Roma umbertina dell'ultimo decennio del secolo XIX io naturalmente m'accostai alla colonia dei siciliani, numerosa e ben rappresentata: vi pontificava Luigi Capuana, uno dei dioscuri, con Giovanni Verga, del verismo. Egli allora abitava un quartierino con terrazzo in via in Arcione, sotto i muraglioni eretti dall'ingegner Cipolla a sostegno delle nuove scuderie sabaude, la cui edificazione aveva dato allegramente il via alla scomparsa dei *giardini d'abbasso* pontifici e scempiato per sempre l'arcana bellezza della *fontana dell'organo*. Scapolo e dal piglio giovanile seppur oltre i cinquanta, Capuana divideva l'appartamento, troppo costoso per lui solo, con altri due siciliani, Fleres e Saya, volentieri associando alla sua vita bohémienne chiunque di noi giovani gli si rivolgesse, dispensando consigli e assistenza letteraria, aperto al colloquio e disponibile come un fratello maggiore. Il messinese Ugo Fleres, di dieci anni più grande di me, pittore, vignettista, critico d'arte, scrittore, fu colui che m'introdusse nel cenacolo, mentre Salvatore Saya, che era musicista, ci guidava nei salotti dove si faceva buona musica; ed io ricordo una famiglia piemontese dell'alta burocrazia, i Rigoletti, che sapeva unire all'occasione musicale la semplicità del modo di ricevere, senza formalismi né etichette. Un altro dei siciliani era Giovanni Alfredo Cesareo, messinese anche lui, più anziano di me di sette anni che, tra l'altro, vantava una frequentazione dell'università di Bonn e un discepolato presso il Foerster, ma in sostanza di scuola desanctisiana (allora malvista dai carducciani) e poeta di cui tutti ricordavamo l'ode *All'ultimo martire* in esaltazione del sacrificio di Oberdan, costatagli una sospensione dall'insegnamento. Egli era legato alla Contessa Lara, poetessa e donna affascinante ma dalla vita infelice, nel cui salotto di via Federico Cesi, nel nuovo ed elegante quartiere dei prati di Castello, ci radunavamo con Capuana in testa. Pure a quegli anni risale la mia amicizia con Giuseppe Màntica, calabrese, impegnatissimo e febbrile nelle molte sue attività, quasi consapevole della breve vita che l'attendeva, docente di linguistica e stilistica all'Istituto superiore di Magistero; incarico che poi, assorbito dalla politica, dovette abbandonare, offrendo a me il modo di succedergli. Fu proprio lui che in quella fine di secolo si impegnò, con il suo consueto dinamismo, al varo di un nostro giornaletto letterario intitolato, in omaggio a Shakespeare, «Ariel», che durò un autunno, un inverno e una primavera: un settimanale sul quale provare la coerenza delle nostre idee e la continuità di un impegno rivelatosi più faticoso di quanto credessimo e che presto si esaurì con l'approssimarsi delle vacanze estive, traguardo agognato da noi redattori e suggello della sua illacrimata fine. Un altro del gruppo, anch'egli coetaneo del Fleres, era Giustino Ferri, di Picinisco, paesino sperduto tra Sora e Cassino, e quindi considerato *un provinciale settentrionale*, brillantissimo giornalista formatosi alla scuola del *Capitan Fracassa* e della *Cronaca bizantina*, autore di novelle e romanzi, tra cui un capolavoro, *La camminante*, scritto nell'ultimo periodo della sua vita: anche per lui come per il Màntica la sorte non fu benevola, spegnendolo a 56 anni. Quasi coetaneo di Capuana era invece Giuseppe Aurelio Costanzo, di Melilli, autore del poema *Gli eroi della soffitta* ispirato a sentimenti umanitari e alla diffusa ansia di redenzione sociale, che gli consentì di conseguire sin dal 1880 una stabile notorietà. Dirigeva l'Istituto superiore di Magistero con quella signorilità della quale poi anch'io mi avvantaggiai nelle sciagurate condizioni in cui venni a trovarmi, rimanendogli sempre grato per la disponibilità e per l'amicizia dimostratami. Come tantissimi allora, il Costanzo era affiliato alla massoneria e ne aveva raggiunto i più alti gradi, senza mai servirsene per fini personali o meschini, a conferma della nobiltà di quell'istituzione che nel XIX secolo aveva ispirato le lotte del nostro Risorgimento ai principî di libertà, d'umanità e di ragione contro l'assolutismo monarchico e l'oscurantismo religioso, nemici implacabili dell'indipendenza dei popoli. Nella mia patriottica famiglia molti, a cominciare dallo zio Rocco, s'erano tenuti saldi a quei principî che a me e alla mia generazione apparivano invece ormai prossimi a spegnersi, sopraffatti dalle troppe delusioni; ma confesso che, avendone nella giovinezza respirato a pieni polmoni, una cert'aura massonica io l'avevo in qualche modo radicata in me.

– Vuol dire, Maestro, che ne fu influenzato in qualche decisione o in qualche passo importante?

– Allude alle *Mie ultime volontà*? Ma sì, certo! E le ho già spiegato abbondantemente quelle mie ragioni. – Con le sue interruzioni lei mi svia dal discorso! Parlavo dei legami del nostro gruppo regionale, sul che Lucio D'Ambra, un altro nostro amico, osservava: «Si può dire che la Sicilia sia la regione italiana più splendidamente rappresentata nella letteratura nostra», e si dilungava a discorrerne in un articolo apparso sul «Capitan Fracassa» del 5 luglio 1902, di cui serbo ancora memoria, per introdurre la presentazione delle *Beffe della morte e della vita* e del romanzo *Il turno*, inizio della mia alluvionale stagione di novelliere e di romanziere. Dunque, forti vincoli regionali ci univano assieme: ma si è chiesto lei per caso se sussistesse qualche altro motivo a tenerci così uniti e omogenei?

– … La massoneria?…

– Cosa? ha le traveggole?! – Ma ho appena finito di dirle dell'indifferenza mia verso ogni impegno che non fosse d'arte… C'era qualcos'altro che ci legava! «Avevamo bisogno di una prosa viva, efficace, adatta a rendere tutte le quasi impercettibili sfumature del pensiero moderno, e i nostri maestri non sapevano consigliarci altro: *studiate i trecentisti*! Avevamo bisogno di un dialogo spigliato, vigoroso, drammatico, e i nostri maestri ci rispondevano: *studiate i comici del cinquecento!*», così Capuana nel 1885; e proseguiva: «Quella prosa moderna, quel dialogo moderno bisognava, insomma, inventarlo di sana pianta. Dal romanzo storico-politico, siam sbalzati, di lancio, al romanzo di costumi contemporanei nell'arduissimo tentativo di ridurre a materia d'arte la vita italiana, ritraendola direttamente dal *vero* e non co' soliti cieli di carta turchina o colle solite campagne di verde inglese brizzolato di rosso e di giallo, e non colle contadinelle di terra cotta e le signore vestite di cencio…». All'incirca quel che poetavo per mio conto nel *Mal giocondo* nel 1889: ricorda?

> *Mi ronzano intorno a le orecchie,*
> *nel tedio, con suono confuso,*
> *sì come uno sciame di pecchie,*
> *le vecchie*
> *parole sconciate dall'uso.*
> *Ahi fiore non sboccia, o stuol nero*
> *di pecchie, a quest'algido sole:*
> *nel fosco cervello più un fiero*
> *pensiero*
> *non nasce, o sconciate parole.*

[…]

> *E nulla più a dire ci resta.*
> *Anch'essa, la noja, ha trovato,*
> *o tu che m'introni la testa,*
> *molesta*
> *legione, un poeta annojato.*
> *È vecchio, o vecchissime, il mondo.*

E nei miei primi scritti letterari mi spingevo ad affermare che la prosa dei nostri scrittori mi appariva non viva, non amabile, mancante di ciò che solamente può darle anima: *la spontaneità*. Insomma sentivamo tutti (ed io in particolare) l'urgenza di un linguaggio comprensibile che non cadesse, da un lato, nella corrività franciosizzante o nella dialettalità fiorentineggiante (o, col Verga, sicilianizzante), e dall'altro, non assumesse i paludamenti anacronistici della prosa dei nostri classici. Ricordo che, ragazzo, il signor professore m'ingiungeva sempre di leggere i dialoghi del Tasso ed io, se bene con grave animo, mi davo a obbedirgli; ma l'ombra del Grande me lo perdoni, ci cascavo anche sopra, come per forza di legamento oscuro. E ciò non m'avveniva mai leggendo la vita di Benvenuto.

– La *Vita* di Benvenuto Cellini, esempio di prosa di grande naturalezza espressiva, che nasce da una partecipazione appassionata agli avvenimenti che lo scrittore rievoca…

– Era stato Ernesto Monaci, il mio maestro romano, ad intuire di che cosa avessi bisogno e ad aprirmi gli orizzonti dandomi a leggere il *proemio* dell'Ascoli…

– Che proemio?…

– Ma come! lei non conosce il proemio che Graziadio Isaia Ascoli premise nel 1873 al numero inaugurale dell'«Archivio glottologico italiano», la prima rivista italiana di filologia? Quelle quarantun pagine io le lessi non so più quante volte e, così dense di pensiero, le assimilai pian piano facendone il mio *vademecum*. Fu l'Ascoli a dimostrare che il maggior ostacolo allo sviluppo intellettuale e alla libertà degli italiani era stato il modo di formazione della tradizione letteraria, che aveva comportato un progressivo estraniamento del nostro popolo dalla generale circolazione delle idee. Egli aveva individuato nella lingua, così come s'era formata ed era stata adoperata, la principale ragione di tale distorto sviluppo: una lingua solo scritta, autoreferenziale e consegnata ai libri dei letterati, dei sapienti e dei dotti. Chi parlava e comunicava non era in grado di utilizzarla, sicché, scartando quel linguaggio artefatto e incomprensibile, il popolo aveva continuato ad esprimersi, come da sempre faceva, negli antichi dialetti. Nessun nesso dunque tra quella cultura chiusa e astratta e la comunità dei parlanti a lor volta distribuiti su un territorio fortemente differenziato per evoluzione storica e per intrinseche diversità geografiche, e quindi isolati anch'essi nei loro differenti dialetti e nelle loro ataviche costumanze: un abisso consolidato e approfondito nel tempo, con la naturale conseguenza del difetto di stile, dell'assenza d'individualità, della mancanza di sicurezza, di tecnicità e di elasticità della lingua. E, oltre all'astrattezza, per colmo di misura, un'eccessiva preoccupazione della forma a tutto scapito dell'empito interno e dell'afflato poetico, da sempre anima e vita delle opere creative!

– Un'esigenza di rinnovamento e di modernità che investiva tutta la cultura della nuova Italia…

– Era la stessa ragione per la quale m'ero accostato a coloro che, sia pur per vie diverse, erano giunti alla consapevolezza di quell'isolamento e s'adoperavano per uscirne. I problemi così magistralmente analizzati dall'Ascoli e descritti da Capuana erano quelli che portavano me a riconoscere d'istinto ciò ch'era vecchio, anche laddove s'atteggiasse a *canto novo*, com'era di certi poeti *de la nuova scuola da le liliacee fronti*. Era stato il Tommaseo a contrastare l'abuso delle regole e dei canoni stilistici, affermando che «un sistema in letteratura è dannoso sempre, appunto per ciò ch'è sistema. Far consistere tutto l'originale nel nuovo, tutto l'affettuoso nel sentimentale, tutto l'elegante nel classico, tutto il bello nel descrittivo, tutto il poetico in un soggetto piuttosto che in altro, egli è fingere d'ignorare che sia originalità, bellezza, eleganza, poesia». Nessuna formula dunque e soprattutto nessuna regola prestabilita, ma soltanto quella ricerca della *sincerità* e della *spontaneità* che, fuor d'ogni scolastica norma letteraria, consentisse di creare e di riconoscere l'opera artisticamente vitale. Capuana fu il primo a consigliarmi di provare altre forme oltre la poesia, sostenendo che la narrativa e soprattutto il romanzo fossero il banco di prova delle nuove generazioni. Sotto i nostri occhi c'era il grande esempio francese, da Balzac (che io amavo) a Hugo, da Zola (che non amavo per niente) a Maupassant, mentre si annunciavano altre grandi novità. C'era il teatro di Enrico Ibsen, che incideva con ferro chirurgico sui problemi del mondo contemporaneo; c'era Walt Whitman, il poeta americano che rompeva gli usati schemi metrici ben più di un Baudelaire o di un Carducci; e c'era soprattutto l'esplosione d'una narrativa dalla forza sconvolgente ed inconcepibile per la vecchia Europa: parlo dei russi, da Turge'nev a Tolstoj, da Dostoevskij a Čechov, i quali nella suggestionabile e pervasiva Francia avevano creato una moda ed erano idolatrati oltre ogni ragionevole misura. Ma io, ancora sotto l'influenza classicistica e carducciana che poneva la poesia al di sopra d'ogni altra forma artistica, resistevo ad accettare il consiglio pragmatico di Capuana; finché, quasi d'un tratto, non sentii in me la spinta a dar libero sfogo a ciò che, nelle condizioni della letteratura contemporanea, non poteva ormai esser espresso altro che con la prosa, e tentai la prova del mio primo romanzo. Già alla fine dell'estate del '92 avevo steso i primi sei capitoli, ma per portarlo a termine con sufficiente tranquillità e concentrazione, l'estate successiva decisi di ritirarmi in un convento abbandonato in cima ai colli Albani, sul monte Cave, che un intraprendente albergatore approfittando della pace e della suggestione del luogo aveva adattato a soggiorno per pigionanti non esigenti e piuttosto squattrinati, paghi delle anguste e disadorne cellette, della frescura, della quiete e della semplice cucina.

– Il romanzo *L'Esclusa*!

– Già! Soltanto che allora il titolo era *Marta Ajala*. Ma non voglio parlare di ciò; voglio invece continuare a ricostruire le fasi complesse della formazione della mia concezione dell'arte, allora in piena elaborazione. Il romanzo, che uscì la prima volta nel 1901 nelle appendici della «Tribuna», era naturalmente sotto l'influenza capuaniana: basti prendere l'impostazione narrativa del suo *Profumo* (1890) e, soprattutto, le scene della processione dei flagellanti del venerdì santo e confrontarle con quelle dell'*Esclusa* dedicate al trasporto del fèrcolo dei santi Cosimo e Damiano. Così quando, a distanza di quattordici anni dalla composizione, ebbi finalmente la ventura di pubblicarlo in volume, nella lettera a Capuana che vi premisi, riconoscevo, sì, il mio debito verso di lui dedicandoglielo, ma aggiungevo, quasi a prendere una tardiva distanza, che il fondo era umoristico ancorché nascosto sotto una rappresentazione affatto oggettiva dei casi e delle persone.

– Non c'era in questo, Maestro, un po' d'ingratitudine?

– Pubblicare a una tal distanza d'anni, caro lei, significava vedere tutto il proprio passato in una diversa prospettiva, del resto manifestata anche dalla nuova revisione data al romanzo alla luce della mia maturazione umoristica. Ma poi, sì, lo riconosco: era sparito quel Capuana di via in Arcione, maestro aperto alle esigenze dei giovani; come, d'altro canto, non c'era più neppure il dottorino di fresca laurea germanica, dalla sobria eleganza, dai vasti soprabiti a campana, dal cappello a larghe falde che sembrava un ombrello, sotto il quale una barba bionda sorrideva timidamente…

– Parla di se stesso, caro Maestro? Il ritratto è inconsueto, e contrasta con l'immagine abituale che abbiamo di Lei…

– È il ritratto che di me giovane tracciò Lucio D'Ambra, il quale poi, negli anni precedenti la grande guerra e a cavallo di essa, mi fu vicino di casa e di cuore, offrendomi di collaborare alla rivista «Noi e il mondo» ch'egli allora dirigeva, e conducendomi a tentare una nuova attività meravigliosamente facile e remunerativa (così almeno ci sembrava): quella di ideatore di scenari cinematografici. Proprio vicino a casa nostra, in quello strapiombo della Nomentana che era allora il vicolo di Pietralata, erano sorti come dal nulla i capannoni della «Film d'Arte Italiana», uno stabilimento di produzione messo su dall'avvocato Girolamo Lo Savio in collaborazione con la francese Pathé. Sempre affamato di danaro e invogliato dall'amico che mi faceva da guida, cominciai così a frequentare quegli ambienti per offrire la mia mercanzia. Ma dalle mie visite alla casa cinematografica e dall'osservazione di quegli strani tipi intenti alla loro frenetica e un po' folle attività, più che gli strepitosi guadagni sperati, ne nacque il *Si gira…* Ricordo Ugo Falena, direttore cinematografico per caso e autore teatrale per vocazione (suoi *Lo zio cardinale* e *L'ultimo lord*, cavalli di battaglia di tante filodrammatiche), sul cui nome adattai quello di *Fabrizio Cavalena*; e ricordo soprattutto una ballerina russa, la Staćia Napierkowskaja, tenebrosa e spendida donna, entrata d'un balzo nelle pagine del mio romanzo…

– Ma non ci sono *I Filauri* all'origine del *Si gira…*?

– Riecco il filologo! Quando per la prima volta parlai del romanzo *Filauri* ad Angiolo Orvieto era il gennaio 1904, stavo finendo di scrivere il *Fu Mattia Pascal* e la mia mente attraversava una fase magmatica di elaborazione creativa: avevo solo buttato giù un foglietto di appunti e credevo d'aver pronto un nuovo romanzo! Ne scrissi poi in una lettera d'affari a Giovanni Cena del novembre 1909, offrendolo alla «Nuova Antologia» a scomputo d'una anticipazione di 500 lire, ma anche in quella circostanza le cose andarono diversamente, e del romanzo non si parlò più. Infine ci fu la mia offerta dell'inizio del 1913 ad Alberto Albertini d'una pubblicazione su «La Lettura»: e fu in quel punto che accadde la metamorfosi. Allorché Simoni, direttore della rivista, me ne fece richiesta gli inviai la trama de *La tigre*, un nuovo titolo che era già anche la traccia sommaria del *Si gira…* Della dissoluzione del primitivo romanzo datene la colpa alla mia servetta *Fantasia*, la quale, mentre i due Filauri, Emilio e Bartolomeo, venivano lasciati da anni, burattini inanimati, in un angolo buio del mio studio e da lei mai neppure spolverati, a un tratto, spalancando la finestra, s'accorse che in fondo alla strada erano sorti gli studi della «Film d'Arte Italiana» e volle andare a curiosare… All'inizio dell'anno seguente mandai in lettura a Simoni i primi capitoli del nuovo romanzo ed egli, con mia grande sorpresa, lo ritenne inadatto al pubblico de «La Lettura». Io naturalmente me ne risentii e mi rivolsi all'amico Ojetti per una intermediazione: gli confessai il mio bisogno di denaro ed egli, sempre disponibile con me, fece accettare ad Albertini la mia proposta di ottenere in cambio della rifiutata pubblicazione del romanzo il pagamento anticipato di lire 1125 per le nove novelle ancora da pubblicare una al mese per l'anno 1914 sul «Corriere della Sera»!

– Un bel colpo, caro Maestro, considerando il valore che millecentoventicinque lire avevano nel 1914.

– Lei non ricorda forse che io sono figlio d'un commerciante e che ho sempre avuto nei confronti della mia arte un positivo atteggiamento mercantile.

– Ma il romanzo?

– *Si gira* lo pubblicai l'anno successivo sulla «Nuova Antologia», alla faccia dell'odioso Simoni! E, a proposito di Renato…

– Renato Simoni?

– No, Renato Manganella, l'amico mio vicino di casa, che usava il nome d'arte di Lucio D'Ambra. In quelle stesse pagine prima ricordate egli faceva la descrizione di un altro me, quel ch'ero diventato e che egli ora aveva quotidianamente sotto gli occhi: un professore incupito in una visione pessimistica della vita e diverso anche nell'abito, con giacche scure da capo-divisione e con in capo un feltro sempre a larghe tese, a coprire ormai la calvizie e la barba brizzolata… Ma mi faccia ritornare a *L'Esclusa* e riprendere il discorso interrotto: – che avesse radici umoristiche, per l'epoca in cui il romanzo fu scritto, via!, era proprio prematuro affermarlo. Ma pur è vero che io, con fatica e tra molte incertezze, andavo in quella direzione, alla ricerca di un modo di scrivere che fosse slegato dalle formule e dai canoni tradizionali. Al di là del suo ottimismo di facciata, la società *fin de siècle* era dilaniata al suo interno da contrasti sociali sempre più violenti e, quanto ai rapporti internazionali, si accentuava la propensione dei paesi imperialistici alla conquista del predominio mondiale, in barba alle auree regole del "concerto europeo" di bismarckiana memoria. A tutto ciò si aggiun-

geva, sul piano culturale, un pullulare di mode e di tendenze (i famosi
-*ismi* di Capuana), che puntavano a distruggere le consolidate certezze
del secolo XIX, a spingere al crollo i grandi baluardi dell'ottimismo
positivistico, ad allargare straordinariamente il concetto di relatività,
sicché sembrava di muoversi nell'incertezza di tutto, quasi in un im-
menso e misterioso labirinto. Alla vigilia d'iscrivermi al primo anno
d'università, a diciannove anni, nella mia sensibilità adolescenziale io
avevo già, come dite voi?, *metabolizzato* questo stato di profondo dissidio, arrivando d'un colpo a riconoscere l'irrazionalità della vita, a sco-
prirne l'infinita inutilità, a comprendere l'esigenza di crearsi ciascuno
un piccolo guscio esistenziale, un proprio riparo e un'apparente prote-
zione dai guasti cui inevitabilmente ognuno si trova esposto. La letteri-
na che indirizzai a mia sorella con queste inconcepibili eresie suscitò
naturalmente un bel parapiglia in famiglia e, come segno infausto della
mia instabilità caratteriale, mi procurò, al solito, una solenne lavata di
capo; sul che, come avviene, cadde poi provvidenziale l'oblio. In quegli
anni ero suggestionato (ma quanti altri insieme a me?) dal Nordau, fu-
stigatore implacabile delle menzogne convenzionali e della degenerazione della nostra società, i cui saggi utilizzai in *Arte e coscienza d'oggi*,
ricorda? Da Gaetano Negri, un altro *maître à penser* che con Ruggero
Bonghi si contendeva allora in Italia il favore del pubblico, appresi poi
delle straordinarie ricerche del fisiologo francese Alfredo Binet e del
suo libro su *Les altérations de la personnalité*. Un libro terribile, lo definiva il Negri quando lo lesse nel 1892, perché intaccava il principio del-
l'integrità e dell'indissolubilità dell'*io*, dimostrando che i vari stati di
coscienza erano scindibili e modificabili in forme più o meno consa-
pevoli e che nel medesimo individuo, a seconda dei momenti e delle
circostanze, coesistevano diverse personalità. Tutto ciò mi confermava
nella validità delle mie intuizioni, che già tentavo di esemplificare nei
dialoghetti tra *il mio Gran Me e il mio piccolo me*, il primo dei quali pubblicai nel 1895, mentre la loro ideazione risaliva, appunto, al 1892. Ma
ora il ricordo del Negri m'induce a un'altra digressione. Non so se lei
conosca le strane circostanze della sua morte. Scomparve improvvisamente da Varazze durante una delle sue abituali passeggiate vespertine.
Quando il corpo privo di vita venne ritrovato, un alone di dubbio si
formò sulle cause dell'imprevedibile e misteriosa fine d'un uomo di 64
anni ancora nel pieno delle forze. Il fatto avvenne nel novembre del
1902 e i giornali ne parlarono e ne almanaccarono per giorni. Colpito
e scosso dall'avvenimento, anch'io cominciai a fantasticare, come sem-

pre ho fatto dinnanzi a un caso singolare o ad un nuovo personaggio che mi s'andava formando nella mente. Ricorda l'*Enrico IV* e quel che dicevo sulle prodigiose elaborazioni della fantasia? Così, ancora una volta, iniziai col trasferire l'episodio dalla riviera ligure ai più familiari colli Albani, in un albergo, dove immaginai il mio personaggio: uno scienziato, senatore del regno, socio corrispondente dell'accademia dei Lincei e di non so più quant'altre accademie, sommo luminare onusto d'onori, trattato con deferente riguardo, con venerazione addirittura da tutti i villeggianti. Sennonché, all'improvviso, ecco apparire un deuteragonista nella figura d'un suo allievo, venuto a rompere quell'incanto. Insomma la novella *Dal naso al cielo*, che pubblicai poi nell'aprile del 1907, sviluppava i temi del dibattito tante volte anche qui da noi toccato, sulla rinunzia della scienza ad affrontare il formidabile problema dell'essere, paga di starsene entro i comodi confini del conoscibile. M'era nata così l'idea di uno scontro dialettico tra i rappresentanti delle due scuole: da un lato il sen. Romualdo Reda (il mio personaggio), fermamente ancorato al principio della certezza della scienza, e dall'altro quell'irruente suo allievo, che, al culmine della disputa, gli grida: – *Qual è per le pecore la sola verità ch'esista? L'erba. L'erba che cresce loro sotto il mento. Ma noi, vivaddio, possiamo guardare anche in su…*

– …È il verso del Lenau e del *Belfagor*!!

– Vede?… Ma *Dal naso al cielo* offriva anche una sua speciosissima soluzione al mistero della morte del Negri: perché quando, al termine d'una notte di affannose ricerche, egli viene ritrovato nei pressi d'un conventino abbandonato, dove da solo s'era recato per contrastare con la sua presenza di scienziato le irrazionali dicerie diffusesi sui suoni d'organo e sui cori angelici provenienti da là, agli accorsi il suo corpo apparve disteso sotto un ippocastano, senza alcuna traccia di violenza, come se qualcuno lo avesse composto nel sonno eterno. E, caso singolare e stupefacente, dall'alto dell'ippocastano un esilissimo filo di ragno scendeva a fissarsi sulla punta del naso del piccolo senatore; e dal naso un ragnetto quasi invisibile, che sembrava uscito di tra i peluzzi delle narici, viaggiava ignaro, su su, per quel filo che si perdeva nel cielo…

– Ah, Maestro, com'è finalmente consolatoria la Sua voce, e dolce il Suo racconto…

– Aver rappresentato il mistero e raffigurato l'impotenza della conoscenza, sarà consolatorio per lei, che ci vede non so che soluzione trascendente; non per me, che rimango fermo al mistero, caro lei! – In quegli anni cruciali quando, come dicevo, l'inquietudine mi dominava e le esperienze si accumulavano senza che riuscissi a trovare un *ubi consistam*, ricordo nitidamente l'arrivo di un plico contenente un libriccino dal titolo *L'altalena delle antipatie* con sulla prima pagina scritto un semplice *con preghiera di esame*, e nient'altro. Chi era che si rivolgeva a me così anonimamente? Aprii il libro e cominciai a leggere:

> *Ho quarant'anni, anzi li finisco appunto oggi. Ottima giornata questa per dire di me e delle cose mie, ma in un modo affatto particolare, come se la terra fosse stata creata unicamente per me e per mia moglie, e tutto il rimanente dei mortali non ci avesse fatto capolino per altro che per affermare o per disgiungere le attinenze nostre. Se il centro di questo nuovo mondo vi parrà molto importante, come pare a me, sarà segno che ci siamo imbattuti bene, e che c'intenderemo.*

Era una di quelle aperture che inchioda chi legge alla sorpresa, alla curiosità, ma soprattutto all'immediatezza d'un linguaggio moderno, comunicativo e privo di fronzoli. Non solo, ma quell'*io* narrante, così antitetico ai canoni dell'oggettività naturalistica, quel nascosto sorridere, quel modo di girare il discorso per farne apparire tutte le infinite sfaccettature, quell'*humour*, insomma, che vi s'intravvedeva, sembravano a me una irraggiungibile perfezione. L'autore, del quale avevo letto qualcosa ne « La Vita nuova», la rivista dei fratelli Orvieto cui avevo collaborato dalla Germania, era Alberto Cantoni, zio dei miei amici, come poi appurai. Egli, che del pari m'aveva conosciuto sulle pagine di quel settimanale, in segno di stima m'aveva voluto inviare la sua *novella sui generis*, dalla cui lettura appresi più che da tante altre pagine della nostra letteratura, false nello stile, pregne d'imitazione e prive di verità. Naturalmente scrissi al Cantoni per ringraziarlo e per dirgli la mia ammirazione: nacque così tra noi una fitta corrispondenza, dispersa, ahimè, nelle successive turbinose vicende della mia vita; né le mie lettere a lui ebbero miglior sorte, distrutte anch'esse dopo lette, come egli faceva d'abitudine. Amabilissimo con gli *amici spirituali* (chiamava così i suoi corrispondenti), preferiva però tenerli rigorosamente lontani da Pomponesco, dove viveva, o comunque non incontrarsi con loro, per non arrischiare, diceva, due avvilimenti: che essi risultassero inferiori all'immagine che egli se n'era fatta e, peggio, che egli apparisse inferiore alle loro attese. E un solo avvilimento, concludeva, sarebbe stato già di troppo. Quando mi decisi a scrivere una recensione dell'*Altalena* sul «Folchetto» del 9 ottobre '93, un giornaletto romano aperto alla collaborazione di noi giovani, non potevo certo immaginare che il lunatico eroe di quella novella, sposatosi per *antipatia*, per sfuggire cioè alla sua indole inadatta, egocentrica, disordinata, stava per diventare il ritratto involontario e profetico di me stesso. Già, perché proprio in quegli ultimi mesi del 1893 io m'avviavo, dopo lunghe e ingarbugliate trattative, a un matrimonio di convenienza, nell'illusione che l'*universale panacea*, come Cantoni chiamava quel fatidico passo, valesse a risolvere tutti i miei problemi. E chi mai, infine, le aveva sgarbugliate, quelle trattative? Indovini!

– … … …?!

– Chi mai, se non la stessa ombrosa giovane intravista quasi di volo un anno avanti in due soli incontri rigidamente controllati? Con improvvisa ferma decisione ella aveva dichiarato a suo padre d'essersi decisa a sposarmi: in caso contrario che la riconducesse pure nel convento nel quale era cresciuta orfana di madre e dove volentieri si sarebbe rinchiusa per sempre! Ecco come s'erano sbloccate le trattative che il terribile futuro suocero aveva fin'allora condotto con diabolica abilità, a un tratto costretto a cedere su tutto, anche su quell'ostica condizione, da me irrevocabilmente posta, della nostra residenza a Roma. Lo crederà? La decisione della mia promessa mi colpì e mi lusingò al punto che quando il fidanzamento fu reso ufficiale io, ancora una volta nei panni del candido innamorato, ripresi in mano la mia penna di grafomane per dare a lei un'immagine di me, pensate un po', sulla falsariga del *mio Gran me e del mio piccolo me*! La poverina mi faceva intendere, nelle brevi e rade sue risposte, di non comprendermi e di non saper che dire, ma io, forte della superiore perspicacia del mio intelletto, persistevo ad infelicitarla con le introspezioni sui nostri due caratteri, che, a volerla raccontar tutta, rimanevano insondabili più a me che a lei. Ero diventato un personaggio cantoniano, e non lo sapevo!

– Maestro, il tema è stimolante ed è affascinante il tono con cui lo tratta…

– Quanto io debba al Cantoni lei non può neppure immaginarlo! È sempre rimasto il mio maestro, né nulla mai ho fatto per dissimulare la sua influenza, benché la maggior parte di voi critici, al solito, l'abbia

sottovalutata se non addirittura trascurata. Rimasi soggiogato dall'ine-
guagliabile freschezza della sua immaginazione con la quale sapeva cogliere dalla realtà spunti, osservazioni, soggetti; lasciati poi a sedimenta-
re fino a quando non ne riconoscesse la vitalità: solo allora riprendeva
il lavoro di elaborazione schizzando figure, dando rapido contorno a
situazioni, sbozzando particolari. Infine, avendo ormai ben definito
l'argomento, delineato e organato nella sua mente i personaggi, affron-
tava rapidamente l'ultima fase, quella della stesura, oggetto però poi di
continui perfezionamenti in un'assidua ricerca di verità sia dell'immagine che dello stile. – Ma c'era ancora dell'altro: quel che Cantoni
chiamava, appunto, *humour*, la parte più moderna della sua concezione
artistica, aveva fatto scattare in me come un'illuminazione, nella quale
d'un tratto m'ero riconosciuto appieno. Perché è bene si sappia una
volta per tutte che se c'è qualcosa d'innato, questo è l'umorismo, e lo si
coglie nel temperamento individuale: o c'è, o non c'è. In Cantoni c'e-
ra e, se mi è consentito, c'era anche in me. E consiste in quell'amara
sensibilità, in quella inadeguatezza esistenziale, in quell'infelice costituzione che si manifesta con l'intrusione della riflessione nell'attività
creativa: una dissonanza, uno sdoppiamento che dà un sapore acre al-
l'opera, la riempie di digressioni, ne interrompe la linearità, la rende
contorta ed aspra. La riflessione, si badi, è sempre presente nel lavoro
creativo, ma mentre negli scrittori non umoristici essa rimane normal-
mente nascosta ed utilizzata solo nella fase elaborativa, per cui, una volta superata tale fase, essa diventa inutile e viene abbandonata, non così
è per l'umorista, che la considera invece parte essenziale di ogni fase
della sua creazione. Senza la riflessione non può manifestarsi il *sentimento del contrario*, espressione con cui io volli compendiare l'essenza
stessa dell'umorismo: ciò che va oltre le apparenze, ciò che scava nelle
finzioni, che porta in superficie i segreti e sovverte l'ordine preesisten-
te. Ero allora lontanissimo dal teorizzare su questi argomenti, di cui poi
m'occupai *ex professo* soltanto quando ebbi necessità di incrementare i
miei titoli scientifici per il concorso d'ordinario alla cattedra di stilistica al Magistero, sicché scrivere intorno a tale concezione dell'arte mi
parve l'occasione migliore per chiarire a me stesso il travaglio interiore
di quegli anni. Non sto quindi a esemplificare oltre: lei, che chiaman-
domi Maestro si dichiara mio allievo, dovrebbe ormai avermi capito al
volo! Cominciai dunque a tentare questa forma d'arte che scoprivo in-
trinseca alla mia natura: e fu con *Il turno*, un romanzo più breve dell'*E-
sclusa*, finito di stendere nel 1896, in cui utilizzai una chiave più comi-

ca che umoristica, secondo quella distinzione che poi feci tra l'*avvertimento*, puramente comico, e il *sentimento*, prettamente umoristico, *del contrario*. Ma quelli erano anni in cui la mia voglia di sperimentare non finiva mai: dal poemetto *Belfagor* alla raccolta completa (mai pubblicata!) dei miei versi sotto il titolo *Labirinto*, alle tante novelle, *Se…*, *In corpore vili*, *Il nido*, *Sole e ombra*, *Vexilla Regis*, *Pallottoline!*, ai ricorrenti tentativi teatrali, dall'atto unico *L'epilogo* alla commedia *La ragione degli altri*, naturalmente non rappresentati… Insomma, una effervescenza, un'esplosione di opere che, ci crederà?, non dava risultati concreti, né notorietà, né soprattutto guadagni! Durò così fino al *Fu Mattia Pascal*, che, se neppur esso mi portò ricchezza, fu però la prima piena espressione della mia arte umoristica, non a caso dedicato «*alla memoria cara d'Alberto Cantoni, maestro d'umorismo, questo libro ch'egli aspettava e non potè leggere*». Per crudele destino Cantoni moriva proprio l'11 aprile 1904, qualche giorno avanti l'uscita della prima puntata del mio romanzo sulla «Nuova Antologia»! Angiolo e Adolfo Orvieto, i nipoti, scelsero me per la cura postuma del romanzo inedito *L'Illustrissimo*, che egli conservava già pronto e copiato in un cassettone, aspettando tempi meno ladreschi per pubblicarlo, ma soprattutto convinto che un libro inedito *è ancora vivo*, ma quando è pubblicato, diceva, *è muto, o almeno è morto per me*. Io lo contraddicevo, sostenendo che *vivo* il libro lo diventa quando entra nel mondo e quando i suoi personaggi si animano di vita propria. Ottenni da Giovanni Cena la pubblicazione a puntate de *L'Illustrissimo* sulla «Nuova Antologia», com'era stato un anno prima pel *Fu Mattia Pascal*, e vi premisi un mio saggio su *Cantoni romanziere* che a tutt'oggi è l'unico ampio lavoro critico su di lui. Per una strana legge non scritta, un autore, quando muore, deve far la sua quarantena di decenni e talvolta di quarti di secolo. Nel momento in cui poi raggiunge *la soglia critica*, o sprofonda per sempre tra i dimenticati, oggetto di studio al più di voi filologi (che è proprio la fine più trista), ovvero risorge a nuova vita, s'intende, attraverso le sue opere, che vengono di nuovo lette, divorate, osannate, diventando così patrimonio dell'umanità. Beh, questo tocca a pochi e, lo dico con rammarico, non è toccato al mio Cantoni…

–Veramente, Maestro, ci fu un critico toscano, di Cortona, che avendo promosso una benemerita collana di *Racconti e romanzi dell'Ottocento*, volle includervi un volume con tutte le sue opere, per la cura di Riccardo Bacchelli. Correva l'anno 1953…

– Pietro Pancrazi, già, il finissimo critico che nei tempi calamitosi della seconda guerra mondiale disegnò il programma e si fece promotore della collana, tenacemente perseguita anche nel dopoguerra, finché ebbe vita. Morì precocemente, poverino, senza neppur vedere l'edizione dell'opera cantoniana, uscita dopo la sua morte… Voi critici ne parlaste un po', lodaste la cura attenta e scrupolosa del Bacchelli, il libro finì negli scaffali alti delle librerie, poi nei cataloghi dei librai antiquari, e tutto finì lì.

– Oltre ai suoi maestri, dal Monaci all'Ascoli, dal Capuana al Cantoni, Ella ha parlato anche di altri che per qualche parte l'hanno influenzata… Nordau, Gaetano Negri, Binet. Non crede che ugualmente meriterebbero d'esser nominati Séailles e Marchesini?

– Ah, da uno come lei, prima o poi, non poteva che venirmi questa domanda! Proprio roba da filologi; i quali basandosi (si badi bene!) su mie note a piè di pagina, com'è naturale fare quando si richiama un testo, si sono buttati a indagare, a sezionare, a comparare, trovando – che scoperta! – i riferimenti a quei testi! Ma perché non dire che anche dal Goethe o dal Lenau (del quale, grazie a dio, nessun filologo s'era mai accorto), dal Leopardi o dal De Sanctis, dal Cervantes o dal Balzac, o, che so, dal Tommaseo o dal Pascoli, o comunque da tutti gli scrittori che mi è capitato di leggere e studiare, io possa aver attinto? Le ho parlato in totale confidenza di me, della mia vita, dei miei amori, delle mie passioni letterarie, e lei che fa?, si avvale dei frutti della più bieca filologia per spulciarmi addosso come fanno tra loro le scimmie! Le ho detto tutto ciò che per me ha davvero contato, e lei che fa?, mi tira fuori le tavole comparate del dare e dell'avere di una contabilità filologica senza costrutto! Mi chiedo e le chiedo se l'uomo sia da considerare una monade senza porte né finestre, ovvero un essere comunicante e ricettivo: è evidente, in questo secondo caso, che in lui si ritroverà sempre il riflesso delle esperienze fatte o degli ammaestramenti ricevuti. – Ricorda quando prima parlavo di Enrico Thovez e delle sue critiche al Carducci? Egli tentò ancora un'altra operazione: distruggere il mito dannunziano, allora nel pieno del suo fulgore. Che fece il buon Thovez? Dimostrò che gli ingredienti delle succulente pietanze dannunziane erano state rubate ai cuochi… *pardon*, agli scrittori francesi. E che ne ottenne? Che il pubblico, non solo italiano ma anche francese, non raccolse l'accusa, e perdonò – come il padrone perdona al cuoco gli intingoli assassini con cui asseconda il suo cattivo gusto e i suoi vizi. Al culmine di quella tempesta letteraria (faccio per dire), pubblicai anch'io una paginetta di polemica sostenendo che poco importava, in fondo, la provenienza di quei manicaretti adulterati e da quante mani fossero stati manipolati, era *alla qualità* che bisognava guardare: *pessima* in ogni caso! Voi filologi che gongolate trionfanti quando nell'opera di qualcuno credete di aver individuato un pezzo o un frammento che non gli appartiene, perdete poi di vista l'essenziale, che è comprendere il modo come questi pezzi e frammenti si dispongano e il valore che assumano. È il vecchio difetto di vedere soltanto il particolare! – Prendiamo dunque Séailles: mi pare di ricordare che il suo *Essai sur le génie dans l'art* io lo ebbi in prestito… da chi? – non so, forse dall'Ojetti, che mi sforzò a leggerlo. Certo, il nome dello studioso di Leonardo circolava prevalentemente nell'ambito dannunziano ed estetizzante, opposto al mio; ragion per cui me n'ero fin'allora tenuto lontano. Ma quand'ebbi in mano quel libro, immediatamente me ne entusiasmai, perché, nel pieno del predominio taineiano e lombrosiano, colpiva e sfatava quella equiparazione tra *genio e follia* con cui la critica antropologica dava patenti di pazzia o di degenerazione a qualsivoglia autore e ad ogni sua più innocente creazione artistica. Séailles batteva in pieno quelle ridicole teorie e proclamava, vivaddio, che *le génie, c'est la santé de l'esprit, c'est la vie elle-même* facendo uscire la genialità dalla gabbia del più gretto positivismo e riconducendola finalmente a un normale attributo dell'arte. Tradussi e trascrissi quelle parti dell'*essai* di cui condividevo i principî sulla spontaneità e sull'autonomia dell'arte (che Séailles definiva *libero movimento vitale dello spirito*); ne accettai l'impostazione, che l'arte fosse cioè *scienza non riflessa ma istintiva, che pone a sé stessa le sue regole*; fui d'accordo sul concetto dell'opera d'arte *come concepimento naturale, coadiuvato e assistito dalla volontà e dalla riflessione dell'artista*. E tanto condivisi questi principî che dimenticai alla fine il testo originario servendomi delle traduzioni che n'avevo fatte o della memoria che di quei concetti m'era rimasta. Lei, del resto, ricorderà al pari di me il *neo-idealismo* estetico di Benedetto Croce che sin dagli inizi senza successo io mi provai a contrastare. Ebbene, di quanti pappagalli estetici si riempì allora l'Italia che rimasticavano con cantilenante monotonia, sempre allo stesso modo, il verbo sacro dell'intuizione-espressione? E nessuno se ne indignava; anzi l'odiosa setta dei cacciatori di *poesia* e di *non poesia* veniva fatta passare unanimemente per un'accolta di bravi discepoli d'un'ottima scuola! A me, invece, che avevo ritrovato in Séailles spunti e idee presenti nella nostra tradizione estetica dal De Sanctis al Tommaseo e al Capuana, è toccato press'a poco il trattamento del plagiario! – Stesso discorso per Giovanni Marchesini. Quando cominciai a pensare al saggio sull'umorismo, apparve in libreria un libro di questo allievo dell'Ardigò il cui titolo, *Le finzioni dell'anima*, m'invogliò all'acquisto. Vi trovai conferma di quel ch'io stesso avevo sempre saputo sulle convenzionalità e sulla menzogna come elementi fondanti del vivere sociale. Marchesini esponeva questi concetti sistematicamente in un volume di trecento pagine, da cui attinsi qua e là nelle prime venti; e mi dica lei se questi temi non erano tutti a me congeniali e presenti sin dalle prime manifestazioni del mio pensiero! È evidente che il libro mi attirasse! Io ne coglievo le affinità non nella chiave datagli dall'autore, filosofica, sociologica e sistematica, ma nel modo di riconoscere le apparenze, di individuare le finzioni e le falsità che governano l'esistenza degli uomini. Procedimento identico a quello dell'umorista, il quale parimenti svela le astuzie, le ipocrisie, le povere menzogne dietro cui l'umanità si nasconde e si difende. Se non avessi doverosamente citato la fonte, sfido qualunque barba di filologo ad averla scoperta! E potrei continuare, ma preferisco fermarmi.. mi sono già annoiato abbastanza.

– Maestro, questi chiarimenti sono illuminanti. La prego, continui: senza farsi prendere dalla stizza da me involontariamente causataLe; del che Le chiedo umilmente perdono…

– Lei non sa quanto cresce in me la voglia di tornarmene da dove son venuto! – Ho rievocato a lungo i miei maestri, ma mi sembra di non aver parlato abbastanza degli amici. Molti in verità ne ho nominati, talvolta di sfuggita, ma molti altri ho trascurato, i cui nomi ora ritornano affollatamente alla mia mente, tutti insieme: Italo Mario Palmarini, Italo Carlo Falbo, Paolo Orano, Edoardo Giacomo Boner, Pio Spezi, Felice Momigliano, Arturo Alcaro, Tito Marrone, Pietro Mastri, Luigi Antonio Villari, Antonino Campanozzi, Carlo Dadone, Ettore Romagnoli, Nino Martoglio… – Nino Martoglio! Ecco, di lui mi par proprio d'aver detto troppo poco! Ma del generoso, fraterno Nino che con la fondazione del suo teatro siciliano ridestò in me il sopito sogno drammaturgico accendendo un fuoco che non si sarebbe più spento, parlerò, spero, la prossima volta. Martoglio sparì d'un tratto, rapito dal più crudele destino, e anch'io a lungo credetti d'esser segnato dallo stesso destino: morte subitanea o suicidio. E ne vidi giovani pieni d'avvenire sparire repentinamente! Giuseppe Màntica, Giustino Ferri, Edoardo Giacomo Boner... cari amici che mentre mi camminavano accanto, a un tratto non c'erano più. Dov'erano andati? Svaniti nel nulla! Fu così anche con Giovanni Cena, un giovane di poverissime origini, fragile e generoso, che traduceva il suo credo socialista in un'esemplare missione umanitaria, esercitata, quando venne a Roma, con l'istituzione nelle desolate campagne romane flagellate dalla malaria di scuole per combattere la malattia e l'analfabetismo dei contadini. Chiamato all'incarico di redattore capo della «Nuova Antologia» dopo che Maggiorino Ferraris l'aveva acquistata, lavorò all'unisono col nuovo proprietario per portarla all'altezza delle analoghe riviste europee, la francese «Revue des deux mondes», l'inglese «Quarterly review». Entrambi piemontesi, provenienti dal canavese l'uno e dall'alessandrino l'altro, calmi e tenaci, ne rinnovarono la veste esteriore, ne svecchiarono le impostazioni editoriali, l'aprirono al nuovo clima di rinnovamento rivitalizzando la schiera dei collaboratori: e fu così che a sorpresa mi si aprirono le porte fin'allora serrate della rassegna che pagava meglio in Italia.

– Racconti, Maestro, racconti!

– Fu appunto poco dopo l'insediamento del Cena, nell'autunno del 1901, che mi giunse l'invito, ed io allora presentai una novella dal titolo *Lontano* delle dimensioni quasi d'un romanzo, pubblicata in due puntate nei numeri di gennaio del 1902. Tutto sembrava procedere per il meglio quando all'improvviso mi trovai coinvolto in una spiacevolissima situazione. Avevo mandato alla «Nuova Antologia» il mio ultimo lavoro poetico, *Zampogna*, perché fosse recensito: finì in un calderone di *Recenti versi italiani (1900-1901)* pubblicato nel numero del 1° marzo 1902 a firma Domenico Oliva. Un guazzabuglio in cui entravano il *Nerone* di Boito, la *Notte di Caprera* del D'Annunzio, i versi del Pascoli, le raccolte della Aganoor, del Graf, del Mastri, del Ferrari, del Crispolti, del Garoglio e perfino d'una sconosciuta Rachele Botti Binda trattata, chissà perché, con grandissimo riguardo. Al termine, l'ineffabile recensore riuniva una serqua di nomi che, diceva lui, s'elevavano dalla «grigia mediocrità» ed erano meritevoli quindi d'una segnalazione. Tra questi infelici poetucoli del bello italo regno c'ero anch'io, con la mia zampogna tra le mani, cui egli si compiaceva d'attribuire «ingenue virtù e facilità di verso». Apriti cielo! Io, che sulla «Nuova Antologia» avevo suscitato con i miei primi versi del *Mal giocondo* la polemica reazione dello stesso Gnoli (ricorda?), che avevo visto poi recensiti convenientemente gli *Amori senza amore*, le *Elegie renane*, la traduzione delle *Elegie romane* del Goethe, e che infine ero appena entrato nella schiera dei collaboratori, esser trattato a quel modo! Corsi dal Cena a esternargli vibratamente tutta la mia indignazione. Chi fosse codesto Oliva che trinciava siffatti giudizi non ci misi molto a capirlo quando mi ricordai che, tra le molte sue attività, c'era anche quella di *poeta*, incorso, ahilui, in una mia feroce strigliata a proposito d'una celebrata (dai suoi amici!) raccolta dal titolo *Il ritorno*. Incapace di analisi e di approfondimento, superficiale e vacuo, la sottile, perfida vendetta dell'Oliva era consistita nel buttarmi in quel cafarnao.

– Maestro, ma chi era dunque Domenico Oliva?

– Uno che sapeva muoversi nel mondo e aveva molte *aderenze*: si vada a rileggere, se la punge vaghezza, la pagina che gli dedicò il buon Lucio D'Ambra nei suoi *Trent'anni di vita letteraria*. Non voglio altro parlarne. Ma ora questo episodio mi ricollega a qualche anno prima: all'esordio della mia breve carriera di giornalista e di polemista. Mi ci indussero due amici: uno, il Fleres, di cui ho già parlato, e l'altro, Gino Monaldi, dimenticato anche lui immeritatamente. Tra l'autunno del 1894 e la primavera del 1896 quest'ultimo creò e diresse un elegante periodico letterario e di costume, di piccolo formato, con una bella copertina marezzata di gusto bizantineggiante, una *siccheria* come se ne faceva ancora in quella declinante stagione: «La Critica» si chiamava (senza aver niente a che fare con la rivista omonima del Croce di quasi dieci anni dopo). Bene, Monaldi chiamò Fleres ad occuparsi della critica d'arte e, su suo suggerimento, me per l'attualità letteraria e il costume, che io interpretai forse oltre la volontà dello stesso Monaldi buttandomi nelle polemiche con tutto l'impeto del mio temperamento. Avevo ventott'anni e fu, come dicevo, la mia breve stagione di giornalismo aggressivo e brillante, un po' com'era stato pel D'Annunzio dieci anni prima ai tempi della «Cronaca bizantina». Giusto lui! Ivi pubblicai il mio primo attacco recensendogli *Le Vergini delle rocce* sul filo d'una feroce ironia e malmenandolo poi in molte altre pagine, come quella, sopra ricordata, sui plagi, o in certe graffianti allusioni delle *Conversazioni letterarie* (una rubrica che vi tenevo) o dell'articolo *Come si scrive oggi in Italia*. Preso l'abbrivo, proseguii col *Piccolo mondo antico* in cui, pur riconoscendo al Fogazzaro di averci dato il suo capolavoro, non dissimulavo una mia impressione di farraginosità e anche d'inattualità. Ma dove raggiunsi il culmine fu nella stroncatura delle *Tempeste* di Ada Negri, portata allora sugli scudi da tanti interessati adoratori della *poesia sociale*. L'esimia signorina, che attendeva di convolare a giuste nozze con un azzimato industriale della val di Mosso e che s'atteggiava intanto a poetessa ribelle, a sacerdotessa socialista invocante una zappa per mettersi al lavoro sui campi, provocò la mia battuta: – *Ma vada là, lei! Che vuole zappare. Zappa già troppo in versi.* E dunque, fermo nella convinzione che l'arte potesse esprimere, sì, ogni sentimento, ma soltanto quand'essa fosse non mezzo ma fine a sé stessa, non ragionamento ma vita, non costruzione ma creazione, m'era riuscito agevole smontare quei ridicoli versi populistici. Del pari, non seppi dissimulare la mia pessima impressione quando mi trovai alle prese coi versi dell'Oliva, che iniziai a leggere perché incuriosito dall'intervista fattagli dall'Ojetti nel suo *Alla ricerca dei letterati*. Chi era costui, mi chiedevo, per esser inserito nel novero dei più noti letterati italiani? Constatai subito che quella fama era usurpata, sostenuta da interessate compiacenze e montata abilmente dal camaleontismo del personaggio. Non mi fu dunque difficile, analizzando i suoi versi, indicarne le approssimazioni, le incongruenze e l'inconsistenza artistica: questo all'incirca scrissi, e questo dunque fu l'antefatto. – Cena si rese subito conto dell'errore e da vero amico rimediò chiedendomi una raccolta di versi da pubblicare in riparazione su cinque o sei pagine della «Nuova Antologia». Fu così dunque che consolidai la mia posizione nella rivista e mi aprii la strada a una più proficua e continuativa collaborazione. L'Oliva, malgrado fosse tra gli amici politici del Ferraris, venne esautorato, mentre Giovanni Cena, sempre più interessato al mio lavoro, fu il primo a leggere *Il fu Mattia Pascal*, a offrirmi di pubblicarlo a puntate ed a promuoverne poi l'edizione per i tipi editoriali della «Nuova Antologia». Proprio in quel tempo vidi il Cena legarsi a una donna anch'essa d'origine piemontese, giunta a Roma fuggendo da una dolorosa vicenda familiare. Parlo di Sibilla Aleramo, sbocciata in quegli anni come scrittrice col romanzo *Una donna*, narrazione delle sue traversie legate al tema dell'emancipazione femminile, tema da me molto sentito per esserne stato con *L'esclusa* quasi l'iniziatore. Ma Sibilla era un'anima inquieta, inadatta alla sensibile natura del povero Cena, che presto ne rimase sopraffatto. Ed ella, seguendo il suo démone che la spingeva a una perenne ricerca di felicità e ad una perenne insodisfazione, crudelmente lo abbandonò. Per lei fu la fine di un amore, uno dei tanti, ma per il povero Cena fu uno schianto che lo portò alla morte. Eravamo nel 1917, nel pieno della guerra mondiale. A quella immane ecatombe che si svolgeva nel cuore della vecchia Europa egli cessò di opporre il suo febbrile altruismo tolstoiano: senza più interessi, svuotato di ogni volontà di vivere, era una delle tante vittime della crudeltà, della futilità e dell'inutilità della vita.

– Maestro, queste sue rievocazioni mi portano al ricordo di un altro giovane a Lei particolarmente caro, Federigo Tozzi, rapito anch'egli alla vita a trentasette anni…

– Si, fu uno tra i primi a chiamarmi come lei fa ora, a ogni piè sospinto…

– Maestro…

– Appunto! Si è reso conto di aver fatto un bel salto di generazioni? Tozzi apparteneva già a quella schiera di giovani che nel dopoguerra, con non poca mia meraviglia, cominciarono a osannarmi e a fare di me un loro vessillo. Ma non sa lei che ci fu un'altra generazione, intermedia e precedente a questa dei Tozzi e dei Rosso di San Secondo? Faccio un solo nome, Bontempelli, che mi fu amico vero e fraterno in tutto l'ultimo arco della vita. Ma quanti altri? Stuoli di critici, a cominciare da Adriano Tilgher, che fu il primo a dare della mia arte un'interpretazione sistematica, con il solo difetto d'esser troppo rigida, una corazza sotto cui, dopo i primi entusiasmi, sentii soffocarmi. E poi scrittori, commediografi, capocomici, proprietari e gestori teatrali, attori, un numero strabocchevole di *amici* la cui amicizia era sempre condizionata dalle circostanze, con un che di interessato e di falso. La celebrità e la ricchezza distruggono l'amicizia: quindi più nessun amico, moltissimi adulatori e tanti nemici invidiosi e velenosi. Che cambiamento radicale, in poco tempo, dalla mia vita raccolta e abitudinaria di scrittore e di professore! Una metamorfosi che si verificò alla fine della guerra, proprio mentre la mia fama esplodeva ed io raggiungevo una posizione economica che per chiunque avrebbe significato benessere e felicità. – Ma non per me! L'ultima stagione della mia vita si aprì con cambiamenti radicali, con lo sconvolgimento delle basi stesse della mia esistenza… del resto, avvenimenti di nessunissimo conto!

– ?!…

– Lei non crederà che dramma fu per me l'internamento di mia moglie e poi, in successione, i matrimoni dei miei figli e il loro distacco…
io rimasi solo. – Ma di ciò basta! Ne parleremo più in là, in un'altra
occasione, se n'avrò voglia.

VII

Sei personaggi

– Maestro, la sua settima apparizione mi riempie di gioia, anche perché, Le confesso, non speravo quasi più in un suo ritorno. L'ultima volta sembrava che volesse congedarsi definitivamente da noi…

– Nei nostri colloqui ero giunto alle soglie dell'ultimo periodo della mia vita, forse il più infelice della mia infelicissima esistenza, e m'ero fermato lì, senza voler proseguire.

– Aveva accennato all'internamento di sua moglie…

– Fu una decisione atroce. In ormai venticinque anni di matrimonio segnati da innumerevoli liti, fughe, abbandoni e ritorni, tra Antonietta e me, pur nella crudeltà dei nostri rapporti, s'era venuta instaurando per forza di cose una sorta di adattamento reciproco, anche di complicità segreta. Dalle aggressioni, dagli atti inconsulti, dal disprezzo, si passava alla calma, a momenti di pausa che consentivano a entrambi di riprender fiato e a me di riflettere che con l'alienazione si potesse pur convivere: male, infelicemente, disperatamente, ma convivere… Antonietta aveva superato i 45 anni ed io, che ero già oltre i 50, non sapevo risolvermi al passo decisivo. Riflettevo che la sua vitalità e la sua razionalità s'erano consumate nel breve arco di poco più di dieci anni, il tempo di mettere al mondo quattro figli: la prima, Caterinella, nata prematura e senza vita nel giugno '94 (ma nel ricordo sempre viva in lei), e poi gli altri, venuti al mondo a un ritmo biennale. Nel rispetto delle usanze avevamo deciso di dar loro i nomi dei nostri genitori: quindi Caterina e Rosalia per le femmine, Stefano e Calogero per i maschi (anche se l'ultimo figlio decise poi autonomamente di utilizzare il suo secondo nome, Fausto). Ma le cose si complicarono alla nascita della seconda femmina: io sciolsi brillantemente il nodo dando entrambi i nomi alla neonata, Rosalia Caterina; ma la posposizione non piacque ai miei, che se ne adontarono… Vedi un po' con quali problemi ci si doveva cimentare nei lontani anni della nostra felice intesa co-

niugale! E poi i piccoli screzi e gli inevitabili contrasti della vita in comune: ai quali, confesso, ero impreparato perché Antonietta in quelle
circostanze mostrava un carattere tutt'altro che docile, sicché le liti
prendevano, come suol dirsi, le cime. Compresi allora che l'ammoni-
mento del poeta di Alcamo era, nel mio caso, assai relativo:

> *Molte sono le femine c'hanno dura la testa,*
> *e l'omo con parabole l'adimina e amonesta.*
> *Tanto intorno procàzzala fin che l'ha in sua podesta,*
> *Femina d'omo non si può tenere:*
> *guàrdati, bella, pur de ripentere.*

C'era ben poco da *procazzarla*: spesso le sue aggressioni lasciavano il segno, come quella volta che mi chiamò *mignatta* (sanguisuga), rinfac-
ciandomi il fatto che col mio inutile lavoro artistico io vivevo praticamente sulla sua rendita. – Dopo di che il destino infame le inferse il
primo terribile colpo: la dote! – La dote, il *suo* patrimonio, su cui si
reggeva la nostra precaria economia domestica s'era, come per un per-
verso sortilegio, dissolta nel nulla! Dalla violentissima crisi nervosa con
accompagnamento di disturbi psicomotorii ella si risvegliò, come da
un sogno, accanto a uno sconosciuto – così all'improvviso io le appar-
vi – del tutto inetto nell'affannarsi vanamente in lavori infruttiferi,
inaffidabile nei rapporti con le giovani allieve del Magistero, dalle quali si lasciava volentieri insidiare, o con le attrici e le ballerine frequenta-
te come sedicente autore teatrale, che gli si offrivano addirittura! E
quindi su di me ella cominciò a scaricare tutti i fulmini d'un delirio
persecutorio in cui *lei* era la vittima, per esser stata defraudata di tutti i
suoi averi dalla mia babbuassaggine unita all'incapacità commerciale di
mio padre. *Lei*, che pretendeva, che esigeva il giusto risarcimento! E
giacché quel risarcimento non arrivava, ed io, dopo averla ingannata,
sfruttata, vilipesa non me ne davo per inteso e continuavo allegramente a spassarmela con le mie allieve, con le mie ballerine e con i miei
vani baloccamenti intellettuali, beh, poteva dunque aver *lei* il diritto di
mandar tutto all'aria, di fare quel che le passasse per la testa accanendo-
si contro di me e contro tutti i colpevoli di quel che l'era accaduto.
Dinnanzi al baratro della povertà debbo dire che neanch'io, in quei
drammatici frangenti, riuscii più a rimaner lucido, e mentre Antonietta
si scagliava contro di me, io a mia volta accusavo mio padre di aver di-
lapidato un patrimonio che per lui sarebbe dovuto rimaner sacro, e me

lo raffiguravo come uno spietato vecchio avido di metter le mani su quella dote, per la quale non aveva esitato a indurre il figlio riluttante al passo sciagurato... Ma di ciò ho detto abbastanza già un'altra volta!

– Ricordo, Maestro; una terribile impressione...

– I viventi sono sempre pronti a dare il via alla corda pazza che è in loro! Anche per me ci volle del tempo prima di recuperare un faticoso equilibrio da contrapporre a quello perduto di Antonietta. Ma siamo solo all'inizio! Alla morte di suo padre, nella primavera del 1909, ella vacillò nuovamente. Già, perché il mio odiatissimo suocero pur dalla lontana Girgenti costituiva per la figlia un ancoraggio, un punto di orientamento, collaborando indirettamente con me nel mantenerla legata perlomeno alla famiglia e ai suoi figli se non al marito, parimenti da lui disistimato e disprezzato. Il suo influsso la raggiungeva con il rigore di quando, orfanella della madre e cresciuta in convento, veniva preavvisata dalle monache del suo arrivo e preparata a corrergli incontro a baciargli la mano senza osar di alzare gli occhi. Alla sua morte, dunque, crollò di schianto un altro pezzo delle ragioni che la sostenevano e che me la facevano sperare ancora in qualche modo recuperabile. Il non aver più neanche quest'ultimo punto di riferimento, non sentir più il richiamo inconscio che dal padre le veniva, l'essere infine entrata in possesso d'una nuova discreta eredità, che nel suo pensiero la rendeva autonoma e libera, fu ragion sufficiente per un suo completo sopravvento e per non voler più convivere stabilmente con me. E fu allora che io la ritenni definitivamente perduta alla ragione e a una vita comune. In un sfogo con l'amico Ojetti, al quale mi rivolgevo per quelle beghe di cui abbiamo già parlato a proposito dei *Filauri*, indicavo proprio in quell'anno 1909 la data del pieno manifestarsi della sua pazzia, una forma irrimediabile di paranoia persecutoria: «Non ho una casa solo, un inferno solo – scrivevo – ma due case, due inferni: uno qua a Roma, l'altro a Girgenti: e due e tre volte l'anno mi tocca portare dall'uno all'altro inferno la famiglia, i miei tre poveri figliuoli appresso la loro mamma, che va smaniosamente inseguendo la sua ragione senza poterla trovare in alcun luogo». Una vita *d'inferno*, appunto, che – lei sa – cercai di rappresentare proprio nel *Si gira* identificandomi nel personaggio di Fabrizio Cavalena, e lei, la mia terribile moglie, in quello della signora Nene ...

– Ricordo le pagine finali del *Quaderno quarto*, tra le più strazianti descrizioni d'una realtà nella quale, Maestro, ridevano tutti i suoi dolori…

– Anche la stessa convivenza con Lietta, la nostra figlia secondogenita ormai diciottenne (eravamo già negli anni della guerra), cominciò a diventare drammatica: lo sbocciare della sua giovinezza destava in lei diffidenza e gelosie; ne reprimeva con rabbia le più innocenti forme di effusione, vedeva con rancore il suo aprirsi alla vita e, aspra e persecutoria, la trattava da nemica costringendola a umiliazioni cui io, nel timore del peggio, non sapevo reagire. E in un crescendo d'odio cominciò ad accusarla di atti incestuosi e me d'essere un padre degenerato. La casa si riempì delle sue urla forsennate: «*Bruto, bruto, è tua figlia!*». Fu la povera Lietta ad avere un atto di ribellione che mi sconvolse: si chiuse in camera e tentò d'uccidersi con una rivoltella. Per fortuna il colpo non partì e allora, in preda alla disperazione, fuggì vagando per la città tutto il giorno, finché, al cader della sera, trovò rifugio presso alcune compagne di scuola da dove finalmente mi giunsero sue notizie e potei raggiungerla. Era chiaro che non poteva più rientrare e così in tutta fretta dovetti cercarle un rifugio presso la famiglia di mia sorella Lina, residente a Firenze col marito e due figlie all'incirca della sua stessa età, che l'accolsero a braccia aperte. Fu allora che maturai la convinzione che non ci fosse più nulla da fare ed occorresse ormai pensare seriamente all'internamento. Aspettavamo il ritorno dalla prigionia di Stefano, il maggiore dei figli, per prendere insieme una decisione. In quell'ultimo anno di guerra avevo tentato di ottenerne la liberazione anticipata attraverso gli scambi dei prigionieri ad opera del Vaticano e della Croce rossa internazionale. Nell'estate avevo sperato in un suo rientro via Svizzera e m'ero recato a Como ad attenderlo: – invano! Fu solo dopo l'armistizio che con tutta la massa dei nostri prigionieri non più trattenuta nei *lager* austriaci, anch'egli si trovò coinvolto in quel disordinato e contemporaneo movimento di tanti poveri giovani verso i nostri confini: l'ultimo calvario, che egli descrisse in un suo libro. Da Trieste, dove giunse dopo mille peripezie, Stefano riuscì ad imbarcarsi su una nave che lo condusse ad Ancona: e fu lì che finalmente potei riabbracciarlo. Ebbene, la prima domanda che mi fece, vedendomi solo, fu: – *come sta la mamma?* In quegli anni di prigionia, scrivendogli, non avevo certo parlato delle afflizioni e dei guai affrontati, ed egli rientrando *nella santa pace di casa nostra* s'era illuso di trovarla guarita miracolosamente! Così che quando cominciai a spiegargli la situazione, vidi subito il dilemma: se dar esecuzione al certificato di ricovero del prof. Ferruccio Montesano che definiva la malata «affetta da delirio paranoide e pericolosa per sé e per gli altri», o affidarla a chi di noi si sentisse ancora in grado di starle vicino. Era il desiderio di Stefano, che s'offriva di sacrificarsi per la madre. Chiudere una persona in una *casa di salute* (tale l'eufemismo) con un referto come quello del prof. Montesano non era poi cosa fuori dell'ordinario, e il conseguente provvedimento dell'autorità pubblica era pressoché scontato. Date queste premesse, era ovvio che un accordo unanime e partecipato fosse tra noi indispensabile. Ma ciò che non ci aspettavamo furono i suggerimenti venutici dalla malata stessa: la sua claustrofilia, che la portava a non voler uscire per intere settimane, rifugiandosi in solitudine in qualche angolo della casa a lavorare ai suoi ricami, e poi quel desiderio di vivere sola e *libera*, padrona di sé e delle sue decisioni, manifestato nei momenti violenti di esasperazione… Insomma, la decisione fu alla fine dolorosamente unanime. E fu proprio la claustrofilia a ritardare di alcuni giorni il trasferimento: si convinse, infine, quando le fu spiegato che si trattava di andare a dimostrare la sua sanità mentale a un consesso di esperti del tribunale che avrebbe poi pronunciato una sentenza di separazione per colpa del marito: per lei *la libertà*, appunto. Vedemmo quel giorno avvicinarsi come il condannato a morte vede il giorno dell'esecuzione: mi chiusi nello studio a nascondere la mia angoscia quando quella povera donna agghindata con un cappello velato di crespo e vestita di nero, accompagnata da Stefano e da Fausto, si avviò uscendo per l'ultima volta dalla sua casa. Era il 13 gennaio 1919, un lunedì, e in quello stesso mese, esattamente il 27, sarebbe caduto il venticinquesimo anniversario del matrimonio: le nostre nozze d'argento! Dopo il "tradimento" io e i miei figli restammo schiacciati dal rimorso: una famiglia devastata dal lutto e dalla colpa… E subito cominciò la mia frenesia di riaverla, perché la casa, uscita lei, s'era svuotata ed io non riuscivo a superare quel senso di sfacelo e di solitudine che neppure Lietta, subentrata assennatamente a regolare la nostra vita domestica, riusciva più a colmare: del resto fu per breve tempo; perché da lì a poco sposò e partì per il sud America con il marito cileno.

– In verità, Maestro, trascorsero altri due anni: il suo matrimonio fu nel luglio 1921, e Lietta, ricorda?, Le fu accanto anche nella sera memorabile della prima dei *Sei personaggi* al Valle di Roma, il 9 maggio 1921. C'è ora una lapide nel foyer del teatro, posta a ricordo di quella serata…

– Lei certo non sa che coltivai l'illusione della guarigione di mia moglie e di un suo ritorno fino all'estate del '24, quando i medici ci fecero credere in un miglioramento e nella possibilità d'una dimissione. Affittammo una casa isolata a Monteluco, sopra Spoleto, località dove allora ci recavamo d'estate: tutto fu minuziosamente predisposto a riceverla; i figli si recarono a Roma per accompagnarmela, ma, sul punto di uscire dalla "prigione" in cui smaniava e da cui, con accenti strazianti, supplicava d'esser liberata, all'improvviso vi si aggrappò come a un rifugio che aveva paura di abbandonare e le rinacquero tutte le avversioni contro di me, *il suo eterno nemico*… Fu soltanto allora che rinunciai definitivamente a lei. – Ma che mi stava dicendo dei *Sei personaggi*?

– Ricordavo i due anni in cui Lietta Le fu accanto e che furono anche per Lei gli anni della creazione di quella commedia che divenne il più grande successo teatrale del secolo…

– I miei figli pian piano si allontanarono: prima Lietta, che partì per il Cile con il marito. Stefano, il più vicino a me, sposò l'anno dopo, nel '22 e mi portò in casa la moglie, nell'illusione di ricostituire così la nostra famiglia spezzata. Anche il più piccolo, Fausto, cominciò presto a estraniarsi, assorbito dai suoi sogni d'arte: in lui, che era quello che fisicamente mi assomigliava di più, mi sembrava di rivedere gli anni della mia giovinezza. Perché dunque interferire coi miei vani lamenti su quelle vite giovani che anelavano alla loro autonomia e alla loro libertà? …Ma che mi stava chiedendo?

– Dei *Sei Personaggi*, che furono scritti in quel periodo per Lei così drammatico…

– Dopo l'internamento di Antonietta, quei fantasmi cominciarono a ossessionarmi e a non darmi più tregua. Ma chiuso nello sconforto, frastornato, inquieto e ancora incerto sullo sviluppo da dare a quel lavoro, rinviavo, rinviavo…

– È il classico caso della nascita dei personaggi…

– Dare udienza ai personaggi era una vecchia abitudine risalente all'incirca ai tempi del matrimonio, quando, disponendo finalmente d'uno studio dove ritirarmi a scrivere, avevo voluto imprimere un tono di professionalità alla mia attività di poeta, di giornalista, di romanziere, di novelliere, di commediografo, di professore... e di non so che altro ancora. Quell'idea mi piaceva perché mi equiparava a un magistrato alle prese con le infinite beghe del suo mandamento o ad un avvocato alla mercé dei suoi litigiosi clienti. Entravo dunque nel mio studio trovando i personaggi già disciplinatamente in attesa e li invitavo uno ad uno a espormi i loro casi: li ascoltavo a lungo, ne ponderavo le storie e, da esperto della materia, valutavo l'opportunità di rappresentarle, anche se per la maggior parte accadeva che improvvisamente ne interrompessi l'esposizione sembrandomi quelle storie ancora imperfette o immature. Con i personaggi quindi ho sempre avuto una frequentazione quotidiana: bastava che mi avvicinassi allo studio per trovarmeli tutti lì, con gli occhi puntati su di me. Del resto ciò coincideva – lei dovrebbe ormai ben saperlo – con le mie teorie estetiche.

– Ci sono vari Suoi testi, di varie date, ispirati a questo tema delle udienze e dei colloqui coi personaggi...

– ...che non hanno specificatamente nulla a che vedere, badi bene, con la *commedia da fare*! L'unico riferimento è in quella paginetta di appunti ripescata da Corrado Alvaro nel 1934, quando gli permisi di frugare tra le mie tante e confuse carte. Ricorda il foglietto dei *Filauri*? Un caso analogo! Con la differenza che allora una mutazione genetica diede luogo a un personaggio estraneo e diverso, *Serafino Gubbio*! Là invece, in quell'altra paginetta, si parlava d'una certa signora Pace e della sua sordida attività, d'un anziano signore morso da desideri inverecondi e infine d'una ragazza giovanissima e procace... Ma era l'abbozzo di un romanzo? ...la traccia di una novella? ...o che altro? – io non lo sapevo... Quel che sapevo per certo era che quelle creature nascevano dal caos e dalla follia della guerra, con una sofferenza sconosciuta e diversa dalle solite da me narrate, sicché ogni volta m'ero sentito cader le braccia scoraggiato dall'abiezione disperata di quei casi, incapace di rappresentarli...

– Dal caos della guerra? Ma quel foglietto non risalirebbe ad anni anteriori: al 1910, o al massimo al 1912?

– Riecco l'insopportabile filologo! Finirò col prenderla a calci, parola mia, prima di abbandonare definitivamente questa porca terra in cui ho avuto la peregrina idea di ritornare e dalla quale anelo, spasimo ormai solo di ripartirmene al più presto!

– Allora è più corretto dire che niente autorizza a datare così com'è stato fatto quel foglietto privo di data?

– Dica pure in questo modo, dica quel che vuole, che tanto non cambia niente! – Nei *personaggi* è rappresentato lo sconvolgimento di quegli anni atroci, l'incapacità di sperare in un qualsivoglia futuro, l'impossibilità di riprendere il corso della vita dal punto in cui s'era lasciato. Le morti assurde della bambina annegata nella vasca e del giovinetto suicida non concludono il dramma, caro lei, ma lo fanno esplodere con quel colpo di pistola che rimbomba con un fragore da spaccare le mura del teatro e far schizzare via attori, pubblico, tutti. – Tranne i personaggi, *realtà*, realtà di un mondo radicalmente cambiato! – Questo fu quel che volli esprimere, e questo fu percepito in quella memorabile sera del Valle dai giovani che mi difesero contro coloro che non capivano e aspettavano una rappresentazione consolatoria e abitudinaria, che io, del resto, mai avevo saputo dare.

– È l'atto di nascita del teatro del XX secolo!

– Se le fa piacere… Io le dico invece che potei iniziare la stesura di quel lavoro solo quando si fu calmato in me il tumulto lasciato dai tanti avvenimenti di quel periodo: la fine della guerra, il rientro di Stefano, l'internamento di Antonietta. Da tutto ciò nacquero i *Sei personaggi*; ma anche da altro…

– Da altro?

– Sì, dalla mia insofferenza verso il teatro divenuto padrone incontrastato della mia vita. Il teatro, il grande amore non corrisposto della giovinezza, sempre inseguito e vagheggiato invano, mi offrì, quando meno me l'aspettavo, tutto ciò che fin'allora avevo con le unghie e con i denti stentato a conquistarmi. La gloria, la celebrità, la ricchezza non mi venivano da un ventennio di probo e sacrificato impegno di poeta, di narratore, di romanziere, ma dalle incredibili capacità comiche e drammatiche di un gruppo di pupari siciliani divenuti eccezionali interpreti dialettali grazie a Nino Martoglio che s'era adoperato a raccogliere e a creare un repertorio adatto alle loro attitudini. Che cosa c'entravo io con tutto questo? io che, otto anni prima, ragionando a fil di logica e ormai completamente disincantato (così credevo!), avevo pronunciato la più radicale condanna del teatro sentenziando l'impossibilità estetica di trasportare la creazione artistica nella materialità della rappresentazione? Ma ecco che, nel bel mezzo di quegli anni di guerra, ero stato travolto dalle insistenti richieste di contribuire anch'io con nuove commedie dialettali a quel repertorio. Nacque così dapprima l'adattamento siciliano di *Lumìe di Sicilia*, e poi di seguito *Pensaci, Giacuminu!*, *Liolà*, *'A birritta cu 'i cincianeddi*, *'A giarra*; e fu così che, una volta presa la mano, mi trovai a creare furiosamente anche altre opere non più destinate a quell'esclusivo àmbito: *Così è (se vi pare)*, *Ma non è una cosa seria*, *Il piacere dell'onestà*, *Il giuoco delle parti*. Furiosamente, ecco la parola giusta! Senza quasi rendermene conto ero entrato in un tumultuoso e per me affatto nuovo modo di vivere, quello dello scrittor di commedie. Non ne ero cosciente all'inizio, non percepivo appieno il lento ma inesorabile abbandono di tutto ciò da cui fin'allora era stata intessuta la mia vita: tutto cangiò. Tutto, della mia precedente realtà, fatalmente svanì; ne rabbrividii quando, dopo l'internamento di Antonietta, mi guardai indietro e mi resi conto dei cambiamenti di quegli anni. Anche l'attività di professore, che datava dal 1898, s'interruppe quando Giovanni Gentile venne nominato commissario governativo all'Istituto di magistero. Che coincidenza! Non erano passati dieci giorni dalla prima dei *Sei personaggi*, che m'arrivò una richiesta ultimativa di giustificare le mie troppo frequenti assenze dalle lezioni. A onor del vero il mio lavoro professorale l'avevo sempre considerato un sacrificio reso a quel pane scarso e amaro che me ne veniva in guadagno: svolgevo abitualmente le lezioni due volte la settimana dall'una alle tre, nelle ore morte del pomeriggio, per coprire interamente le indispensabili 50 lezioni per anno accademico, e neanche una di più; eppure, malgrado il mio scarso amore per l'insegnamento, non potevo in coscienza esser accusato di mancare ai miei doveri, che in quei limiti assolvevo con sacrificio. Insomma, per farla breve, quello del '21-'22 fu l'ultimo mio anno al magistero: all'inizio del nuovo anno accademico, nel dicembre del '22, chiesi con un'unica istanza l'aspettativa per ragioni di salute e il collocamento a riposo. Ero stanco delle persecuzioni del Gentile frattanto divenuto ministro della pubblica istruzione: ma, nel momento di abbandonare la carriera, mi colse fortissima, come una vertigine, la sensazione che era stato reciso anche l'ultimo tenue legame con la mia precedente vita!

– Ma Lei, Maestro, stava parlando della Sua insofferenza verso il teatro…

– La nuova vita in cui m'ero tuffato, via via che andava avanti, mi piaceva sempre meno. Sì, avevo scoperto quanto mi fosse facile scrivere per il teatro e con quanta rapidità riuscissi a stendere una commedia, ma di quel lavoro nel quale entravano i rapporti coi capocomici, le stagioni teatrali, le compagnie di giro, le faticose e snervanti giornate di prove e le mille altre esigenze pratiche connesse, io m'ero rapidamente stancato: volevo, sì, scrivere per il teatro ma senza tutte quelle schiavitù, e sognavo il mio raccoglimento di scrittore e il ritorno all'*Uno, nessuno e centomila*, il romanzo interrotto dal 1916. Ormai sentivo soffocarmi da un'esperienza apertasi come una parentesi, che non sapevo più come chiudere. Al debutto milanese del *Giuoco delle parti* svoltosi – tanto per non sbagliare – in un clima pieno di tensioni, io non ero presente: curiosa coincidenza, era la sera del 9 maggio 1919, come esattamente due anni dopo la prima romana dei *Sei Personaggi*. Ma proprio la lontananza mi consentì di riflettere meglio e seriamente sull'ostilità del pubblico e sulle intenzioni che mi vedevo attribuite unanimemente dai critici, di essermi fatto condottiero di una nuova falange di autori per imporre un "teatro nuovo" col quale portare al successo i seguaci di quel che ormai veniva definito, con un neologismo che mi feriva, *il pirandellismo*. Io, un caposcuola! Io che avevo sempre sostenuto l'individualità dell'arte e sin dalla giovinezza ero rifuggito dalle fazioni, da quelle artistiche in particolare, vedermi ora incluso nel novero d'un creatore d'-*ismi* di capuaniana memoria! Basta! Se ci fu un momento in cui desiderai d'abbandonare il teatro, fu quello. E ne parlai, ricordo, in una intervista al «Messaggero della domenica» e poi anche in una lettera a Maria Borgese. Insomma, rimuginando sul mio disagio, mi s'affacciarono ancora una volta alla mente – ci crederà? – quei personaggi tante volte respinti, inadatti a un romanzo, troppo ingombranti per una novella, inimmaginabili in un'azione scenica… – E fu allora che ebbi la folgorazione! – Perché non scaraventarli proprio su un palcoscenico a dimostrare l'abisso esistente tra le pure creature della fantasia e la falsità delle scene? Recuperavo così i miei vecchi principii sull'arte teatrale e li riaffermavo rappresentandoli! Il teatro che nega se stesso! Ecco il paradosso col quale avrei firmato il mio addio al teatro!

– A questo punto, però, non riesco più a comprendere il nesso con quel che prima diceva sulle radici di quel dramma…

– Quel palcoscenico senza sipario, quegli attori impegnati nelle prove, tutta quella casualità nasceva da un rimescolamento generale, da una rivoluzione di regole che si manifestava ormai nelle esperienze artistiche di tutti i paesi, ma cui io arrivavo in modo affatto autonomo – come lei, spero, avrà ormai capito. Il mio cammino era iniziato molto prima, venivo da molto più lontano: ed ora, nella pienezza della maturità, coglievo in quella *commedia da fare* uno stato d'animo universale. Dopo i segni terribili lasciati dalla guerra, dopo le carneficine sui campi di battaglia, tutto, nel disorientamento delle coscienze, appariva incerto. L'eliminazione d'ogni convenzione scenica era indispensabile alla "irrapresentabilità" dei *personaggi*, così come le due morti infantili sigillavano atrocemente quel deprezzamento, quella inutilità del vivere umano. E fu così che mi trovai, senza rendermene conto e del tutto involontariamente, ad essere scelto dalle nuove generazioni a loro interprete. Uscite dal conflitto senza più un criterio direttivo, orbate d'ogni fondamento morale, a un tratto si riconoscevano nel mio teatro! …e fu allora, a dispetto di tutti i miei propositi, che cominciai a chiedermi se sarei mai riuscito a sciogliere i lacci che sempre più ormai mi avviluppavano ad esso! – Del resto, a guardar bene, dopo il deserto che mi s'era fatto dentro, non avevo più vie d'uscita: che altro mi rimaneva? Dalle scene ero attratto e respinto allo stesso tempo: erano la mia croce e la mia delizia, non sarei riuscito a liberarmene. E d'altronde da lì proprio mi veniva quel fiume di denaro di cui mai fin'allora avevo avuto tanta disponibilità. Le esigenze crescevano in proporzione, ed io che avevo sempre vissuto nelle ristrettezze, mi rendevo conto d'essere del tutto inetto a gestire tutta quella ricchezza: da qui altre complicazioni e nuove amarezze! Così, a dispetto di ogni vano proposito, non cessai mai più di scrivere per il teatro: contemporaneamente al *Giuoco delle parti* mandai sulle scene *L'uomo, la bestia e la virtù*. E poi, in continuità, altre tre commedie, una dopo l'altra: *Come prima, meglio di prima, Tutto per bene* e *La signora Morli, una e due*. Ero un fiume in piena, e toccai la vetta nel biennio 1921-22, quando scrissi i *Sei personaggi* e l'*Enrico IV*. Ero al culmine della mia parabola… Dopo, tutto ancora una volta cambiò!

– Un nuovo cambiamento? e di che genere?… non si allontani, Maestro, non riesco a seguirla più… – La prego, La prego, non mi scompaia così all'improvviso!

– …

– È sparito!!

VIII

Marta

– Maestro, dopo la brusca interruzione dell'ultimo nostro incontro non speravo di rivederLa così presto, e quindi ancora ben tornato! E per riprendere proprio dal punto lasciato in sospeso, Ella m'aveva accennato a un nuovo cambiamento, ricorda?, intervenuto nel momento culminante della Sua attività teatrale.

– Non uno soltanto, ma più cambiamenti, tutti insieme: come se all'improvviso un nodo si sciogliesse e si aprissero le porte a una sequela infinita di avvenimenti.

– Ci sono alcuni suoi versi, Maestro, che descrivono questa situazione e che ora, non so come, mi tornano alla mente:

> *L'avvenire come un turbine*
> *si rovescia sul passato;*
> *tutti investe: ogn' ora turgida*
> *inattesi eventi sfrena,*
> *strappa a noi qualcosa e involasi*
> *preda al fato che la mena.*

– ...Ricordi lontani! Quei versi appartengono al poemetto *Belfagor* che scrissi negli anni della giovinezza e che poi, come lei sa, distrussi *per disdegnoso gusto* in uno dei miei improvvisi scatti di passione politica. Fu nel pieno della crisi di fine secolo, quando una sacrosanta reazione popolare all'aumento indiscriminato dei prezzi con i moti contro il "caro pane" aprì una nuova falla nel già instabile equilibrio politico. A quei moti spontanei il patrio governo (nulla di nuovo, dopo Crispi!) aveva risposto mobilitando l'esercito in una repressione costata oltre ottanta morti a Milano e un'altra cinquantina nelle Romagne, in Toscana, nelle Puglie, nelle Marche e in Campania. Un'altra strage!, che aggiungeva nuovo sangue alle ferite ancora aperte dai tragici avvenimenti dei fasci siciliani. All'orrore si aggiunsero lo sdegno e l'indignazione quando il comandante del corpo d'armata di Milano, che non aveva esitato a cannoneggiare le piazze della città e perfino il convento dei cappuccini di via Monforte, fu premiato dal re con la croce di grand'ufficiale dell'ordine militare di Savoia! Dopo gli scandali bancari, che avevano schizzato di fango il re stesso e travolto i suoi ministri con l'intero ceto dirigente, il dissidio tra la coscienza collettiva e il potere pubblico era arrivato al punto di rottura…

– Vecchia storia, che ci rammenta come niente di nuovo ci sia mai stato nelle tristi vicende della politica nostrana!

– Ebbene, proprio allora io avevo in stampa il mio *Belfagor* da un editore milanese (Treves? Chiesa e Guindani? – non ricordo più), il quale si affrettò a farmi sapere che col vigente stato d'assedio in città gli diveniva impossibile portare a termine la pubblicazione; e le ragioni erano nei molti miei versi di ostentata fede repubblicana e radicale, che avrebbero suscitato l'immancabile reazione censoria delle autorità.

– Ah, sì, ricordo: i versi in cui si parla della conquista di Roma e dell'arrivo del nuovo sovrano Vittorio Emanuele II, il "padre della patria", definito da Lei semplicemente *una vuota maestà*:

> […] *Quanto a Roma, è nostra, è libera,*
> *se ben zoppichi d'un piede;*
> *n'avea sette, ma il pontefice*
> *le n'ha tolto uno, e vi siede.*
> […] *V'abbiam messo un re benefico,*
> *che a cacciar spesso si manda -*
> *Ei non fiata, fa elemosine,*
> *e così si raccomanda.*
> *«Quale ha mai ragion d'esistere*
> *la tua vuota maestà?»*
> *ne le cacce i lepri gridangli -*
> *ed ei resta: – ei non lo sa.*

– Era destino che io dovessi pagare un prezzo alla mia fede repubblicana; e fu così che infuriato ritirai manoscritto e bozze e li diedi alle fiamme…

– Maestro, La prego, mi chiarisca un dubbio: parecchi anni dopo, all'incirca nel 1912, Lei parlerà ancora del poemetto, definendolo umoristico, e dichiarando di averlo tenuto nel cassetto «fino a poco tempo fa»…

– Riecco il solito filologo! – È vero; nel '98 non lo bruciai, lo chiusi in un cassetto! Poi, insieme ad altre carte, inutili vestigia della mia perduta giovinezza, ne feci un gran mucchio quando, dopo la morte di mio suocero, mi resi conto d'esser ormai alla mercé delle vessazioni e dell'accanimento folle di mia moglie. Fu allora che ebbi una forte tentazione di morire: distrussi tutte quelle mie vecchie carte, meditai il suicidio e feci testamento…

– Il famoso testamento delle *Mie ultime volontà da rispettare*?

– Quello!… – Ma è tempo di riprendere da dove eravamo rimasti. – L'Italia era entrata nella prima guerra mondiale con l'illusione d'un conflitto breve, di tipo risorgimentale, ritenendo il suo intervento addirittura risolutivo per l'Intesa con la quale da ultimo, con un giro di valzer, s'era schierata. Invece s'era trovata a dover fare i conti con le insufficienze dei suoi cinquant'anni di vita unitaria, con le sue modeste capacità militari, col suo stentato sviluppo economico e con una questione sociale sempre più minacciosa. Uscita alla fine vittoriosa dal sanguinosissimo conflitto, s'era ritrovata impoverita e socialmente scompaginata: un amaro risveglio per misurare tutto l'abisso che le si apriva dinnanzi. Al generale impoverimento si accompagnavano, dopo le promesse date a piene mani durante lo sforzo bellico, esigenze nuove con spinte al cambiamento e al rinnovamento. Era chiaro che la lotta per il potere assumesse forme e contenuti finora neppure immaginabili: eravamo all'attraversamento di un guado, oltre il quale nulla sarebbe stato più come prima. L'evidente incapacità delle vecchie classi dirigenti a fronteggiare gli eventi atterriva e scorava: tutto sembrava precipitare. La situazione italiana non faceva che riflettere, d'altronde, ciò che era accaduto nel resto d'Europa: la scomparsa di un ordine internazionale basato sulla grande forza conservatrice delle tre monarchie centrorientali, gli Asburgo, gli Hohenzollern e i Romanov, tutt'e tre finite nel tritacarne che esse stesse avevano messo in moto, e i Romanov addirittura massacrati e spariti nella bufera della rivoluzione russa. Come in un incubo ad occhi aperti, quegli avvenimenti davano la sensazione di vivere in una mischia disperata in cui si agitavano mille bandiere d'ogni colore, innalzate per un momento e subito scomparse, in cui ognuno lottasse per sé, per la sua difesa, contro all'amico e contro al nemico… un continuo cozzo di voci discordi, un'agitazione continua…

– Maestro, non so, ma queste sue parole non mi suonano nuove…

– Sì, caro, sono i sogni angosciosi della mia giovinezza descritti in *Arte e coscienza d'oggi*, che s'avveravano puntualmente trent'anni dopo! – In quel dopoguerra privo di punti di riferimento e di certezze, era paradossale sentire i sapori amari della sconfitta in un paese uscito vittorioso dalla guerra. Dinnanzi all'orrore di seicentomila morti, alle distruzioni e all'impoverimento generale, l'odio verso i pochi che avevano imposto l'intervento e verso i profittatori che se n'erano avvantaggiati, ora si manifestava in forme esasperate. A chi dare ascolto, a chi appigliarsi, qual criterio direttivo seguire? Sorse allora un movimento che a me sembrò mutuasse il suo nome dai fasci siciliani (e non dalla romanità, come si volle poi sostenere): creatore ne era un ex-socialista massimalista, avversario di quella maggioranza riformista che dal 1892 aveva realizzato tenacemente un sistema di associazionismo operaio e di solidale difesa del lavoro (in cui militava, ricorda?, il mio carissimo Nino Campanozzi), che s'era schierata per la neutralità assoluta dell'Italia. Temperamento portato agli eccessi e all'audacia, Mussolini (è di lui che parlo), dopo l'abiura socialista aveva condotto una violenta campagna per l'intervento; poi, al termine della guerra, s'era dato ad agitare i fantasmi della vittoria mutilata, del nazionalismo, della minaccia sociale e, nell'inerzia dei poteri pubblici, a creare squadre armate che provvedessero a ripristinare l'ordine e l'autorità. Fu così che nel giro di tre anni egli riuscì nel suo capolavoro: una volta ottenuta l'acquiescenza delle vecchie classi dirigenti, intimorite dai disordini sociali, e giocato d'astuzia lo stesso Giolitti che con le elezioni del 1921 aveva tentato di servirsene e d'imbrigliarlo, acquisì quella minima presenza parlamentare sufficiente a consentirgli una spregiudicata azione politica per la conquista del potere. – Io seguivo alla lontana il nuovo personaggio che non aveva certo nulla a che spartire col vecchio ceto politico cui anzi si contrapponeva e che sapeva piegare ai suoi fini molto più che non lasciarsene condizionare. Il fascismo, che prendeva piede e s'affermava con incredibile rapidità, fu, nello stesso anno dei *Sei personaggi*, oggetto d'analisi da parte di Adriano Tilgher in un suo opuscolo dedicato ai relativisti contemporanei che mi diede a leggere. In esso, con mia grande sorpresa, trovai il mio nome utilizzato per spiegare il neonato movimento creato da Mussolini! Sosteneva Tilgher che il fascismo non era altro che l'assoluto attivismo trapiantato nel terreno della politica, e aggiungeva: «questo punto di vista – nuova prova dell'unità assoluta di ciascuna cultura – trova la sua espressione attuale nell'arte di Luigi Pirandello, il poeta ancora in parte inespresso, ma possente e geniale del relativismo assoluto». Rimasi sorpreso e lusingato (a parte *il poeta inespresso!*) di ciò che mi si attribuiva, una quasi paternità spirituale sull'incognito fenomeno, che Tilgher per primo prendeva in esame con intenti scientifici: il che, in quel difficile passaggio per il nostro paese, mi poneva in una posizione centrale non soltanto sotto il profilo culturale, ma anche politico. Quanti mutamenti! L'affermazione teatrale oltre confine m'aveva fatto scoprire il riflesso mondiale della mia fama. Cominciai a sentirmi blandito da ogni parte e naturalmente, non lo nascondo, ciò m'inorgogliva. Nelle numerose interviste giornalistiche che mi venivano richieste dicevo quel che pensavo, ogni volta sorpreso che la mia opinione fosse tenuta in grande considerazione. Ero oggetto di studio da parte dei critici e in particolare di uno: colui che, ritrattando una sua iniziale incomprensione, mi portava ora ad esempio dei tempi nuovi, scoprendo sempre impreveduti collegamenti tra la mia arte e il mondo contemporaneo. Furono anni di grande consonanza tra me e Adriano Tilgher, il quale fu anche, come ho già detto, il primo a studiare in modo sistematico il mio pensiero, sintetizzandolo in alcune formule che, per quell'epoca, divennero in qualche modo la chiave di volta interpretativa delle mie concezioni.

– Ma anche una camicia di Nesso, caro Maestro…

– Me ne accorsi dopo. Inizialmente la sua interpretazione apparve a tutti ed anche a me insuperabile, talché ne feci io stesso una specie di mio secondo linguaggio, soprattutto nell'ermeneutica politica.

– Davvero?

– Me ne avvalsi tutte le volte che mi trovai a dare spiegazioni della mia simpatia verso il fascismo: quel linguaggio tilgheriano mi calzava benissimo. Di Mussolini, ad esempio, dicevo che pochi come me erano in grado di comprendere la forza e la sostanza della sua azione politica, *fatta di attivismo, che crea continuamente la sua realtà e non subisce quella che creano o tentano di creare gli altri.* – Egli sa benissimo – aggiungevo – *che la realtà non ci è data, ma che siam noi a crearla, con una attività continua del nostro spirito.* Puro *tilgherismo*, con il quale manifestare quel consenso e quelle aspettative che nascevano dalle delusioni di tanti anni.

– Insomma, un altro paradosso, perché Lei, Maestro, conosceva benissimo la provenienza di quelle formule: da chi, come appunto Tilgher, s'era schierato nel campo antifascista.

– Anch'io mi schierai, e fu per rampognare coloro che, nel momento meno propizio per il fascismo, durante la crisi seguita all'assassinio di Matteotti e all'indomani del ritrovamento dei suoi resti, fuggivano nella convinzione che tutto fosse ormai perduto e la crisi irreversibile. Seppi allora che Mussolini, improvvisamente isolato e abbandonato da tutti, aveva avuto momenti di vera disperazione, imprecato contro la sua sorte, battuto la testa contro il muro. Riprese fiato solo quando percepì che la piena stava lentamente ritirandosi e che si preparava per lui l'ora della rivincita. Un contributo a quella ripresa l'avevo dato anch'io.

– Ne seguì un'aspra polemica, perché nessuno s'aspettava da Lei – alieno dalle passioni politiche, guardate sempre dall'alto del Suo pessimismo – una presa di posizione così netta e, soprattutto, in contrasto con il consueto distacco dalle contese e dagli schieramenti, come dimostrava la Sua stessa collaborazione al «Mondo» di Giovanni Amendola, del quale era redattore teatrale Adriano Tilgher.

– Sciocchezze! Dell'improvvisa e prevedibile ostilità dell'antifascismo e delle tante chiacchiere che ne seguirono non mi diedi pena. Me ne dissero di tutti i colori: di essere "un uomo volgare", di aspirare al laticlavio… e non era vero! La verità era molto più semplice: che s'era creata un'illusione di rinnovamento politico e che eravamo in molti a crederci. Se non che, quando io, come ho detto, manifestai quei sentimenti, tutto spingeva all'abiura: fu dunque la mia una scelta di campo controcorrente e un atto di coraggio. Mussolini, che avevo già incontrato l'anno prima, nell'ottobre del '23 perché voleva essere informato dei miei progetti teatrali alla vigilia del primo viaggio in America, mi dimostrò questa volta la sua gratitudine in una lettera di solidarietà per gli attacchi subiti, invitandomi ad adottare il motto fascista…

– Quale motto, Maestro?

– *Me ne frego!*

– Ohibò! il dolce stil novo politico…

– In verità il mio fascismo "militante" fu di breve durata: mi rimase soltanto l'ammirazione per quell'uomo che a sua volta mostrava verso di me deferenza come a maestro, giusta l'interpretazione di Tilgher da lui stesso accolta. Nel giro di quegli stessi anni all'iniziale entusiasmo subentrò in me un senso di delusione quando, nel pieno dell'avventura del Teatro d'Arte, cominciai con sgomento a veder crescere vertiginosamente il deficit economico di un'impresa per la quale legittimamente potevo attendermi dal governo un efficace sostegno, che venne, sì, ma a prezzo di umiliazioni e mortificazioni senza fine, costringendomi all'abbandono dell'Odescalchi assediato dai creditori e ad andar cercando per l'Italia e per il mondo quei guadagni e quei successi che a stento consentiranno alla compagnia di sopravvivere per tre stagioni comiche. Non solo, ma malgrado la mia dichiarata ed esplicita contrarietà, vidi contemporaneamente rafforzarsi quei gruppi di potere che già da prima dominavano monopolisticamente tutta l'attività teatrale, e che ora s'imponevano senza difficoltà nelle nuove strutture corporative. Io che viceversa avevo accettato di dirigere il Teatro d'Arte nell'illusione di gettare le basi di una nuova e moderna concezione dello spettacolo, m'ero ritrovato isolato e in preda a mille difficoltà. Suggestionato dalla voglia di novità e di rinnovamento di giovani a me vicini, come mio figlio Stefano, Leo Ferrero, Orio Vergani, Corrado Alvaro, l'editore spoletino Claudio Argentieri, m'accorgevo in conclusione che il mio entusiasmo m'aveva portato a tanti inutili sacrifici, in una situazione inestricabile e politicamente soccombente!

– Ma non aveva pur detto, Maestro, della Sua intenzione d'abbandonare il teatro, di liberarsi del suo ciarpame e delle sue esteriorità?

– Sì, caro, proprio così…

– E invece…

– E invece di ritornare al raccoglimento del mio scrittoio, all'antica pace dei colloqui con i personaggi, alla stesura dei romanzi, m'accorsi d'una mia lenta ma inesorabile trasformazione: mi lasciai gradatamente coinvolgere nelle dispute sui diritti d'autore, impegolare nelle diatribe sulle percentuali tra comici e autori, impegnare nella lotta contro il controllo monopolistico dei teatri e delle compagnie, proiettare nell'azzardo di dirigere un teatro di nuova formazione...

– In contraddizione con tutto il modo di vivere del professor Pirandello!

– Il disancoramento dalla mia vita precedente era ormai totale! Licenziai senza più le esitazioni che l'avevano trattenuto sul mio tavolo per un quindicennio, l'*Uno, nessuno e centomila* e cominciai a dedicare tutte le mie cure al Teatro d'Arte. Contraddizioni dell'animo umano: mi sembrò di rivivere il tempo della lontana giovinezza, quando varcare la soglia di un teatro suscitava in me una viva emozione, una sensazione strana, un eccitamento del sangue per tutte le vene! Preparai il repertorio sollecitando da ogni parte le novità e selezionandole accuratamente; stimolai gli attori ad abbandonare le stereotipate caratterizzazioni inadatte alla *verità* dei personaggi e li volli emancipati dalla fastidiosa dipendenza dal suggeritore; mi diedi a seguire passo passo l'attività della compagnia nei viaggi e negli spostamenti in Italia e all'estero. Furono quasi quattro anni di esperienze nuove e indimenticabili che mi fecero scoprire il piacere di creare e di dirigere spettacoli!

– Contraddizioni dell'animo umano... e non accadde ancora qualcosa, caro Maestro, a segnare la Sua vita con un altro inaspettato e radicale cambiamento?

– Marta! – Fu un incontro fatale, che orientò d'un colpo su di lei, nel bene e nel male, tutti i miei pensieri. La prima volta che la vidi fu sulle tavole dell'ex teatro Minimo di via della Pallacorda mentre la compagnia stava ancora provando in attesa della disponibilità dell'Odescalchi (la cui ristrutturazione, costata due volte più del previsto, sarebbe stata la causa principale dei successivi dissesti). Di questa giovane donna di 25 anni già con una buona esperienza teatrale, che usciva da una famiglia milanese piegatasi alle sue scelte e decisa a sostenerla insieme a una sorella più piccola, Cele, anch'essa con la stessa vocazione, mi colpì la grande duttilità artistica e la genialità dell'intuito, unite alla forza del carattere e alla volontà di applicarsi. Strappò a Guido Salvini, che era stato incaricato di stipularlo, il miglior contratto di tutta la compagnia: per una prima attrice di nuova scrittura non era affatto male! Alla rappresentazione corale della *Sagra del Signore della Nave* non partecipò, ma si impegnò a fondo come protagonista in *Nostra Dea* di Bontempelli, di cui diede un'interpretazione eccezionale. In breve mi fu chiaro che a differenza di tante attrici brave e sensibili, come ad esempio Vera Vergani, la prima grande *figliastra*, Marta aveva *quel di più* che la rendeva interprete ideale del mio teatro. Ella mi dimostrò subito, com'era naturale, una grande devozione, cui io corrisposi dapprima con una affettuosità protettiva, poi con una ammirazione crescente, infine con una attenzione che presto sconfinò in un sentimento traboccante e incontenibile. – Che cosa mi succedeva a 58 anni? Un'altra delle mie fiammate, ancora quei palpiti giovanili in me sopiti ormai da tanto tempo! e per una donna più giovane di trentatre anni! tre meno di mia figlia Lietta! – Riflettendo su quel che mi stava accadendo, m'accorgevo dell'infelicità di tutta la mia vita sentimentale, a cominciare dal primo fidanzamento, quello con la Lina, una sciagurata infatuazione d'adolescente trasformatasi in una estenuante agonia per l'inanità delle mie ambizioni: quando finalmente me ne sciolsi, fu per rimanere smanioso e insoddisfatto, conscio ormai – come un Mattia Pascal – che non mi fosse più dato sfuggire alla realtà. Tornai quindi a tentare l'impossibile accordo tra la mia vocazione e un vincolo matrimoniale che mi consentisse alla fin fine di salvare capra e cavoli. Per un cacciatore di nuvole come io ero, ci voleva dunque l'*universale panacea* del Cantoni, o, considerato lo *status* di mio padre, ricco commerciante del ramo, un "matrimonio di sùlfaro", come dicevano a Girgenti, e… voi sapete come andò! – Ah i miei poveri *amori senza amore*, quelli che nella vita contano davvero! – Ma ci furono anche gli altri amori, quelli *impossibili*, come per Jenny Schulz Lander, un attimo di felicità rubato al destino, un sogno di giovinezza perduto!… Ed ora anche questo, imprevisto, che già si preannunciava tormentoso e senza sbocchi…

– Mi par di capire che nella Sua vita, caro Maestro, la donna sia entrata sempre con risultati a dir poco drammatici… E pensare che, nel Suo radicato misoginismo, Ella in altri tempi aveva deprecato, scrivendone al Mastri, il caso sciagurato occorso all'anziano Capuana d'essersi invaghito d'una «donna stupidissima e vana di 25 anni»! Nel tentativo di costruirle un nido, il maestro del *verismo* (a 64 anni!) era finito nelle grinfie degli strozzini che non avevano esitato a mettergli all'asta giudiziaria l'appartamento di viale Manzoni in Roma e tutto quel che possedeva, compresi i libri: un bell'inizio per chi stava apparecchiandosi al matrimonio! E non sapendo più se sentir rabbia o pietà per l'antico maestro perduto, Ella esclamava: «che commediaccia buffa e atroce è questa vita»! – Ma per tornare a Marta, nel suo finissimo istinto femminile aveva presto compreso qual ruolo giocare: finché aveva percepito una Sua titubanza a lasciarsi andare a quel sentimento che poteva ben apparire irrealizzabile per la differenza d'età e per tutti gli altri infiniti dubbi che traeva con sé, s'era spinta in avanti. Quando poi fu sicura del fatto suo e si rese conto d'averLa in pugno, la sua tattica costante fu quella di tenerLa a distanza, ma senza mai perdere il controllo, ponendosi, per così dire, nella condizione di una *Giftmädchen...*

– Momenti di atroci sofferenze, che m'incatenarono per sempre alla condizione d'infelicità dell'ultima parte della mia vita. Ricordi che ora riaffiorano dolorosamente! Eccoci a Como con la compagnia del Teatro d'Arte ormai privo d'una sede stabile, impegnati in intense giornate di spettacoli al Politeama, inseguendo un irraggiungibile pareggio economico. Come dimenticare quella giornata autunnale dei primi d'ottobre del 1925! Dal lago le folate di vento venivano sù fino ai balconi dell'albergo facendo ondeggiare le tende delle stanze affacciate sulla immensità di quel paesaggio di suprema bellezza. Rientravo con Marta dopo la cena, inquieto per l'ambiguità dei nostri rapporti, deciso a un chiarimento e insieme timoroso come dinnanzi a un abisso, mentre lei dava a vedere di non accorgersi di nulla. Mai avrei immaginato che quella sarebbe stata la notte più atroce della mia vita! – Mi respinse, mi cacciò coi pugni chiusi lontano da sé e si serrò a chiave nella sua stanza! Il mio tentativo di uscire dal limbo in cui fino allora ella m'aveva tenuto fallì con quell'improvvisa reazione. Ma ciò che non sa, caro Lei, è che in quei momenti decisivi fui preso come da un ritegno improvviso, dal pudore d'essere inadatto a lei troppo giovane: esitazione, paura, angoscia, una terribile vertigine che d'un tratto mi fermò e mi paralizzò.

– Ah, Maestro!!

– Ne riottenni alla fine la benevolenza, ma non osai più tentare alcun gesto che potesse turbarla. Immerso nei mille problemi della direzione della compagnia, ossessionato dalle sempre crescenti perdite economiche, combattuto dalle gelosie e dalle inimicizie aizzatemi contro negli ambienti teatrali, fu infine in un teatro vuoto di Viareggio, nell'agosto del 1928, la conclusione di quell'esperienza: il pubblico aveva allegramente disertato la sala polverosa preferendo le spiagge, il sole e la pineta. Mi sembrava il risveglio da un incubo! Esauritasi ogni forma d'aiuto governativo e neppure avviata, come da tempo chiedevo, una politica mirata alla creazione dei teatri di Stato, mi ritrovai deluso, amareggiato e completamente scettico sul futuro della scena italiana, cui avevo, per amore di Marta, legato il mio stesso destino. Di conseguenza anche i rapporti col fascismo s'erano deteriorati: non soltanto per il ricordato gravissimo deficit apertosi nella gestione dell'Odescalchi, quanto per una particolare situazione determinatasi durante la trasferta della compagnia in sud-America. Dinnanzi all'accoglienza ostile degli antifascisti di Buenos Aires, numerosi e agguerriti, la mia principale preoccupazione era stata di salvaguardare il successo e i guadagni della compagnia, vitali per la sua sopravvivenza; cosicché alle accuse rivolteci di essere in giro di propaganda stipendiati dal regime fascista, anziché controbattere e accettare lo scontro, io risposi, com'era vero, di non aver nessuna sovvenzione e come unico scopo quello di portare per il mondo e di far conoscere ed amare l'arte teatrale italiana. Apriti cielo! Queste parole non attenuarono naturalmente le polemiche degli antifascisti, prevenuti contro di me, ma furono prese in malo modo anche dalle autorità fasciste, che mi accusarono di "cauteloso riserbo". Al rientro in patria mi toccò perciò di ricordare che ben altro che un "cauteloso riserbo" avevo mostrato durante la crisi Matteotti. Sicché, mentre con sofferenza e disagio fronteggiavo la polemica, riscoprivo quel clima avvelenato da divisioni insanabili del quale avevo avuto un amaro assaggio anche agli esordi del Teatro d'Arte con il ritiro di giovani che stimavo, Corrado Alvaro e Leo Ferrero, dichiaratisi indisponibili a compromessi col governo. Ora, nel valutare i risultati dell'esperienza e guardandomi intorno, m'apparve chiaro il modo in cui il regime stava consolidandosi al potere: non appena qualcuno accennasse a conquistarsi una posizione preminente, si faceva di tutto per isolarlo, dapprima con accuse vaghe, poi con mormorazioni e da ultimo con polemiche dirette al fine di colpirlo ed annientarlo. Ciò che si voleva era un appiattimento generale, un fare e disfare affinché nessuno predominasse, nessuno alzasse la testa. Erano queste le confidenze che ricevevo da Interlandi e che mi gettavano in uno stato d'animo insieme di ribellione e d'impotenza, da cui traevo una sola conclusione: – Fuori, andar fuori dall'Italia, per rompere con questa atmosfera irrespirabile, con questo clima insopportabile di calunnie e d'intrigo! E di ciò riuscii a convincere Marta, facendole balenare la prospettiva d'una grande carriera all'estero, a Berlino, alla mecca del teatro e del cinema europeo! Accanto a lei sarei stato io, a sostenerla e a guidarla, a fornirle tutto il mio appoggio e il mio amore... Partimmo insieme per Berlino a metà ottobre di quello stesso 1928: Marta, accompagnata dalla sorella Cele, ed io, che mi portavo dentro la spiacevole impressione d'un recentissimo incontro con Mussolini. Non me n'ero subito reso conto, ma quell'udienza fissatami all'ultimo momento, il 13 ottobre, alla vigilia della partenza, non era, come ingenuamente sulle prime avevo creduto, per tentare di trattenermi in Italia. Era un atto di finissima politica, poiché, dopo l'incontro, la mia partenza avrebbe assunto un altro carattere: avrei lasciato l'Italia col beneaugurante consenso del duce; che mi ricevette, infatti, per conoscere con quali programmi mi recassi a Berlino e in che modo avessi intenzione di illustrare la patria all'estero. Ma ci fu anche qualcos'altro, che mi guardai bene dal riferire alle due donne. Il mio illustre interlocutore, nel corso della conversazione, mi aveva anche chiesto se partissi da solo, e quando seppe che sarei stato accompagnato da Marta, divenne più confidenziale, mi fece intendere di ammirare l'attrice e che mi comprendeva... Il mio evidente imbarazzo egli l'interpretò a suo modo ed allora mi s'accostò e mi disse: «Si ricordi, caro Pirandello, che quando si ama una donna non si fanno tanti complimenti, la si butta su un divano...». Annichilii, e ancora adesso non ricordo come terminasse l'udienza e come io uscissi da quelle stanze.

– Lei poi riferirà il colloquio ad Alvaro, commentandolo con la frase: «È un uomo volgare!»...

– ...la stessa frase adoperata dagli antifascisti contro di me quando aderii al partito fascista e che girai in quell'occasione a colui che ne era alla fin fine il legittimo destinatario!

– Eppure, a rifletterci ora, il consiglio avrebbe potuto giovarLe, caro Maestro, proprio perché antitetico a quella Sua malaugurata angelicazione di Marta, che finiva col renderLa totalmente suo schiavo. Si sarebbe così forse dissolta la passione che La divorò; perché la fine dell'amore comincia proprio dal momento in cui l'intimità dei rapporti introduce elementi di consuetudine e quasi di obbligatorietà allo spontaneo erompere dei sentimenti.

– Mi preparai al viaggio meticolosamente, selezionando in due bauli tutto ciò che mi sarebbe potuto occorrere (libri pochi ma scelti: quelli delle mie novelle, anzitutto, da cui trarre spunti per gli scenari cinematografici) e riservandomi di rinnovare il guardaroba a Milano, dove mi trasferii per tempo a fine settembre, vicino a Marta, quasi a volerla coinvolgere nelle mie scelte d'abbigliamento. Ero davvero al settimo cielo, certo com'ero che quel che insieme stavamo per intraprendere fosse il nostro viaggio alla conquista del mondo: lei con le sue sublimi qualità di attrice, ed io con il mio amore e con la mia arte.

– A Berlino, dunque, che cosa accadde?

– Marta che non parlava la lingua e che era venuta principalmente per conseguire un'affermazione nel cinema muto tedesco allora al suo acme, rimase delusa e frustrata di non trovare scritture e di doversi muovere sempre e soltanto attraverso la mia intermediazione linguistica. Fu un periodo breve e intenso, ricco di mondanità e di divertimenti quali la Berlino di quegli anni sapeva offrire con generosità. Le due giovani donne, è naturale, volevano svagarsi ed io le accontentavo accompagnandole nei locali e nei *cabarets* della città notturna. Il capodanno al *Casanova*, con Marta tutta accesa dalla festa tra i coriandoli e le stelle filanti, lo crederà?, mi si trasformava in uno struggente ricordo nel momento stesso in cui lo vivevamo. Ma trascorso l'inverno infruttuosamente, entrambe a un tratto, richiamate anche da pressanti sollecitazioni familiari, decisero di ripartire per l'Italia, lasciandomi solo. Era il 13 marzo 1929.

– Aveste una spiegazione? Marta giustificò in qualche modo l'improvvisa partenza?

– Le ragioni son quelle già dette; ma la spiegazione che ebbi con lei fu un altro terribile colpo, una vera pugnalata che ridusse in cenere tutti i miei sogni. Congedandosi, mi disse che partiva per non distrarmi oltre dalla mia attività di drammaturgo, troppo trascurata in questi ultimi tempi: «Torni ad appartarsi nel suo lavoro – mi consigliò – e lasci per sempre questa combattuta e insidiosa vita del mondo teatrale, per seguitare a dare a noi attori nuove opere». Era insieme un secco benservito e una patente d'incapacità per non aver saputo avviare in tutti quei mesi le trattative e concludere i contratti che s'aspettava da me. E, per chiudere ogni strada ad inutili recriminazioni e ad ulteriori profferte, mi dichiarò chiaro e tondo che il suo distacco era ormai «necessario e cosciente». Come io rimanessi, è più facile dirlo che immaginarlo: umiliato e ferito nel mio amore, distrutto, annichilito, senza più capacità di reazione.

– C'è una foto, caro Maestro, scattata a Berlino in quel periodo, che dà un'immagine precisa di quella Sua situazione. L'abito divenuto troppo largo per l'improvviso smagrimento, la giacca mal stirata, e lo sguardo… lo sguardo perso nel vuoto…

– È vero, è vero: ero dinnanzi all'*Herkuleshaushotel*, o all'*Aida*, il ristorante dove avevamo l'abitudine di recarci a consumare i pasti, quando Solari, credo, mi sorprese con uno scatto della sua *Leica* portatile. L'idea del suicidio era tornata di nuovo ad ossessionarmi…

– Come ai tempi della follia di Antonietta!

– Ma ora le condizioni erano del tutto mutate. Quando nei periodi più bui della sua persecuzione invocavo la morte come unica liberazione dalla vita infame cui mi costringeva, un sicuro rifugio riuscivo ad trovarlo nell'arte e ad essa mi abbandonavo come a tuffarmi in un fluido vitale nel quale ricuperare le poche superstiti forze. Era una lotta da cui non sapevo se sarei uscito vivo… Eppure sopravvissi; perché conservavo tutta la carica d'una straboccante ispirazione e la capacità di entrare in quel mondo di fantasmi che mi riempiva la mente e l'anima, liberandomi d'un tratto da tutte le tensioni accumulate. Ma era così adesso? Dopo tanti anni e tante bufere le mie forze e la mia capacità d'astrazione, anche se non volevo ammetterlo, s'erano come trasformate per un fenomeno nuovo che m'accadeva: vedevo *così vive* le creature della mia fantasia, *così indipendenti da me*, che non riuscivo più a contenerle nella composizione. Mi scappavano via per conto loro, uscivano dalle parti loro assegnate, cangiavano d'umore come avviene a noi tutti nella vita. Ricondurle quasi per forza al loro contesto mi costava ogni volta una fatica incredibile. Fu dunque con un grande sforzo su me stesso se, dopo il completamento di *Questa sera si recita a soggetto*, in quello stesso 1929 riuscii ad ottenere ancora la grazia della creazione con *O di uno o di nessuno* e poi col *Come tu mi vuoi*, concepito esclusivamente per Marta e per le sue alte qualità d'attrice, composto in dolorosa solitudine a Berlino negli ultimi mesi dell'anno, senza che quei momenti di creatività riuscissero mai a liberarmi dall'ossessione del-l'abbandono.

– Davvero per Lei, caro Maestro, la donna non è mai stata elemento di equilibrio e di serenità. È stata, di volta in volta, speranza e attesa salvi-fica, celestiale beatitudine e gioia suprema: per poi subito trasformarsi in sfinge castigatrice, in erinni di distruzione e di desolazione. Una vi-ta, la Sua, come sequela ininterrotta d'infelicità, abisso nel quale preci-pitare all'infinito senza appigli e senza salvezza alcuna...

– Bravo! Bell'immagine! È la prima volta che lei riesce a farsi lodare da me! Nell'estate Marta era stata completamente assorbita dal varo di una sua compagnia teatrale, di cui voleva essere *domina* assoluta. Lo sforzo fi-sico e nervoso speso per l'organizzazione dell'impresa, il dispendio di energie che tutto ciò le costava mi faceva capire che lo spazio per me doveva limitarsi a un appoggio morale e ad un eventuale contributo dei miei nuovi lavori messi a sua disposizione (il *Lazzaro*, non ancora rap-presentato in Italia, e soprattutto il *Come tu mi vuoi*), sui quali non osavo neppure insistere per non privarla della sua autonomia di scelta e di de-cisione. Del *Come tu mi vuoi* a novembre le spedii il primo atto, e poi successivamente il secondo, riservandomi a fine mese di portarle perso-nalmente il terzo. Ma quando a Torino le consegnai il testo non ancora definitivo, ella era alla vigilia della prima italiana del *Lazzaro*, che ebbe un'accoglienza gelida. In altre circostanze l'incomprensione del pubbli-co mi avrebbe esaltato e rinvigorito; questa volta no! In quel mito io af-fermavo che nulla c'è dopo la morte e che i miracoli valgono soltanto per chi vuol crederci, e dunque non convinsi il pubblico torinese, sem-pre prevenuto nei miei confronti; subii anzi in pieno i contraccolpi che, all'indomani della conciliazione tra Stato e Chiesa, venivano dal nuovo risveglio dell'integralismo cattolico. Scrivendo quel malaugurato lavoro, avevo sbagliato tempi e modi e stuzzicato ancora una volta la vecchia e radicata ostilità clericale contro di me. «La Civiltà cattolica» mi definì *maestro di incredulità e di immoralità, esiziale alla gioventù già traviata dall'in-vadenza, materialistica o idealistica, dell'arte e della filosofia moderna.* Ciò che non riuscivo soprattutto a sopportare era la mia umiliazione agli occhi di Marta, quando avrei voluto offrirle opere che la facessero trionfare! Addossato al muro del suo camerino ebbi a un tratto la precisa sensa-zione della mia morte, me ne corse un brivido per la schiena, mentre le dicevo disperato di buttare a mare questo cadavere del repertorio piran-delliano, di liberarsi di me e di farmi morire!

– Una terribile crisi, un'invocazione disperata… e Marta come l'accolse?…

– Nulla! Impegnatissima nel suo lavoro, tutta presa dalla difficile gestione della compagnia, non derogò in nulla dalla sua linea di condotta. Io che avevo continuato a seguirla nel varie tappe della compagnia a Ferrara, a Firenze (dove misi la parola fine al *Come tu mi vuoi*) e a Lucca, ebbi a un tratto da lei chiari segni d'insofferenza e, alla fine, sforzandosi d'adoperare tutte le buone maniere di cui era capace, m'invitò a lasciarla stare e ad allontanarmi da lei. Io mi sentii *tagliato vivo*…

– L'editore delle Sue lettere ha paragonato la reazione di Marta a quella d'una Dulcinea con le mani nel grembiule che volta le spalle a un don Chisciotte più che mai stralunato… D'altronde tale atteggiamento era quello naturale d'una donna di trent'anni, al culmine della giovinezza, legata a forme tradizionali d'onorabilità e di dignità, cui la Sua vicinanza assidua, Maestro, non poteva non procurare un inevitabile disagio per le malignità e i pettegolezzi che suscitava, e che alla sua famiglia (economicamente coinvolta a sostenerla) risultavano a maggior ragione fastidiosi, se non a volte insopportabili.

– Quando, ormai al culmine della tensione, abbandonai il campo per ritornarmene a Berlino, ella, inaspettatamente, venne alla stazione a salutarmi. Me la vedo ancora, in quella buia mattinata invernale, seduta nello scompartimento del *wagon-lit* a parlare con me, a cercare di consolarmi… Questo bastò a farmi di nuovo sperare e sognare…

– Il giuoco dell'ambiguità faceva parte dell'animo di Marta, che non poteva certo tagliare d'un tratto i ponti con colui ch'era e restava il suo pigmalione… Dunque di nuovo solo a Berlino nell'inverno del 1930…

– Solo, sì, solo, sempre solo in quel freddissimo inverno. Da Berlino feci due viaggi: uno a Koenigsberg per la prima rappresentazione di *Questa sera si recita a soggetto* (cui sarebbe seguita nella primavera la seconda e più importante messa in scena berlinese), e un altro viaggio a Parigi, dov'ero reclamato per la *Vita che ti diedi*. Gli strapazzi, l'inquietudine e l'ansia da cui ero divorato sfociarono negli ultimi giorni di marzo in una fortissima infreddatura, degenerata presto in pleurite, che mi buttò a letto per quasi tutto il mese d'aprile. Sensazioni indicibili di sfinimento, di solitudine e d'abbandono, mentre anche da Marta, impegnata nelle sue faticose tournées, arrivavano notizie del pari non buone sulla sua salute. Mi rialzai dalla malattia prostrato e debolissimo, con in mente il *Wenn man jemand ist*, che m'aveva ossessionato durante gli incubi della febbre altissima...

– Un titolo in tedesco?...

– Si: *Quando si è qualcuno*, in quello stato di alterazione mi nasceva stranamente bilingue, come in una possessione diabolica, e ci fantasticavo sopra senza aver la forza di sedermi alla macchina da scrivere, tormentato e inquieto, con tutti i lavori iniziati e *I giganti della montagna* lasciati a mezzo. Di notte mi svegliavo al rombo del sangue nelle vene e al tonfo sordo del cuore che batteva: schizzavo fuori dal letto pieno d'orrore e andando su e giù per la stanza mi davo a immaginare lo scenario fantastico del dramma di *qualcuno*: di chi, giunto all'apice della carriera e del successo, ritrova l'amore nell'incontro con una giovane donna e insieme l'ansia del rinnovamento artistico reincarnandosi in Délago, un poeta nuovo, da lui inventato, intorno al quale si creano grandi attese, di speranza e di entusiasmo. I ricordi lontani di Domenico Gnoli e della sua metamorfosi in Giulio Orsini mescolati al mito faustiano dell'eterna giovinezza si congiungevano nel mio presente d'infelicità, nel quale il rapporto con Marta si incarnava nei due personaggi di Veroccia e di *Qualcuno*. E nella loro ideazione riuscivo a trovare in qualche modo un nuovo equilibrio e ad uscire dal mio stato di prostrazione. Non stendevo allora neppure una riga, me ne mancavano le forze, ma tutto chiudevo in me per il momento della composizione materiale dell'opera, che sarebbe stato due anni dopo, nella tarda estate del '32.

– L'arte ancora una volta Le offriva una mano...

– Mi stavo risollevando dalla malattia con un recupero d'energia e di speranze, ma fu per breve tempo! La primavera, il risorgimento della natura, la *pasqua di Gea*, che da sempre ridestava la mia sensibilità e l'estro creativo, questa volta mi piombò in uno stato smanioso di vani desideri. Marta se ne stizziva e alzava subito la barriera insormontabile della sua incomprensione, accusandomi di cercare di tutto per star peggio, di affliggermi e di affliggere. «Tutti l'invidiano – mi scriveva – e perché lei solo e proprio lei deve essere così pieno di tristezza, solo tristezza?». E, nella lettera successiva, ancor più irritata: «non so come farei a rispondere a tutte le sue lettere che sono volumi, e la maggior parte *volumi di parole inutili*, che mi contristano, mi irritano, mi fanno star male…». Questa delle *parole inutili* mi diede ancora una volta la percezione di quanto mi fosse lontana… Correvo amaramente ai ripari: «*Nun, gut!* – come dicono qua a Berlino. Ora so come regolarmi», le rispondevo. E ripetendo la sua esortazione «*Allegro, Maestro, che il mondo è suo!*», le chiedevo: – che me ne faccio? «Se tu lo pensi per me e lo racchiudi nel senso con cui lo penso e in cui lo racchiudo io, ah! allora sì, altro che allegro, mi fa felice, se mi dici *che è mio!* Altrimenti è per me un'esortazione augurale vuota di senso. Il mondo… Una via che conduca a una mèta… una dolce casa che sia questa mèta… Ma così, senza via e senza casa, vagabondo e solo, solo e vagabondo… il mondo, il mondo… pare tanto, è nulla! meno che nulla!»…

– L'insensibilità di Marta raggiunse in quel periodo forme apicali. Ricorda, Maestro, quando paragonò la Sua malattia a quella di Bull, il cagnolino che portava dovunque con sé nelle tournées e che, lui sì, amava teneramente? «Ho il Bull ammalato da molti giorni, è ridotto ora poverino che non sta più in piedi. Il veterinario disse che aveva la bronchite fin da Salerno, ora quest'altro qui di Palermo gliela trovò pure lui con pleurite essudativa. Anche Lei, Maestro, ha sofferto, m'ha detto un principio di pleurite, si tenga riguardato per carità! A Bull gli ho fatto punture di olio canforato per farlo respirare meglio, ma poverino è proprio a terra…»

– Essere io quel cane! pensai con Heine quando lessi la lettera! – Talvolta qualche segno di sconforto sull'andamento delle sue tournées mi ridava fiducia perché, in quelle occasioni, lei ripeteva le mie stesse parole, facendomi tornare la speranza di poter essere ancora io ad orientare il suo futuro d'attrice. Che gioia sentirle dire: «Sì, sì, caro Maestro, sì via, via, via, fuori di qui, mi combini con questo Dottor Lehrmann (che Dio lo benedica!) questa tournée, via via dall'Italia! Dopo il mio ritorno alle scene non ho avuto che insulti o *consigli*!!», e, tra i più crudeli, *il consiglio* di un critico di abbandonare il repertorio pirandelliano, se voleva *maturare* come attrice! – Ma erano brevi squarci nel cielo sempre oscuro d'una Berlino che non aveva saputo accoglierla e dalla quale Marta s'era separata detestandola. Così anch'io subii da Berlino con *Heute Abend wird aus dem Stegreif gespielt* il peggiore scacco della mia vita di drammaturgo! M'ero illuso che da quella città sarebbe partito il trionfo negatomi in Italia, da offrire a Marta come un serto di vittoria. Fino all'ultimo avevo creduto nel successo e nel sostegno del pubblico berlinese, né m'aspettavo una così clamorosa caduta: il colpo, determinato da un'astiosa congiura occultamente preparata contro di me, fu quindi infinitamente più doloroso.

– Congiura?...

– Se n'era messo a capo Hans Feist per vendicarsi d'esser stato privato dell'incarico di traduttore della mia opera in tedesco. Non solo, ma il successo di *Heute Abend wird aus dem Stegreif gespielt*, secondo quanto costui era andato insinuando, avrebbe oscurato il nome di Max Reinhardt, che al Deutsches Theater aveva messo da poco in scena *Phaea* di Fritz von Unruh, senza grande successo. Insomma me li trovai tutti contro... tranne il pubblico, che reagì ai detrattori muniti di fischietto e palesemente organizzati, tributando agli attori e in particolare alla bravissima Elisabeth Lennartz (*Mommina*), che aveva fronteggiato fino alla fine l'aggressione con eroico coraggio, un'ovazione di consensi. Magra consolazione invero, perché il colpo fu mortale e azzoppò irrimediabilmente le repliche. L'insuccesso mi portò da lì a poco ad abbandonare per sempre Berlino, la città dov'erano rimaste sepolte le speranze d'una vita in comune con Marta e i sogni d'un successo mondiale per entrambi.

– In quel periodo, Maestro, Ella si trovò esposto ai cambiamenti della situazione europea per l'avvicinarsi della grande crisi che veniva da oltre Atlantico ed ai riflessi che se ne ebbero in ambito tedesco. Stava sparendo la Berlino delle avanguardie, dell'arte e delle trasgressioni, la Berlino weimariana che aveva saputo resistere alla sconfitta ed alle infinite tragedie del dopoguerra accendendo un faro di cultura, ora purtroppo sul punto di spegnersi. Anche la Sua fama, impetuosamente cresciuta in quel terzo decennio del secolo, mostrava, per effetto della moda che cambiava, segni di cedimento: ahimè, il deprecato *pirandellismo* aveva prodotto l'*antipirandellismo*! Non potrebbe spiegarsi altrimenti quella Sua improvvisa *débacle* se non mettendola in relazione al clima di stanchezza e di fine d'un epoca che Berlino e la Germania attraversavano.

– Rimasi con la bocca amara, sconfortato dall'aggressione subita, a domandarmi perché; e, quel ch'è peggio, senza più la forza di vincere la nausea del lavoro. Avendo già troppo lavorato, il lavoro non riusciva più a prendermi, non m'invitava più. Lei sa come vanno queste cose: la nostra vita è una successione di gradini che, una volta discesi, non si recuperano. Io ormai m'ero ritrovato sugli ultimi. Avevo un bel dire a Marta che *non ero vecchio, ma giovine, il più giovane di tutti, così nella mente, come nel cuore; così nell'arte, come nel sangue, nei muscoli e nei nervi...* Parole, parole alle quali mi aggrappavo più per illudere me stesso che per far breccia nel suo cuore. Ma un'altra angoscia, direi un oscuro terrore sempre più spesso mi prendeva. Come sarei finito? Mi sgomentava il ricordo delle febbri divoranti nell'hotel berlinese, l'anonima infermiera accanto al mio letto come un angelo di morte, e soprattutto il venir meno d'ogni forza, quell'essere alla mercé del caso, impotente a difendermi. Non volevo finire così! – In piedi, colpito da un fulmine e annichilito sul momento: ecco la morte che mi auguravo.

– Eppure, Maestro, nell'ultimo fascicolo della «Nuova Antologia» del '31, aveva già pubblicato il primo atto (*I fantasmi*) dei *Giganti della montagna*, e poi, nel corso del 1932, portato a termine tutti insieme ben tre lavori: a maggio, *La favola del figlio cambiato*, e poi di seguito *Trovarsi* e infine *Quando si è qualcuno.* Un vero *tour de force*!

– Piano! Non corra! C'è di mezzo il soggiorno parigino iniziato nel luglio del 1930, dapprima con una sosta all'hotel Vendôme e poi, da dicembre, in un appartamento in affitto nei pressi del Grand Palais, in Avenue Victor Emanuel III (intitolata così in omaggio all'alleato della prima guerra mondiale), dove abitai tutto quell'inverno fino alla venuta *en turiste* di Marta nel giugno 1931. Visitando l'appartamento ella lo trovò funebre, umido come una tomba, senza luce né aria (era al 1° piano); e fu così che alla sua partenza, nella disperazione della nuova solitudine, mi diedi a cercarne un altro, che trovai infine al 37 di Rue La Pérouse, ultimo piano, con vista sull'Arco di trionfo, dove andai ad abitare dal 1° di agosto. Da lì, almeno, potevo vedere le cime degli alberi dell'Étoile, e, se me ne fosse venuto l'estro, anche gettarmi di sotto allegramente come in quella poesia giovanile:

> *Sono a la mia finestra, al quinto piano,*
> *e guardo giù per via: – C'è molto fango...*

versi, in verità, ispirati dall'aerea casa romana dello zio Rocco in via del Corso, alla quale talvolta ritornavo con la memoria. Altri tempi! Un abisso me ne separava ormai, eppure quei versi continuavano a risuonare in me:

> — Buona gente, fermatevi un istante
> sotto la mia finestra, e udite, udite:
> ho perduto tra voi, come si perde
> una berretta o una parrucca, il mio
> cervello e de la vita il vero scopo.
> Ora, a voi: getto quanto mi rimane
> in sen d'affetti, amore, odi, speranze,
> desideri, virtù, vizi, ogni cosa,
> e il vile ossequio che prestai per tanto
> tempo a le vostre leggi! A voi: dal viso
> la maschera, or compunta or gioviale,
> mi strappo — e ve l'avvento: la portai
> già troppo; e sol con essa vi baciai…
> Raccattatela or voi — vi farà ancora
> un benevolo ed ultimo sorriso,
> e vi dirà: «Buon dì, cari fratelli;
> Dio vi conservi lungamente sani».
> Tutto, tutto vi getto, onesta gente;
> ma i miei pensieri no — sarebber pioggia
> di ciottoli roventi su di voi.

Parigi, crocevia di civiltà di culture e di razze m'offrì ben diversamente da Berlino un'accoglienza calorosa, onori, riconoscimenti e, soprattutto, affari: affari grandiosi, con offerte da ogni parte del mondo, un vero momento di grazia, malgrado la sfavorevole congiuntura dell'economia. Il *Come tu mi vuoi*, che trionfava sui palcoscenici di Broadway, venne acquistato per la favolosa cifra di 40.000 dollari dalla Metro Goldwin Mayer per farne un film interpretato da Greta Garbo. Ormai io andavo rassegnandomi alla volontà di Marta e mi piegavo alle sue condizioni: starle lontano, intrattenere con lei rapporti professionali, al più essere colui che la coadiuvasse nella sua attività, scrivesse per lei, le spianasse la carriera… L'ultima conferma la ebbi quando per una fortunata combinazione che avevo colto, le offrii di recitare la parte della "virtuosa signora Perella" in *L'homme, la bête et la vertu* al Théâtre Saint-Georges. Malgrado le difficoltà della lingua straniera nella quale avrebbe recitato per la prima volta, ella si precipitò a Parigi a cimentarsi con quello spirito intraprendente e vittorioso che tanto le ammiravo. Il nostro sodalizio durò il tempo di quelle recite, da novembre a metà gennaio del 1932, e poi tutto ritornò di nuovo come prima. Pur soffrendo, dovevo inflessibilmente assoggettarmi al ruolo di *Maestro*, di colui cui spettava il compito esclusivo di lavorare a crearle un repertorio da stella di prima grandezza nel firmamento dell'Arte, e nulla più. Cadevano così ormai le ragioni dell'*esilio*, al quale m'ero condannato per tenerle sempre disponibile la possibilità di venire a vivere accanto a me, quando avesse voluto, nel successo e nella ricchezza. – Sogni! Sogni irrealizzati, così a Berlino come a Parigi! …Sentivo crescere in me fino a diventare insopportabile la disperata solitudine alla quale m'ero condannato, e ogni volta pativo l'orrido senso dell'abbandono che mi logorava fin quasi a morirne. Non stavo neppur bene: avevo cominciato a soffrire di ipertensione e di ripetute epistassi; inquieto, insofferente a tutto, smanioso, dopo una crisi anginosa che nella notte del 25 febbraio '31 mi strinse alla gola fin quasi a soffocarmi, cominciai a chiedermi perché continuare in questo ostinato esilio se non dava nessuno dei frutti sperati. Il 3 dicembre 1931 fui a Roma per celebrare all'Accademia d'Italia il cinquantenario dei *Malavoglia*. Non mi resi conto lì per lì dello scandalo che stavo per suscitare. Avevo rielaborato il testo d'un discorso pronunciato a Catania nel '20 per gli ottant'anni del Verga, preoccupandomi soprattutto di dar un taglio di maggior solennità alla mia rivalutazione dell'arte verghiana. Accadde così che il mio esordio sui *due tipi umani che ogni popolo esprime dal suo ceppo, i costruttori e i riadattatori, gli spiriti necessari e gli esseri di lusso*, fu subito inteso dall'attentissimo e qualificato uditorio come un attacco nemmeno troppo mascherato al nemico di sempre, al D'Annunzio, al Vate, al padre nobile della rivoluzione fascista! E pensare che parlando di *costruttori* e di *spiriti necessari* io credevo che tutti vi riconoscessero l'anima migliore della nazione, Dante, Machiavelli, Ariosto, Manzoni, Leopardi e, naturalmente, il Duce. Altro che Mussolini (tra l'altro, quella volta assente dalla seduta)! Tutti nell'*essere di lusso* videro D'Annunzio e nello *stile di parole*, che contrapponevo allo *stile di cose* verghiano, la critica implacabile alla sua arte raffinata e inutile. Fu Alvaro – dopo – a farmene il quadro e ad aprirmi gli occhi su quel che avevo combinato: «Gli accademici amici di D'Annunzio che passeggiavano nervosamente nella sala accanto, perché non avevano potuto resistere seduti tra il pubblico; e non meno inquieti gli amici, che – soggiungeva Alvaro – erano sulle spine e in apprensione per le conseguenze che potevano derivarne».

– Che accadde?

– Nulla accadde, perché si preferì fingere di non intendere e ignorare: tutto nel più classico dei modi. Io poi aggiunsi un ulteriore carico: non chiesi udienza a Mussolini che, seppi poi, m'aveva designato personalmente a pronunciare quel discorso. Insalutato ospite, me ne ripartii in fretta per Parigi dove mi premeva raggiungere Marta lasciata sola a recitare al Saint-Georges.

– Si era giunti proprio al punto di rottura; uno strappo in più, e addio...

– Fu ancora una volta Marta a gettarmi l'ancora della salvezza quando, all'inizio del 1932, ebbe *lei* l'idea di chieder un colloquio a Mussolini con il pretesto di rendergli omaggio dopo la bella affermazione ottenuta sui palcoscenici parigini e sperando così, come diceva, di poter mettere a posto *tante cose...* Illusioni, naturalmente; perché l'incontro, di pura cortesia, la lasciò, com'era prevedibile, scoraggiata, anche se le offrì la possibilità d'ottenere qualche vantaggio in campo teatrale e cinematografico. Ma fu l'occasione soprattutto per chiarire la mia posizione, giacché Mussolini si fece tramite di lei per farmi giungere il suo messaggio, anzi il suo rimprovero: « Io gli ho reso tutti gli onori perché lo stimo un genio, ma ha un brutto carattere ». Me ne risentii, naturalmente, rivendicando al mio "brutto carattere" il rifiuto di assoggettarmi alle prepotenze ed alle sopraffazioni delle varie "camorre". E, non contento, nel sollecitare l'annuale rinnovo della tessera del P. N. F., feci giungere le mie rimostranze ad Arturo Marpicati, cancelliere dell'Accademia e influentissimo vice-segretario del partito, cui ribadii d'essere orgoglioso del mio "brutto carattere". Marpicati, che m'era sinceramente amico, quando ritornai a Roma per una nuova sessione dell'Accademia, volle a lungo parlarmi, m'invitò a colazione nella palazzina dell'Accademia, dove, come cancelliere, abitava, e mi convinse a chiedere un incontro con Mussolini, col quale, per la sua carica, era in continuo contatto. Ciò bastò a rompere il ghiaccio e in qualche modo a rimettermi in circolazione, perché, come m'era stato fatto ben capire da Marpicati, nell'avvicinarsi del decennale della rivoluzione fascista Mussolini vedeva ormai male il mio ostinato soggiorno all'estero e voleva ch'io ritornassi con un rinnovato impegno nella vita teatrale nazionale.

– L'incontro ci fu?

– Sì, al termine della sessione dei lavori dell'Accademia, un pomeriggio di marzo, a fine giornata, perché potesse svolgersi con tutta tranquillità, senza limiti d'orario. Per un'ora parlai quasi senza interruzione, *altero e sereno*, ascoltato con partecipata attenzione dal Duce al punto che, quando accennai al mio progetto dei dieci teatri regionali presentato alla Società degli autori, egli m'interruppe battendo irosamente un pugno sul tavolo ed esclamando: «Voi potete ben credere che codesto progetto non mi è stato rimesso! Ne domanderò conto e ragione alla Società degli Autori».

– Un pieno successo, dunque, che segnò il Suo reinserimento nella vita nazionale e la fine dell'*esilio*!

– Per così dire… – Doveva capitarmi che, impegnato a sviluppare col ministro delle corporazioni Giuseppe Bottai il progetto dei teatri, vidi a un tratto il mio autorevole interlocutore dissolversi nel nulla, sostituito a capo del dicastero dallo stesso Mussolini! Era accaduto che in un convegno a Ferrara sulle dottrine corporative un discepolo di Gentile di nome, pare, Spirito, aveva tirato fuori una serie di tesi *bolsceviche* che avevano suscitato la sorpresa e l'indignazione di tutti. Cose molto spiacevoli per il giovane ministro, che a metà luglio (secondo le confidenze fattemi da Ojetti) ebbe una visita riservatissima del comm. Chiavolini, segretario particolare del Duce, che gli disse: – *Chiudi la porta!* Alla domanda ironica di Bottai: – *Segreti?*, rispose: – *Già, si tratta delle tue dimissioni*. Ma la cosa più incredibile, su cui tante congetture allora si fecero, fu che Mussolini era a conoscenza delle tesi *bolsceviche* e aveva dato l'assenso a che venissero presentate al convegno… – Al diavolo andò invece il mio progetto, lasciato nelle mani della burocrazia corporativa che naturalmente lo archiviò come pratica senza più sviluppi. A Roma, frattanto, cominciavo a riprendere la consuetudine di vivere vicino ai miei figli e in particolare a Stefano, col quale del resto m'ero sempre tenuto in contatto per tutte le infinite incombenze lasciate sulle sue spalle di buon figlio volenteroso. Tenni aperta la casa parigina fino al 31 maggio, dopo di che cominciai a far capo alla sua abitazione romana, in via Piemonte 117, fino a quando, in autunno, mi s'offrì l'occasione di ritornare ad abitare in fondo alla via Nomentana, oltre la villa Torlonia, in un villino in cui ciascuno di noi potesse avere la propria autonomia: io, di sopra, in un appartamento composto da una grande sala da studio, da una piccola stanza da letto, dai servizi e da un terrazzo, e

Stefano con la sua famiglia al piano di sotto, garanzia d'una presenza discreta, affettuosa e non invadente. Anche Marta, che m'aveva esortato ripetutamente ad abbandonare la mia vita d'esiliato, approvava la decisione. E così, dunque, al termine di quell'anno fatidico del decennale e dopo un'estate particolarmente fruttuosa per me (come lei dianzi ricordava), pensai di ritornare da Mussolini a chiedergli conto e ragione del mio progetto...

– Ora si spiega meglio, caro Maestro, il perché della Sua ritrovata creatività, stimolata dal clima familiare e da un'atmosfera di consenso e di fiducia intorno a sé.

– Ah, le estati di quegli anni! Col rifiorire della natura, con i caldi, intensi profumi dell'estate nella bella villa *Mezzaluna* del lido di Camajore, che Marta e la sua famiglia avevano acquistato, o tra le brezze deliziose di Castiglioncello nel villino *Conti*, meta estiva prediletta di Stefano, io risorgevo a nuova vita. Nelle vacanze tutto quel che era nascosto nel mio animo, tutto l'inespresso accumulato nei freddi inverni berlinesi e parigini ripullulava in me, premeva per nascere. Fu così ancora nell'estate del 1934 per l'ultimo mio dramma *Non si sa come*, che scrissi in un momento di felicità, per il piacere di scrivere... – Ma mi preme ritornare all'incontro con Mussolini del 4 dicembre '32, di cui stavo dicendo. Dopo le feste trionfali del decennale m'aspettavo di trovarmi al cospetto d'un gigante... Mi trovai invece di fronte a un malato, dalla faccia gialla, un uomo ingrigito, scavato, quasi spento, che ascoltava in silenzio quel che gli dicevo, senza reagire. Ma quando affrontai il tema del progetto per i teatri di cui non avevo saputo più nulla dopo le dimissioni di Bottai, allora egli si mise a parlarmi come non mi sarei mai aspettato, con una descrizione apocalittica della situazione internazionale: tutto è possibile che avvenga – diceva – anche lo scoppio di una guerra! – Parole testuali, che mi fecero un'impressione terribile, gelandomi il sangue nelle vene. E allora – egli soggiunse – davanti alla tragicità della situazione nel mondo, occorre pensare alle questioni generali; le particolari debbono passare in seconda linea, tutte.

– E sul teatro?

– Per ciò che riguarda gli spettacoli – disse – bisogna che il popolo si contenti di quelli che può avere in massa, gli stadi e il cinematografo. Per tutto il resto bisogna aspettare tempi migliori.

– Una liquidazione e un ben servito in piena regola, dopo tante promesse…

– *Arcana imperii…* La conversazione finì così, né poteva finire altrimenti, dopo quel che m'aveva detto sullo stato delle cose in tutto il mondo.

– Ma non Le sembrò che in questo potesse esserci qualcosa di pretestuoso, un inganno nascosto per metterLa a tacere e non darLe più adito ad alcuna replica?

– Che altro mi restava da fare? – Contrastarlo sul piano dell'analisi politica? Mi era del tutto impossibile. – Rinfacciargli le promesse non mantenute e minacciare di ritornarmene all'estero per sempre? Fu un pensiero e una tentazione che mi vennero più volte, dopo, ma che ormai scartavo: me ne mancavano oltretutto le forze. E poi, perché? Per questioni di politica teatrale che secondo lo stesso Mussolini non sarebbero state accantonate, ma che egli rimandava ambiguamente a tempi migliori? Che anche questa volta fossi stato raggirato dall'*uomo della tonaca maledetta* (come in gioventù chiamavo i politici), certo, lo compresi. – Avrei dovuto riprendere ancora la mia battaglia contro i mulini a vento? Ormai le tante delusioni accumulate mi portavano piuttosto a rinunciare.

– E la situazione internazionale?

– Le fosche previsioni da cui ero stato terrorizzato rimanevano lontane, oltre l'orizzonte. Tutto andava al modo solito; anzi io comprai proprio allora una lussuosa automobile FIAT e dovetti assumere un autista-maggiordomo, Francesco, che da allora cominciò ad apparire dietro di me in molte foto. – Che dunque mettessi ancora una volta in soffitta le vecchie illusioni e mi accontentassi del velenoso piacere che poteva venire da una battuta feroce, da una critica mordace, magari da una novella: come quella che scrissi su *qualcuno che ride*, un cachinno vendicatore che esplode a seminare il sospetto, il ridicolo, il panico, mentre tutti sono intenti e concentrati su qualcosa di molto serio, un'adunanza politica, ad esempio. E così ritrovai ancora una volta, tra scontento e amarezze, la mia inutile vita di *qualcuno*, fatta di "affari" da inseguire, di tempo perso in effimeri progetti teatrali, di incontri "importanti" senza costrutto, di sedute dell'Accademia prive di interesse, di viaggi senza scopo: tutta quella mia detestabile vita pubblica e mondana che mi alienava da me stesso. – L'ultima delusione la provai con *La favola del figlio cambiato*, estrapolata e resa autonoma per Gian Francesco Malipiero, che me ne aveva chiesto un adattamento ad opera lirica, dall'originaria collocazione nei *Giganti della montagna*. La prima rappresentazione al teatro dell'Opera di Roma si trasformò in un agguato, nel quale entrambi cascammo in pieno, malgrado Malipiero, messo sull'avviso da numerosi segni premonitori, ne avesse per tempo preavvertito lo stesso Mussolini. Il quale, sottovalutata la minaccia e intervenuto di persona allo spettacolo, fu costretto, di fronte alle continue e preordinate intemperanze, a lasciare il teatro al termine del primo atto. Il dissenso, come ben si comprese, partiva dall'asserita violazione della norma concordataria sul carattere sacro della città di Roma, avvalorata da una denuncia dell'«Osservatore Romano» sulla «sconcia favola che offende i principî tanto della moralità quanto dell'autorità». Quale capro espiatorio più adatto del fascista Pirandello, perennemente inviso ai clericali, che offriva con la sua *Favola* l'ottimo pretesto di un soggetto nel quale figuravano sgualdrine (*offese alla morale*) e figli di re (*offese all'autorità*). Mussolini masticò la foglia e, al termine della rappresentazione… vietò le repliche! Mi caddero le braccia: quanta viltà, e quanto lavoro sprecato! Così mi veniva meno ormai la voglia e anche la forza di portare a termine alcunché. Mi trovai all'improvviso disamorato anche dei *Giganti della montagna* nell'ambito dei quali la favola incriminata era nata: l'offesa gratuita e brutale me li aveva allontanati, ed essi rimasero buttati là, incompiuti. – Ah, che peccato, che peccato…

– Furono queste le ultime parole dette prima di morire nell'orecchio di Suo figlio Stefano, negli spasimi dell'agonia. Vorrebbe ora parlare di queste Sue opere rimaste incompiute?

– Nel nostro prossimo incontro. Forse…

– Maestro!… Maestro!… Sparito!.. di nuovo!

IX

Non conclude

– È la magica notte dell'irripetibile sequenza palindroma che raggiungerà l'assoluta perfezione tra poco, alle ore 2 e minuti 2… e sarà anche la notte dell'ultimo nostro incontro. Dopo di che porrò fine a questi colloqui e lascerò per sempre la triste trottola di fango che gli uomini chiamiamo terra.

– Finirà dunque la nostra consuetudine notturna che durava ormai da oltre due anni, i primi del nuovo millennio, che tutti ci auguravamo prospero e felice, e che invece… (…stanotte, caro Maestro, inclino anch'io al pessimismo, perché l'umanità, in certi momenti, sembra solo pronta a dare il peggio di sé).

– Quel che avevo immaginato in *Adamo ed Eva*, il romanzo lungamente pensato, ripetutamente annunciato e mai scritto, sembra ora, all'inizio di questo terzo millennio, racchiudere più d'un motivo d'attualità.

– ?!…

– Nel romanzo, se non lo ricorda, avevo fantasticato d'un tempo lontanissimo in cui, per un piccolo guasto all'orologio cosmico, la vita terrena improvvisamente si estingueva, in ogni sua forma. Un arresto impercettibile, una minima deviazione dall'asse della sua corsa, e questa nostra pallottolina, sgrullatasi d'un tratto dal fastidioso prurito che le procuravano le tantissime specie pullulanti sulla sua superficie, proseguiva libera e senza perché nello spazio infinito. Uno sconvolgimento, che aveva fatto crollare d'un colpo l'avanzatissima civiltà umana! Ma chi se n'era accorto? – Ecco, io me n'ero accorto, povero spiritello curioso rimasto a vagare nell'etere e ritornato ad assistere a quella desolazione!

– Che triste profezia, Maestro! Il *tempo lontanissimo*, che a Lei sembrava tanto remoto, ora ci appare molto più vicino, come fosse imminente! Perché?

– Consideri che quando io nacqui, centotrentacinque anni fa, i legami col passato erano retti da regole, abitudini e comportamenti trasmessi dall'una all'altra generazione senza alcuna interruzione di continuità. Il cavallo, che era servito al macedone Alessandro per i suoi viaggi e per le sue grandi conquiste, e al cartaginese Annibale o al francese Napoleone per attraversare le Alpi e minacciare l'Italia, serviva ancora agli stessi scopi: trasporto, commerci e guerra. La vela, che aveva portato i fenici e i vichinghi alla scoperta di mondi sconosciuti, era la stessa usata da Cristoforo Colombo per dirigere le sue caravelle verso le "Indie" e tuttora restava adibita agli stessi fini: trasporto, commerci e guerra. La modernità, badi bene, cominciò quando intorno alla metà del XIX secolo il treno prese il posto della carrozza a cavalli e la nave a vapore iniziò a solcare i mari in alternativa a quella a vela. Già Carducci, ricorda?, aveva cantato il suo inno al *bello e orribile mostro*. Ma anche quando le prime lampadine elettriche si accesero nella *ville lumière*, tutto sembrò ancora procedere col passo lento degli antichi, e nei borghi la placida luna continuò tranquillamente ad ignorarle.

– Maestro, ho in mente i Suoi versi:

> *Lampioncini a petrolio, questa sera*
> *riposo. C'è la luna che dal cielo*
> *rischiara il borgo in vece vostra. Velo*
> *Non le faran le nuvole, si spera.*

– Le differenze rispetto al passato, che già cominciavano a intravvedersi nel corso del XIX secolo, furono evidentissime soltanto a partire dal XX e segnatamente dalla sua seconda metà. Consideri, appunto, l'eliminazione sia del cavallo che della vela, quando la loro storia, legata a quella dell'uomo, datava millenni! Ma l'accelerazione, come dicevo, diverrà inarrestabile con la realizzazione del mito di Icaro, quando cioè l'uomo cominciò a volare, e poi con l'utilizzo delle onde hertziane (radio e televisione) e infine con i razzi, la missilistica, la miniaturizzazione, lo sfruttamento del silicio nell'elettronica, scoperte legate tutte a un inarrestabile e impetuoso sviluppo delle tecniche, che rinnoveranno radicalmente le abitudini, azzereranno le distanze e offriranno gli spazi celesti alle conquiste umane. Una rete invisibile di comunicazioni avvolgerà così il pianeta come in una gigantesca ragnatela, portando informazioni, dati, documenti per il mondo con l'immediatezza della luce. Se si considera poi che nell'ultimo decennio del secolo XX, per un repentino collasso, verrà meno uno dei due grandi blocchi che avevano fin'allora dominato il mondo, lasciandone l'altro solo trionfatore, sembrerà davvero iniziata una nuova età dell'oro. Un impero mondiale pari a quello classico di Roma sul punto d'affermarsi ovunque! Il *terzo millennio*, la fine della storia, l'era del pieno dominio dell'uomo sulla natura, della felicità in terra! – E invece… Invece ci siamo risvegliati in una società sempre meno a misura d'uomo e sempre più fragile. Gli egoismi, la violenza, le guerre, moltiplicate, l'uso di armi sempre più distruttive ormai non più riservate alle due grandi superpotenze, ma, a causa di quel repentino collasso, improvvisamente alla portata di tutti. E i problemi ingigantiti: come dire gli incubi di Hiroshima e di Cernobyl alle soglie di ogni casa. Non vede lei intorno a sé i segni inquietanti della paura e un generale ripiegamento verso il più cupo pessimismo? L'affacciarsi di un nuovo medioevo? L'oscuro profilarsi di grandi squilibri e di nuove terribili guerre?

– Maestro, è vero! Che accade al mondo? Ah, la Sua sconvolgente profezia…

– In alcune altre pagine postume (quelle, per intenderci, delle *Informazioni sul mio involontario soggiorno sulla terra*), lasciate lì anch'esse dopo i primi assaggi, ma in realtà pensate come un saggio umoristico-filosofico alla *Tristram Shandy*, io ritornavo con nostalgia al mio indimenticabile Alberto Cantoni e al filone degli umoristi inglesi. Accadde non senza mia sorpresa, mentre provavo e riprovavo quelle pagine d'esordio, che mi riuscisse del tutto naturale passare dall'irlandese Sterne, dal quale avevo preso le mosse, a un altro scrittore assai meno umorista e assai più *philosophe*, il ginevrino Jean-Jacques Rousseau…

– Rousseau?!... Nessuno, credo, ha mai parlato finora di un suo possibile influsso su di Lei…

– Influsso non direi…, ma consonanze tante! Se v'è un pensatore dell'illuminismo (poco illuminista invero, e assai più pre-romantico) che possa aver avuto una somiglianza con me per il carattere, per il modo di pensare, per l'atteggiarsi nei confronti del mondo, quello fu Gian Giacomo! Osservi il singolare parallelismo delle nostre vite. Rousseau nacque, come me, un 28 di giugno, e analogamente drammatiche furono per entrambi le circostanze della nascita: io nacqui prematuro nel corso d'una epidemia colerica, a lui morì la madre di febbri puerperali pochi giorni dopo. Egli visse 66 anni, dal 1712 al 1778: tre meno di me, ma quasi lo stesso arco temporale. Temperamento errabondo, l'irrequietezza e l'ombrosità gli procurarono una fama di uomo strano e bizzarro: la stessa che toccò a me, considerato spesso iroso, ingiusto, disumano o – per dirla con Mussolini – "un brutto carattere". Queste tuttavia sono coincidenze esteriori. In uno dei miei appunti preparatori alle *Informazioni*, io scrivevo: «l'uomo tra le bestie è la più brutta. La più matta e infelice. Nessuna possibilità di certezza. E vuol giudicare! Le cose non si sa mai né che sono né come sono, e vuol dire che sono così o così». Il fatto è che anch'io avevo sempre considerato lo stato originario come la condizione naturale dell'uomo, convinto con Rousseau che quanto più nella sua tracotante superbia l'uomo se ne fosse allontanato, tanto più il tralignamento sarebbe stato per lui sciagurato e deleterio. La salvezza stava dunque nel ritrovare ciò che di vitale gli appartenesse davvero: il puro istinto di conservazione, individuato da Rousseau in ciò che legittimamente soddisfa le esigenze individuali di ciascuno. Frutto attossicato della civiltà si dimostrava invece l'egoistico impulso alla spartizione e al possesso, con il quale si sono sempre alimentate le diseguaglianze e le contraddizioni della storia umana. Con il diffondersi di siffatti sentimenti egoistici, il fondo originario di bontà s'è a poco a poco pervertito e corrotto. Per ritornare quindi alla condizione iniziale, l'uomo deve necessariamente rinnegare la civiltà, ritrovare la comunione con l'universo. Ebbene, mi dica lei se nelle conclusioni del mio romanzo *Uno, nessuno e centomila* non sono stati da me adottati proprio questi stessi principî! Il protagonista, Vitangelo Moscarda, ormai convinto dell'inutilità, della futilità e della crudeltà della vita, ha un solo modo per sottrarsi al *male di vivere*: scegliere il ritorno alla natura, abbandonare ogni forma di civiltà affidandosi all'abbraccio mistico della madre primigenia (*Gea*, come nella giovinezza io la evocai), in essa facendo naufragare ogni suo pensiero, ogni sua memoria.

– Ciò mi ricorda un altro nostro colloquio a proposito del poemetto gnomico di Rocco *La proprietà è un furto, la famiglia un nome*... e di quel che suscitò nel Suo animo giovinetto. Il giacobinismo roussoviano è un *continuum* circolante nella Sua famiglia come un fiume sotterraneo...

– Prendiamo un altro esempio, *Il Berretto a sonagli*, in cui Ciampa, lo scrivano perseguitato dalla signora Fiorìca, prospetta, per calmarla, l'apologo delle tre corde. Ebbene, come non avvedersi anche qui dell'affiorare della scettica e pessimistica interpretazione sociale del ginevrino? Le tre corde, la civile, la seria e la pazza, da ciascuno alternativamente usate a salvaguardia del proprio *pupo*, si collegano alla visione d'una società egoistica, che obbliga l'uomo a false, aride regole di comportamento, estranee alla sua essenza originale dalla quale la civilizzazione lo ha fatalmente allontanato. E quindi anche la soluzione estrema, quella della *corda pazza*, consigliata in ultimo da Ciampa all'ossessiva e cimentosa signora Fiorìca, si configura come un ritorno a quel sentimento di *verità* (di *naturalità* avrebbe detto Rousseau), respinto dalla "società civile" ma concesso proprio a chi, in quanto pazzo, se n'è messo al bando. – Vuole ancora un esempio? Ebbene *Liolà* è il personaggio-simbolo della libertà e della gioia della procreazione, il prototipo del "buon selvaggio" trasferito nelle campagna girgentine, che con la sua *ingenuità* felicemente trionfa su tutte le trame intessutegli contro dalla società civile. E per me, un'evasione nello stato di natura proprio quando l'Europa era nel bel mezzo del flagello della grande guerra!

– Maestro, c'è un'altra opera ancora, *La nuova colonia*, che mi sembra segua la stessa ispirazione…

– Già, anche *La nuova colonia* è costruita su quel paradigma: la ricerca di un mondo nuovo, liberato dalla *civiltà* dell'egoismo, dell'inganno e della prepotenza. Il mito della redenzione degli esclusi, o, meglio, dell'impossibilità d'una redenzione quando anche coloro che si isolano in una nuova colonia a rifondare la loro civiltà, non sono poi capaci di liberarsi interiormente della cultura che hanno abbandonato: il fallimento di chi si è illuso di rifondare una civiltà sulla cultura del passato. Mentre tutto sprofonda e l'isola è ingoiata spaventosamente dal mare, l'unica che ne esce salva e redenta è La Spera, che nel più profondo di sé, nell'istinto della sua maternità, ha ritrovato la via da cui cominciare il vero rinnovamento.

– Tutte grandi pagine sulle finzioni e sulle menzogne della nostra società!

– Non se ne esalti troppo, perché ora le dirò i motivi del mio dissenso dal ginevrino. La contemplazione della natura, che in lui accendeva (era da scommetterci!) il sentimento dell'immensità insieme a quello della sua individuale limitatezza, portandolo perciò a postulare un essere universale superiore, mi trovava del tutto in disaccordo. Se c'è qualcuno destinato all'infelicità, io dicevo, questi è l'uomo per la consapevolezza dei suoi limiti e per l'impossibilità di superarli. Sicché, mentre la sua ragione gli certifica l'invalicabilità di quei limiti, l'animo suo, aperto all'immensità, anela vanamente ad evadere dal carcere dell'esistenza in cui vive rinchiuso. Rousseau invece, beato lui!, si sentiva in grado di riconoscere la presenza del divino nell'astro che ci rischiara, nella realtà che ci circonda, nella pecora che pascola, nell'uccello che vola, nella pietra che cade, nella foglia che il vento trasporta via. Egli distingueva tra due principii, l'uno che eleva alle verità eterne, all'amore del giusto e del bello; l'altro che riconduce alla bassezza dei sensi e all'impero delle passioni. Uomo – ammoniva – non cercare altrove l'autore del male; questo autore sei tu stesso! – Pover'uomo!, esclamavo io, mentre il mio dissenso dal ginevrino aumentava: com'è possibile far colpa all'uomo del male portato da Dio nell'atto stesso della creazione! E, immerso in questo irrimediabile male universale, io vedevo l'uomo aggirarsi disperato alla ricerca di un riparo, invocante un guscio entro cui rifugiarsi, una speranza cui aggrapparsi, per ritrovare qualcosa che gli ridestasse per un momento lo spento desiderio di vivere.

– Maestro, ricorda come Rousseau si esprimeva nella terza lettera al signor di Malesherbes? «*Bientôt de la surface de la terre j'élevais mes idées à tous les êtres de la nature, au système universel des choses, à l'Etre incompréhensible qui embrasse tout. Alors, l'esprit perdu dans cette immensité, je ne pensais pas, je ne raisonnais pas, je ne philosophais pas; je me sentais avec une sorte de volupté accablé du poids de cet univers, je me livrais avec ravissement à la confusion de ces grandes idées, j'aimais à me perdre en imagination dans l'espace, mon cœur resserré dans les bornes des êtres s'y trouvait trop à l'étroit, j'étouffais dans l'univers, j'aurais voulu m'élancer dans l'infini. Je crois que si j'eusse dévoilé tous les mystères de la nature, je me serais senti dans une situation moins délicieuse que cette étourdissante extase à laquelle mon esprit se livrait sans retenue, et qui, dans l'agitation de mes transports, me faisait écrire quelquefois : "Ô grand Etre ! Ô grand Etre !" sans pouvoir dire ni penser rien de plus*».

– Con molta meno enfasi filosofica, con più senso del limite e con quel pessimismo teologico di cui ora le ho detto, anch'io scrissi (ricorda?) a don Giuseppe De Luca quand'ero ormai *in limine mortis*: «io ho una fede in Dio, non so se vera per Lei, prete, ma fermissima, alla quale ho dovuto ubbidire, offrir dolorose rinuncie. Mi basta, dentro il mio cuore, sapere che sono stato uno strumento puro, credo, nelle mani di Qualcuno sopra di me e di tutti». – Ecco! Sentivo anch'io fortissimo il mistero del creato, ma mi rifiutavo di condividere le deduzioni che da Rousseau, come da chiunque altro, se ne facevano per dimostrare la provvidenzialità della creazione. Il mio rimanava un Dio ostile, distante dall'uomo, estraneo alla sua coscienza, cui tuttavia io sentivo di aver offerto sacrifici per quel fondamentale rispetto delle leggi universali che, ancorché ingiuste, la mia stessa coscienza virilmente m'aveva imposto di accettare.

– Nonostante tutto, quanta religiosità in Lei, Maestro, di cui non avevamo finora avuto consapevolezza!

– Contento lei…

– Ma rimane ancora fortissima l'impressione di quel che, all'inizio dei nostri incontri, Ella mi disse di Lenau. Ed ora anche di Rousseau. Tutti poeti, scrittori e pensatori eccentrici … Ma quanto, ora Le chiedo, tali esperienze intellettuali possono aver influenzato il Suo modo di pensare?

– In effetti io non ho avuto "maestri", anche se può apparirle poco credibile che soltanto dalla mia esperienza individuale io abbia attinto la convinzione sull'inutilità della vita, sulla futilità d'ogni valore, sull'inaffidabilità delle apparenze. Non posso farci niente, è stato proprio così! E, per tornare a Rousseau, non è che io sia andato a cercarlo: le sue idee si sono semplicemente incontrate con le mie. Quanto a Lenau, è vero, fu il mito e la scoperta della mia giovinezza bonnense: da lui, studiandone le poesie, imparai quella lingua tedesca fluente, parlata, moderna, che andava diritta al cuore. Mi affascinò la sua vita errabonda, l'orgoglio delle fughe, la dissipazione degli esilii e l'insofferenza a tutto…: triste fardello da lui trasmesso anche alla mia esistenza. Quando, dopo Bonn, ritornai in Italia e mi guardai attorno, vidi sul mio orizzonte soltanto Alberto Cantoni e Luigi Capuana: il primo, eclettico, estroso e introverso, fu colui che *per caso e senza sua consapevolezza* mi mostrò la cosa più importante: *come si scrive da umorista!* Questo mio unico "maestro" (maestro, sì, ma, ripeto, del tutto inconsapevole), morì proprio quando avevo finito di scrivere *Il fu Mattia Pascal* e non poté neppur leggerlo! – L'altro, Capuana, fu colui che mi convinse ad abbandonare la poesia, facendomi capire che nel nostro tempo (nel *mio* tempo) la poesia è nella prosa. Così scrissi il mio primo romanzo, *L'esclusa*, come se io fossi un epigono del verismo: fortuna che rimase semi-inedito per anni, sicché quando lo pubblicai dopo il *Mattia Pascal*, potei provarmi a presentarlo come un romanzo umoristico o, meglio, *protoumoristico*. – Ma ormai non faccio che ripetere ciò che ho già detto… Piuttosto qualche considerazione finale vorrei provarmi a farla: sui miei critici! Tanti ne ho avuti e tutti, chi più e chi meno, inconcludenti e presto dimenticati. Ma su uno solo vorrei trattenermi brevemente, uno a me perfettamente sconosciuto eppure misteriosamente in relazione con me: quel sardo piccolo e gibboso di cui parlai all'inizio, venuto a tenermi compagnia nell'ossario del Verano. Per dieci anni rimanemmo vicini e silenziosi, e poi insieme partimmo, ciascuno per una sepoltura *fuori delle regole*: io a vagare dapprima dal museo archeologico di Agrigento alla villa-rudere del Caos, fino a trovar pace (ma sarà poi così?…) in quel masso sotto un pino nella campagna girgentina; lui, più semplicemente, nel cimitero acattolico di Roma, nei pressi della piramide Cestia: *Antonii Gramsci cinera*. Ebbene questo silenzioso compagno di viaggio, che aveva scoperto il mio teatro durante la grande guerra e ne aveva scritto in cronache pochissimo note, continuò a scrivere ancora su di me negli anni della sua prigionia. Egli apparteneva alla generazione di quanti, per lo più giovani, m'avevano capito e amato in quel guado dell'umanità che fu la guerra mondiale, allorché improvvisamente e quasi da un giorno all'altro mi trovai sbalestrato sulla ribalta d'una notorietà sempre più prorompente. Come dicevo, quand'egli prese ad analizzare con la sua consueta accuratezza le numerose interpretazioni allora in voga per venire a capo di quel *fenomeno Pirandello* di cui nessuno riusciva più a capacitarsi, era ormai un isolato dal mondo, ma proprio per ciò poteva pensare *für ewig* e giungere a conclusioni che alla sensibilità comune finivano per apparire incongrue o incredibili. E infatti aveva subito compreso che il cosiddetto *relativismo* era un falso problema, e intuìto la natura istintiva e niente affatto libresca del mio pensiero, da collocare nell'antica tradizione areligiosa e pagana del mondo meridionale. Cosicché, mentre tutti fuori della sua cella parlavano del *problema centrale* e del mio cosiddetto *intellettualismo*, egli faceva cadere d'un colpo quello stereotipo odioso attaccatomi addosso col nome vuoto e onnicomprensivo di *pirandellismo*.

Aveva compreso che la mia educazione non era filosofica, ma aveva al più «origini "positivistiche" e cartesiane alla francese» e che i miei studi «nella Germania dell'erudizione filologica pedantesca erano stati, del pari, non certo hegeliani ma proprio positivistici». Tutto vero! Aggiungo, però, che l'istinto m'aveva portato a respingere *anche* ogni disciplina positivistica: lei m'è testimone della mia giovanile insofferenza per gli studi filologici e dialettologici all'arida scuola del Foerster, e conosce quanta poca filosofia tedesca io bazzicassi negli anni del mio apprendistato. Natura istintiva e niente affatto libresca la mia, dunque! A Roma, dove a venticinque anni ritornai per prendervi stabile e definitiva dimora, il panorama di fine secolo non era affatto rassicurante, erano sparite le certezze che fin'allora avevano reso tranquilla (si fa per dire) la vita degli uomini. Di quel che andava preparandosi nel nuovo secolo non che io fossi consapevole, ma non riuscivo certo a meravigliarmene. Di taluni aspetti grotteschi e pagliacceschi d'un fenomeno anarcoide, abnorme e scostante come quello del futurismo marinettiano, esploso a un tratto verso la fine del primo decennio, non m'occupai. Eppure qualche anno dopo, durante la guerra, mi giungerà percepibile il richiamo di *quella* voce a dirmi che col mio teatro aveva svolto la stessa funzione dirompente degli arditi e, come negli assalti con le bombe a mano, io avevo prodotto crolli di banalità, rovine di sentimenti e di pensiero nel cervello degli uomini! Ero, non c'era dubbio, sul versante di quei giovani dissacratori, e più vicino ad essi di quanto non avessi mai pensato! Il mio teatro – proseguiva la voce del prigioniero – aveva svolto non soltanto una funzione di svecchiamento delle ottocentesche tradizioni melodrammatiche, ma s'era venuto orientando verso forme complesse nelle quali la parola scritta e il testo letterario *perdevano importanza* di fronte alla messa in scena e allo spettacolo. Che il mio teatro fosse legato alla mia persona e all'attività di capo-comico (che pure avevo svolto, e con quanto sacrificio, lei sa!), era un'affermazione sorprendente. Questo mio teatro, che a partire dal *Così è (se vi pare)* si liberava delle vecchie convenzioni e, anche attraverso l'uso del dialetto, apriva una nuova frattura con le forme statiche della tradizione, reintroduceva qualcosa cui nessuno finora aveva pensato: la "perenne rappresentabilità" dell'antica commedia dell'arte in cui i comici erano insieme inventori e autori delle parti che impersonavano, adattandole o rinnovandole a seconda dell'ambiente in cui essi si portavano, financo trasformando la lingua e ricreando le scene a seconda delle esigenze dello spettacolo. Cosicché il testo letterario in quanto *pretesto teatrale*, diventava essenzialmente un "canovaccio" aperto a una sempre rinnovata e genuina invenzione teatrale. Questa – sosteneva il prigioniero – era la novità che tagliava d'un colpo col passato e proiettava il mio teatro nel futuro.

– Di queste note dei quaderni del carcere, Lei, Maestro, non seppe nulla. Rimasero sepolte nel segreto della coscienza del prigioniero…

– È vero; non potei venirne a conoscenza. Ma è curioso che nell'ultima fase della mia vita anch'io mi spinsi proprio in questa direzione. Certo è che con i *Sei personaggi* le forme convenzionali del teatro erano finite, e ancor di più con *Ciascuno a suo modo* e con *Questa sera si recita a soggetto*, opere aperte tutte a una visione *dinamica* dei testi. Tutto mi fu più evidente dopo, quando provai a rimettermi alla composizione dei *Giganti della montagna*. – Perché, ogni volta che mi sedevo al tavolino, provavo una inspiegabile resistenza? Che mi succedeva? Cos'era questa stanchezza che provavo nel riprendere le usate carte? Era la paralisi che prende colui che non ha ormai più niente da dire? No, non questo! Ma io iniziavo allora a comprendere che finire, conchiudere un'opera come quei miei *Giganti* che m'avevano accompagnato per tanti anni, era inutile! Gli eventi s'erano tutti compiuti e a me non rimaneva che terminare il mio testo così, senza concluderlo. Nella *Villa degli scalognati* si rappresentava la parabola finale del teatro, incompreso ormai dagli uomini, divenuto celebrazione d'un rito senza più sacerdoti né fedeli, alla ricerca di un unico gesto finale con cui immolare i superstiti officianti di quel rito perduto. Lasciarli lì, con quella minaccia lontana e incombente …

– Questa dunque la ragione dell'incompiutezza dei *Giganti*? Dobbiamo chiudere i nostri colloqui con questa *non conclusione*?

– Ma quante arcane suggestioni in quell'opera incompiuta! Quante apparizioni! Che formidabile raccolta di misteri a celebrare l'agonia del teatro! – Sa lei da qual segreta ispirazione mi son lasciato condurre a rappresentare l'arrivo della *compagnia della Contessa*, e a chi ho pensato per il personaggio di Cotrone?

– ?!...

– Ma diamine, alla *Tempesta*! E per Cotrone, il mago, a Prospero! Ah, come d'improvviso tutta presente mi ritorna nella sua stupenda immaterialità la commedia di Shakespeare, attirandomi in un volo fantastico. E, insieme collegati, eccoli, gli altri ricordi, quelli della mia giovinezza *arielana*: un gelido inverno di fine secolo, quando con un gruppo d'amici decidemmo di imbarcarci su un fragile vasello ad affrontare il mare aperto con l'assistenza dello spirito dell'aria, *Ariel*; e tutti assumemmo i nomi della *Tempesta*, chi Calibano, chi Prospero, chi Fernando, chi Alonso, chi Gonzalo... Sì, caro il mio monacello, scocca l'ora! Sono oramai le 2. Pochi attimi ancora e i due minuti che segnano l'ora palindroma arriveranno. La saluto con i versi di Amleto, la miglior *non conclusione* d'ogni dramma e d'ogni vicenda umana:

> *Oh, I die, Horatio.*
> *The potent poison quite o'er-crows my spirit.*
> *... the rest is silence.*

Addio.

Note

I nove colloqui sin qui riportati, benché per molti aspetti sorprendenti, non rivestono alcunché di fantastico o di cervellotico. A chi insistesse nel chiedere maggiori particolari, si son voluti offrire di seguito i riscontri obiettivi che lo Spirito rifiutava con ostinato disdegno. Pertanto, onde soddisfare la nota acribia dei critici e volendo salvaguardare la fluidità dei testi, si è ritenuto di adottare il criterio di concentrare alla fine tutti i riferimenti, pagina per pagina.

Abbreviazioni adottate nelle citazioni:

ACISP = *Atti del Congresso Internazionale di studi pirandelliani*, Fondazione «Giorgio Cini», Venezia, 2-5 ottobre 1961, Le Monnier, Selci-Umbro, 1967.

BLP = Alfredo Barbina, *La Biblioteca di Luigi Pirandello*, Bulzoni, Roma, 1980.

CI = Luigi Pirandello, *Carteggi inediti con Ojetti, Albertini, Orvieto, Novaro, De Gubernatis, De Filippo*, a c. di Sarah Zappulla Muscarà, Bulzoni, Roma, 1980.

DBI = *Dizionario biografico degli italiani*, Enciclopedia Italiana, Roma, 1960..., voll. 63 finora usciti, dalla voce *Aaron* a *Laterza*.

GG = Gaspare Giudice, *Luigi Pirandello*, U.T.E.T., Torino, 1963.

GGA = Gaspare Giudice, *Annotazioni di Stefano Pirandello a un capitolo di biografia pirandelliana*, in «Rivista di studi pirandelliani», Palermo, 1994, 12-13, p. 147-164.

IAP = *Interviste a Pirandello*, a c. di Ivan Pupo, Rubbettino, Soveria Mannelli, 2002.

LAL = Luigi Pirandello, *Lettere a Lietta*, trascritte da Maria Luisa Aguirre D'Amico con una postfazione di Vincenzo Consolo, Mondadori, Milano, 1999.

LDB = Luigi Pirandello, *Lettere da Bonn 1889-1891*, a c. di Elio Providenti, Bulzoni, Roma, 1984.

LDF = Luigi Pirandello, *Lettere della formazione 1891-1898. Con appendice di lettere sparse 1899-1919*, a c. di Elio Providenti, Bulzoni, Roma, 1996.

LGPR = Luigi Pirandello, *Lettere giovanili da Palermo e da Roma 1886-1889*, a c. di Elio Providenti, Bulzoni, Roma, 1994.

LLP = Marta Abba, *Caro Maestro... Lettere a Luigi Pirandello (1926-1936)*, a c. di Pietro Frassica, Mursia, Milano, 1994.

LMA = Luigi Pirandello, *Lettere a Marta Abba*, a c. di Benito Ortolani, Mondadori, Milano, 1995.

LPI = *Luigi Pirandello intimo. Lettere e documenti inediti* a c. di Renata Marsili Antonetti, Gangemi, Roma, 1998.

MLA = Maria Luisa Aguirre D'Amico, *Vivere con Pirandello*, Mondadori, Milano, 1989.

MN = Luigi Pirandello, *Maschere nude*, a. c. di Alessandro D'Amico, Mondadori, Milano, 1986, 1993, 2004, voll. 3 (finora pubblicati).

NPA = Luigi Pirandello, *Novelle per un anno*, a. c. di Mario Costanzo, Mondadori, Milano, 1985-1990, voll. 3 in 6 tomi.

PAP = Elio Providenti, *Archeologie pirandelliane*, Maimone, Catania, 1990.

PC = Alessandro D'Amico e Alessandro Tinterri, *Pirandello capocomico. La compagnia del Teatro d'Arte di Roma, 1925-1928*, Sellerio, Palermo, 1987.

PM = *Pirandello Martoglio. Carteggio inedito*, Commento e note di Sarah Zappulla, Pan, Milano, 1979.

PPI = Elio Providenti, *Pirandello impolitico. Dal radicalismo al fascismo*, Salerno, Roma, 2000.

SPSV = Luigi Pirandello, *Saggi, poesie, scritti varii*, a. c. di Manlio Lo Vecchio Musti, Mondadori, Milano 1965[3].

TDH = Luigi Pirandello, *Taccuino di Harvard*, presentazione di Dante Della Terza, a. c. di Ombretta Frau e Cristina Gragnani, Mondadori, Milano, 2002.

TVL = Lucio D'Ambra, *Trent'anni di vita letteraria*: I, *La partenza a gonfie vele*, II, *Il viaggio a furia di remi*, III, *Il ritorno a fil d'acqua*, Corbaccio, Milano, 1928-29.

TIR = Luigi Pirandello, *Tutti i romanzi*, a. c. di Giovanni Macchia con la collaborazione di Mario Costanzo, Mondadori, Milano, 1973, voll. 2.

US = Federico Vittore Nardelli, *L'uomo segreto, vita e croci di Luigi Pirandello*, Mondadori, Milano, 1932.

Tav. I – Il Tempio Egizio al Verano dove avvennero le incenerazioni di Luigi Pirandello e di Antonio Gramsci *(veduta attuale).*

Tav. II – L'ossario e cinerario comune in cui le ceneri furono tumulate *(veduta attuale)*.

–	13022	Danco Maria Cristina	Silvio	2	Via Giulio Cesare 15	il 14-12-36 al cimitero di Torino dec. 14-12-936
–	13023	Tosi Gior. Battista	Luigi	60	S. Giacomo	Pos. 1522 [...]
–	13024	Celli Adolfo	Alessandro	42	Plinio 19	Pos. 9554 / 1919 Loculo 14 fila 6 ragione 14
–	13025	Zamponi Quirino	Antonio	44	Appia Nuova 68	vedi reff.º 14-12-36 A 13097
–	13026	Marchetti Adriana	Felice	5	Policlinico	Vedi reff. 15-12
–	13027	Pirandello Luigi				Fu 97 Tumulato l'urna n° 2843 al cinerario comune B.15006 il 9/12/46 al cimitero di esigente sea Pos. 4.12/6 6
		Homini 13 Dicembre 1946				
–	13028	Stefani Santi	Giuseppe	73	Orbetello 16	57 32 9

Tav. III – Registrazione del numero dell'urna e della sua collocazione al cinerario comune (*riproduzione concessa dall'Amministrazione cimiteriale del Verano*).

EXTRACT FROM THE DEATH RECORD

HELD IN THE

COLLEGIATE AND PARISH CHURCH

OF COSPICUA, MALTA

No. of Register.... XI .... Page .. 64

Name & Surname ...... Dr John Ricci Gramitto

Age ..... 46 years

Whether married or unmarried

widower or widow ....

Parents' Name and ...... lati Dr Francesco

Surname and whether
living or dead

Date of Death ...... 1st August 1850

Place of Death ...... Cospicua (?)

Time of Death ......

Place of burial ...... Capuchin's Church, Vittoriosa

Certified that the above copy is true and correct, witness my hand.

Cospicua, this... 14th ... day of ... January ... 2007.

....
Archpriest

OKKJALI — BORMLA

Tav. IV – Collegiata e chiesa parrocchiale di Burmula (ora Cospicua), Malta. Certificazione sul seppellimento di Giovanni Battista Ricci-Gramitto nella Chiesa dei Cappuccini di Kalkara (Vittoriosa).

Tav.V Ritratto dello zio Rocco Ricci–Gramitto (per gentile concessione del Museo centrale del Risorgimento di Roma).

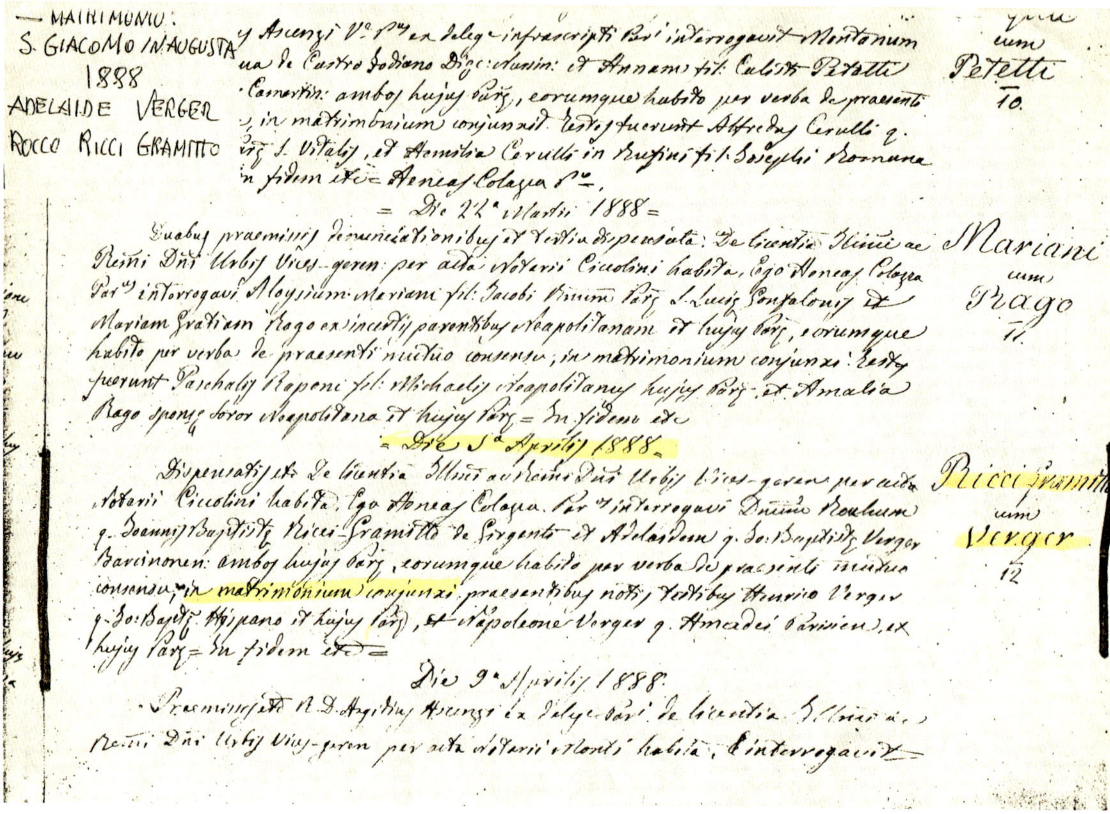

Tav. VI – Chiesa di S. Giacomo in Augusta. Registrazione del matrimonio religioso tra Rocco Ricci-Gramitto ed Adelaide Verger (per gentile concessione della Sig.ra Mirna Verger e dei Sigg. Carlo De Angelis e Roberto Bontempi).

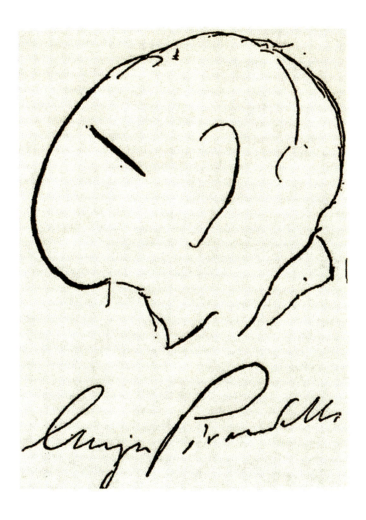

Tav. VII – Viareggio: estate del 1928, ritratto caricaturale (*da*: Primo Conti, *La gola del merlo, memorie provocate da* Gabriel Cacho Millet, Sansoni, Firenze, 1983, p.355).

Tav. VIII – Rue La Pérouse 37 a Parigi. L'ultimo piano dove abitò Luigi Pirandello dal 1° agosto 1931 al 31 maggio 1932.

I

La fede

p. 9:
– In occasione dell'udienza del 3 febbr. 1932 all'attrice Marta Abba, Mussolini parlando di Pirandello pronunciò la frase "Io gli ho reso tutti gli onori perché lo stimo un genio, ma ha un brutto carattere", LLP, 236.
– Dei pugni sbattuti sul tavolo da Mussolini alla notizia delle disposizioni testamentarie sul funerale, parla Corrado Alvaro nella prefazione all'ed. 1956 delle *Novelle per un anno* curate da Manlio Lo Vecchio Musti, p. 9: "E fu istruttivo sapere che sul tavolo del più potente tra i cittadini si battevano indignati i pugni… ".
– Sul testamento, vergato in epoca sicuramente molto anteriore a quella della morte, riferì Ugo Ojetti in un articolo pubblicato sotto il noto pseud. di *Tantalo* sul <Corriere della Sera» del 31 dic. 1936, poi in *Cose viste (1928-1943)*, vol. II, Sansoni, Firenze, 1951, p. 611-16. Ojetti omise ogni accenno alla cremazione: il passo cit. è alle p. 614-615. Sulle traversie subite dai resti dello scrittore, mi sia consentito rinviare al mio PPI, 205-219 tenendo però conto degli ulteriori, nuovi approfondimenti qui di seguito riportati.

p. 10:
– Le notizie sulla cremazione, sulla tumulazione delle ceneri nell'ossario del Verano, sulla sosta decennale gratuita fino al trasferimento ad Agrigento, si ricavano dalla documentazione esistente presso i Servizi funebri e cimiteriali del Verano di Roma. Ringrazio il dott. Alberto Agostini che con cortese disponibilità ha soddisfatto tutte le mie richieste (cfr. tavv. I-III).
– Di una "urna di olivo, grande, rustica…", contenente le ceneri dello scrittore, parla Giuseppe Longo in *La Sicilia è un'isola*, A. Martello ed., Milano, 1961, p. 236.
– Sulla cremazione delle spoglie di Antonio Gramsci v. nelle *Lettere dal carcere*, a c. di Sergio Caprioglio ed Elsa Fubini, Einaudi, Torino, 1965, la lettera di Tatiana Schucht a Piero Sraffa, p. 915-18, soprattutto p. 918.
– Andrea Camilleri accennò allo "scanto" ricevuto da bambino per l'incontro della nonna Carolina con il suo vecchio compagno di scuola, in *Pirandello, la guerra delle ceneri*, «La Stampa», 14 giugno 1998, p. 19. Il successivo riferimento è alla sua *Biografia del figlio cambiato*, Rizzoli, Milano, 2000.

p. 11:
– *La maschera*, da cui sono tratti i versi (in SPSV, 777-78), venne pubblicata nel periodico dei fratelli Orvieto «La Vita nuova» il 25 maggio 1890 e risale al periodo bonnense quando il giovane Pirandello scoprì e studiò la poesia del Lenau. Su ciò e per ulteriori approfondimenti si rinvia ai successivi cap. II e III.

– A proposito della "lanterninosofia" cfr. il *Fu Mattia Pascal*, TIR, I, 482-97.
– «…tanta feroce brama di carneficina», così scriveva a Marta Abba nel novembre 1936 parlando dello scoppio della guerra civile spagnola, LMA, 1387.
– La dichiarazione «Schreiben Sie Null» è riportata in US, 111.

p. 12:
– L'allusione è al conterraneo Pietro Mignosi e al suo libro *Il segreto di Pirandello*, Tradizione ed., Milano 1937². Ivi l'autore confessava (p.174-75) la sua iniziale "grande repulsione" verso il drammaturgo "di cui molte male lingue girgentane dicevano cose orrende". Ma accadde che alla lettura della biografia del Nardelli egli si ricredesse, provando "rimorso di non aver saputo entrare nell'anima di questo uomo che mi appariva ora tanto diverso e tanto bisognoso di carità".
– Una descrizione, per così dire sociologica, dei "matrimoni di sùlfaro" è in A. Camilleri, *Biografia del figlio cambiato*, cit., p. 143-44.
– Il rapporto tra lo scrittore agrigentino e don Giuseppe De Luca è ricostruito da Luisa Mangoni, *In partibus infidelium. Don Giuseppe De Luca: il mondo cattolico e la cultura italiana del Novecento*, Einaudi, Torino, 1989, p. 241-42 e 272 n.61, e da M. Roncalli, *I "Colloqui con Dio": Luigi Pirandello e don Giuseppe De Luca. Note a margine di un incontro e di un libro mai scritto*, in *Pirandello e la fede*, a c. di E. Lauretta, Centro naz. Studi pirandelliani, Agrigento 2000, p. 191-200.
– Il dono del crocifisso da capezzale da parte di Elsa Minù, moglie di Silvio D'Amico, è nella testimonianza e nel ricordo del figlio Sandro.

II

Bonn

p. 15:
– V. il *Taccuino di Bonn* in SPSV, 1227-1235.
– *Procopio Scannamosche* è un nome inventato dallo studente Pirandello, simbolo della filologia formalistica ed erudita alla quale il giovane malvolentieri si adattava; cfr. LDB, 168.
– Le LDB offrono tutti gli elementi per una dettagliata ricostruzione del periodo, e non possono più esser lette senza cogliere le ambiguità e le contraddizioni d'una situazione esistenziale assai complessa. A suo luogo saranno dati quei riferimenti biografici, critici e bibliografici a giustificazione delle novità presenti in questo secondo *colloquio*. Per un inquadramento generale, v. Willi Hirdt, *Bonn im Werk von Luigi Pirandello*, G. Narr, Tübingen, 1990²; id., *Pirandello a Bonn, ovvero «due autori in cerca d'un personaggio»*, in *Pirandello poeta*, Atti del Convegno internaz. del Centro naz. di studi pirandelliani di Agrigento, raccolti e ordinati da P. D. Giovanelli, Vallecchi, Firenze, 1981, p. 69-94; id.,

Pirandello in Bonn, in «Rheinische Vierteljahrsblätter», XLVII, 1983, p. 302-24; id., *Perché Ernesto Monaci mandò Pirandello a Bonn,* in *Pirandello e la Germania,* Atti del Convegno internaz. del Centro naz. di studi pirandelliani, a. c. di Gilda Pennica, Palumbo, Palermo, 1984, p. 33-44. Sull'Università di Bonn e sulla scuola filologica che fu prima di Friedrich Diez e poi di Wendelin Foerster e di Heinrich Schneegans, v. l'opera in due voll. diretta da Willi Hirdt, con la collaborazione di Richard Baum, Birgit Tappert e Barbara Jaster, *Romanistik Eine Bonner Erfindung,* Bouvier Ver., Bonn, 1993, che offre una ricchissima documentazione sulla vita dell'ateneo e sulla sua produzione scientifica dal 1818 al 1916. Sempre indispensabile in argomento rimane M. Adank, *Luigi Pirandello e i suoi rapporti col mondo tedesco,* Inauguraldissertation der Philosophischen Fakultät 1 der Universität Bern, Aarau 1948.
– Le ricerche intorno al giapponese di Kessenich sono esclusivo merito del prof. Josef Kreiner, e debbo alla sua gentilezza nonché all'intermediazione dell'amico prof. Willi Hirdt, se io abbia potuto così largamente profittarne e anche un po' scherzarci sopra. Cfr. J. Kreiner, *Pirandellos Endenicher Japaner,* in *Heitere Mimesis,* Festschrift für Willi Hirdt zum 65. Geburtstag, a. c. di B. Tappert e W. Jung, Francke, Tubinga-Basilea, 2003, p. 217-29.

p. 16-17:
– Sulla morte di Johanna Rissmann e sull'elegia scritta in sua memoria, LDB, 69-70 e 80-81.
– La data del 6 novembre è fornita dall'Adank (*op. cit.,* 10 e 79), che la desume dalla matricola universitaria dello studente.
– Si legge nell'US, 106: "L'università di Bonn era culla della filologia romanza, iniziatavi da Federico Diez e continuata poi con sommo onore dal Foerster. Il nostro si recò in incognito alle lezioni e non capì un bel niente alla voce del professore Buecheler che era considerato uno dei più eccelsi latinisti del mondo. Essendo il grecista Usener, altrettanto insigne, occupato ad insegnare la propria materia, Luigi fattosi in su la porta se ne ritrasse inorridito".
– I rapporti, tutt'altro che idilliaci, tra lo studente siciliano e il Foerster sono ora documentati nelle lettere del Foerster al Monaci, in G. R. Bussino, *Pirandello nel carteggio Foerster-Monaci,* in «Ariel», IX, 2, magg.-ago.1994, p. 119-25. Il Foerster, avvisato dal Monaci già nella primavera del 1889 della presenza nella facoltà romana d'uno studente siciliano da poter impegnare nello studio della grammatica storica e comparata dei dialetti siciliani, si preoccupava subito di sapere se parlasse il dialetto sin dall'infanzia, se fosse ben preparato *in rebus romanicis* e capace d'una trascrizione accurata dei suoni, profondendosi in raccomandazioni con la premura di chi sa d'avere in mano un'occasione da non perdere e timoroso insieme che il soggetto non corrispondesse in tutto alle aspettative.
– La precedente edizione delle *Lettere da studente a Ernesto Monaci,* a. c. di Luciana Finazzi-Agrò in «Nuova Antologia» fasc. 426, 1° apr. 1943, p. 143-49 è

ora sostituita dalla più completa edizione a c. di G. R. Bussino, *Lettere di Pirandello a Monaci*, in «Ariel», VI, 3, sett.-dic. 1991, p. 98-116.

– Sulla qualità dell'insegnamento nelle scuole tedesche v. G. Pasquali, *Pagine stravaganti*, Sansoni, Firenze, 1968[2], a c. di G. Pugliese Carratelli, vol. II: *Il testamento di Teodoro Mommsen*, p. 383-96.

p. 18:
– Sugli scarsi risultati degli studi alle università di Palermo e di Roma v. G. Ciampi, *Gli studenti della Facoltà di Lettere e Filosofia: dati e notazioni*, in *Storia della Facoltà di Lettere e Filosofia de"La Sapienza"*, a c. di Lidia Capo e Maria Rosa Di Simone, Viella, Roma, 2000, p. 633; analogamente G. Monsagrati, *Verso la ripresa 1870-1900*, in *op. cit.*, 443.

– L'episodio dell'Occioni è in US, 102-104.

– Dell'*endocardite* come di malattia che l'abbia condotto «quasi al limitare della morte» parla a metà settembre '89 nella prima lettera al Monaci (cfr. *Lettere… a Monaci*, a c. di G. R. Bussino, cit., p. 98-99). Sempre di *endocardite* aveva parlato precedentemente (magg.'88-febbr.'89) dopo che alcuni disturbi nervosi l'avevano indotto, su consiglio dello zio Rocco, a farsi visitare a Roma dal dott. Held, medico omeopatico; v. LGPR, 275, 310, 314. Si tengano comunque presenti le considerazioni dello stesso zio: "Non vi allarmate per quello che ha scritto Luigino. Il dottor Held […] mi ha assicurato che non c'è nulla, proprio nulla nel cuore, e che il male che lo disturba è questione di nervi, ed è prodotto dal soverchio studio e dal troppo fumare" (*ibid.*, 275 in nota).

p. 19-20:
– La lettera alla sorella Lina, del 12 dic., in LDB, 69-70; ivi anche le notizie sulla storta al piede, mentre per l'attacco influenzale, *ibid.*, 82. Quanto al furto subito, v. US, 109.

– Nella seconda lettera al Monaci, scritta in tedesco con data 14 nov. '89 (*Lettere… a Monaci*, a c. Bussino, cit., p. 101-2), si scusa che a causa della solita grave malattia sia stato costretto a interrompere il viaggio per Bonn una prima volta a Roma, rimanendo *dodici giorni a letto* senza potersi recare dallo stesso Monaci a ringraziarlo del biglietto di presentazione per il Foerster. Aggiunge poi di aver dovuto interrompere nuovamente il viaggio per *più di venti giorni* fermandosi a Como, sempre a causa della sua cattiva salute. Dal Foerster (*Pirandello nel carteggio Foerster-Monaci*, cit., p. 122) sappiamo che il giovane girgentino si presentò *finalmente* il 12 novembre giustificando il suo ritardo con la solita scusa della malattia. D'altronde le LDB, 33-34, ci danno la certezza dell'arrivo a Bonn il 10 ottobre nel primo pomeriggio. L'università, com'è noto, divideva la sua attività in due periodi: il *Wintersemester* (15 ottobre-15 aprile) e il *Sommersemester* (15 aprile-15 ottobre).

– Le prime approfondite ricerche su Jenny Schulz Lander, dopo gli accenni nella biografia del Nardelli (US 113-119), furono compiute da un umbratile

studioso scomparso prematuramente, Luigi Biagioni, lettore di italiano nelle università di Magonza e di Francoforte sul Meno, che in un decennio di attività, dal 1949 al 1958, anno della sua morte, scavò instancabilmente sul tema *Pirandello a Bonn*. I suoi scritti, cinque in tutto, con i quali per la prima volta fornì fotografie, documenti e due lettere di Luigi, frutto dei contatti da lui stabiliti con la figlia di Jenny, Emily, furono poi utilizzati da F. Rauhut nel suo *Der Junge Pirandello*, C. H. Beck, München, 1964. Mi sia consentito richiamare qui quanto io stesso ne ho scritto in PAP, 9-20. Ben informato anche l'olandese Max Nord nel saggio *The unknown Pirandello* in ACISP, 829-838. Dopo l'avvenuta acquisizione nel 1967 delle lettere di Pirandello a Jenny da parte dell'*Harry Ransom Humanities Research Center* (Università del Texas, Austin, U.S.A.), passeranno oltre vent'anni prima che, nel 1990, due studiosi italo-americani, Roberto Severino e Giuseppe Faustini, le pubblichino quasi contemporaneamente, offrendo così una nuova prospettiva a tutta la vicenda. L'edizione Severino, *Lettere a Bonn "Liebe Jenny..." (1890-1891)* apparve su «Lunario nuovo», XI, 52, 1990, p. 3-29; quella Faustini, più completa, *Luigi e Jenny, storia di un amore primaverile* nel fasc. 2179 della «Nuova Antologia» del lug.-sett. 1991, p. 276-305. A cinque anni dalle precedenti, un altro studioso italo-americano, G. R. Bussino, darà una terza edizione di tali lettere, fornendo ulteriori notizie su Jenny e sulla sua famiglia, fotografie e una più aggiornata bibliografia: *Jenny, l'amica renana di Pirandello*, in «Ariel», X, 3, sett.-dic. 1995, p. 139-184, e XI, 1, genn.-apr. 1996, p. 204-7. A un ultimo ritrovamento è dedicato infine il mio *Una lettera d'amore di Jenny Schulz Lander a Luigi Pirandello*, in «Nuova Antologia», fasc. 2196, ott.-dic. 1995, p. 288-296.
– "Piuttosto no 'l comprendo, che te 'l dica" è un endecasillabo molto usato da Pirandello sin dalla giovinezza e che appare financo nel saggio sull'*Umorismo* o nell'altro su *Un preteso poeta umorista del secolo XIII* (SPSV, 19 e 248). Bussino (*Alle fonti di Pirandello*, tip. ABC, Firenze 1979, p. 20) l'ha avvicinato al petrarchesco "I' no 'l posso ridir, ché no 'l comprendo" (Petr., *Rime*, CXCVIII, 12). V. anche LGPR, 269.

p. 21:
– Mancano totalmente elementi sul *Lessing, la favola e le favole*, che, a detta del giovane, sarebbe dovuto essere uno dei *due* (?) titoli di laurea da presentare al consiglio esaminatore dell'università (LDB, 92). Il collegamento da lui stesso stabilito con i *Saggi di critica letteraria* di U. A. Canello (LDB, 67), dove l'argomento è ampiamente trattato, fa pensare a una derivazione da questi ultimi (*ivi*, in nota). Ma, trattandosi di un lavoro legato all'università, addirittura delle dimensioni di un volume di quattrocento pagine a stampa (LDB, 95), una sua traccia si sarebbe pur dovuta trovare, quanto meno tra gli atti dell'ateneo. Accadrà invece che sui primi d'aprile '90, al termine del primo semestre, lo studente chiede al padre un sussidio straordinario di 300 marchi per l'acquisto dell'abito dottorale e per le tasse d'esame (LDB 110-112), la stessa cifra

che chiederà di nuovo un anno dopo quando effettivamente si troverà a do-ver affrontare lo *Staatsexamen* ed avrà davvero fissata la data per la discussione della tesi (LDB, 176-178). L'ultima volta che parlerà del *Lessing* sarà appunto nel maggio '90, per confermare l'arrivo del denaro (primo esborso straordi-nario, oltre il ricco appannaggio mensile) e per informare spavaldamente d'essere sul punto di sostenere l'esame, "il cui esito è assicurato" avendo otte-nuto il *maxima cum laude* per il *Lessing*, che – promette al padre – farà pubbli-care «con la dedica a Te» (LDB, 118). Dopo di che sul *Lessing* cala per sempre l'oblio (in proposito v. anche A. Barbina, *L'ombra e lo specchio, Pirandello e l'arte del tradurre*, Bulzoni, Roma, 1998, p. 38-44). Non si può far a meno di osser-vare che il periodo intercorrente dall'incontro col Foerster (novembre '89) fino al viaggio precipitoso in Sicilia del luglio 1890, è pieno di evidenti con-traddizioni. Arrivato a Bonn il 10 ottobre, si presenta al Foerster con un me-se di ritardo inventando malattie e disertandone poi le lezioni. Nella sua terza lettera al Monaci, del 24 giugno '90, volendo rattoppare la situazione, raccon-ta d'esser stato riassalito con inusitata violenza dal mal di cuore e, «dopo una notte che rammenterò sempre con paura», d'esser ripartito per l'Italia senza neppur prendere commiato dal Foerster. Aggiunge d'esser rientrato a Bonn «che già il semestre era per chiudersi» e d'aver appena avuto il tempo di far apporre la firma al libretto. La verità verrà fuori quando, a distanza di quaran-tadue anni, Nardelli riferirà che "siccome l'anno era diviso in due semestri, per intedeschirsi per bene decise di attendere che spirassero i sei mesi in cor-so; e s'occupò a poetare" (US, 106). Incredibili del pari appaiono le vanterie sull'incarico di *lector* di letteratura italiana, addirittura ottenuto all'inizio degli studi: «Col primo maggio ['90] comincerò il corso delle mie lezioni. Ho scel-to per tema l'Inferno di Dante» (LDB, 111). Ma nessuna traccia dell'incarico risulta dagli annali della facoltà pubblicati dalla Jaster (*Romanistik Eine Bonner Erfindung*, cit., vol. I, p. 403-4), dove nel *Sommersemester 1890* figura, sì, un corso sull'Inferno dantesco, ma tenuto proprio dallo stesso Foerster. Si osser-vi poi il silenzio del Nardelli sull'argomento che, dato il carattere di fonte au-tentica conferitagli dal biografato, non può non essere significativo. Analoga-mente l'Adank, secondo il quale "non c'è accenno al suo lettorato negli atti dell'università, sebbene ogni mutamento nel corpo insegnante accademico vi fosse stato notato minuziosamente" (*op. cit.*, 80). Inattendibile quindi lo Spezi (SPSV, 1281-83), l'unico che riporta la notizia del lettorato spostato però, più ragionevolmente, all'anno successivo alla laurea (sullo Spezi v. anche qui la succ. nota alla *p. 93*). Occorrerà viceversa porre attenzione a quanto detto in un'altra lettera da Bonn: «il professor Foerster mi disse che avendo io accetta-to d'insegnar lettere italiane in questa università di Bonn, io son tenuto a in-segnare per un anno intero, cioè per due semestri (maggio-ottobre, ottobre-marzo 1891) e che non potrei lasciare il mio posto alla fine di ottobre, per ri-tornarmene in Italia a provvedere ai miei bisogni» (LDB, 101-2). La proposta attribuita al Foerster del prolungamento del soggiorno in Germania maschera la vera ragione, che è quella di recuperare il semestre perduto. Ma al fondo di tutto c'è il disagio d'un giovane che unisce alle dissipatezze ed alla voglia di vivere, naturali della sua età, un'autentica inadattabilità e il rifiuto degli obblighi da lui stesso assunti, che vorrebbe allontanati e rimossi da sé: l'infelice fidanzamento, l'avvenire senza prospettive, l'oscuro destino d'artista, un mal di vivere che lo mette contro se stesso e le sue stesse scelte. A ben guardare, l'impressione che il giovane dà è quella di un prigioniero che si dibatte alla ricerca di un'uscita che non sa trovare.

– Il *Taccuino di Bonn* fa fede sulla data del soggiorno a Francoforte e a Wiesbaden, anticipando di un anno l'episodio del giardino zoologico (SPSV, 1234, e *contra* US, 120-21). Con i suoi occhi fosforescenti quella tigre ipnotizzerà il giovane che a sua volta scoprirà con terrore d'esser rimasto anch'egli catturato nell'interno dello zoo. Da questo senso d'impotenza a evadere non potrà esser scaturita l'idea della rottura del fidanzamento? Anche nell'ultima parte dei *Quaderni di Serafino Gubbio* la tigre assurgerà a protagonista assoluta (TIR, 722-35).

p. 22-23:
– Uno di questi quaderni di appunti derivati dal Meyer-Lübke, dal Diez, dal Demattio e da altri maestri degli studi provenzali (Luigi Pirandello, *Provenzale. Bonn a/Rh. 1889-90*, Zangarastampa, Siracusa, 1998) è ora pubblicato in riproduzione anastatica dalla Biblioteca-Museo 'L. Pirandello' di Agrigento.
– L'unico elemento di invenzione (e ne chiedo venia a chi legge) è l'aver immaginato una lettera di rampogna del Monaci al suo allievo, che questi distruggerà appena letta.
– Tutta la tragicomica vicenda in LDB, 122-131.

p. 24-29:
– C'è da riconoscere la capacità di recupero e d'impegno che, dopo un anno assolutamente dispersivo, il giovane sa dimostrare, preparando, tra la fine del semestre estivo e l'inizio di quello invernale, un lavoro sulla fonetica del dialetto girgentino, che al Foester, ormai scettico, dovette apparire una sorta di miracolo tipicamente italiano. In effetti la dissertazione, stampata ad Halle an der Saale ebbe la recensione, assai lusinghiera, del Meyer-Lübke («Literaturblatt für germanische und romanische Philologie», XI, 1891, p. 375) e quella dello Schneegans («Zeitschrift für romanische Philologie», XV, 1891, p. 571-74), il quale, in verità, si dovette impegnare soprattutto a difendere le proprie tesi attaccate dal siciliano "in modo veramente polemico e troppo soggettivo" (Adank, *op. cit.*, 84). Cfr. anche la prefazione di Giovanni Nencioni all'anastatica dei *Laute und Lautentwickelung*, Marlin, Pisa, 1973, e il recentissimo *Pirandello e la metafonesi. Due lettere inedite da Bonn*, di Marina Castiglione (Cenro di studi filologici e linguistici siciliani, Palermo, 2004), sul ritrovamento di due lettere a Gaetano Di Giovanni.

– Nella *Vita* scritta dallo stesso laureando per la *Inaugural-Dissertation zur Erlangung der Doktorwürde* è detto: «Insigni Foersteri comitate factum est, ut in seminarium eius philologicum reciperer, cuius per duo semestria fui sodalis ordinarius» (SPSV, 1279).

– Nel diploma di laurea il Rector Magnificus Hüffer dichiara solennemente: "*In virum ornatissimum Ludovicum Pirandello, siculum, postquam examina rite superavit et dissertationem lingua vernacula scriptam cui titulus est 'Laute und Lautentwicklung der Mundart von Girgenti' observatione accurata et docta expositione probabilem exhibuit, ex decreto ordinis summos in philosophia honores doctorisque nomen iura et privilegia contuli conlataque esse testor in eiusque rei fidem has litteras ordinis philosophorum sigillo sanciendas curavi. Datum Bonnae die XXI mensis martii MDCCCLXXXXI*". Adank, a proposito della *dissertatio probabilis* (ancorché *observatione accurata et docta expositione*) e dell'esame *rite superatus*, osserva: "Sono due giudizi non tanto favorevoli in sé per Pirandello. Considerando però che egli era l'unico italiano che si presentava agli esami tedeschi in quell'anno, e ciò ancora dopo soli tre semestri a Bonn, questi giudizi sono piuttosto una lode per lui" (*op. cit.*, 82). Un'ultima osservazione ci sia consentita su quel *Ludovicus*, che non è l'*Aloysius* che avrebbe richiesto una corretta traduzione latina del nome: come dire che anche nelle dottissime università della Germania imperiale si poteva incorrere in grossolani errori.

– Viene per ultimo ripreso il tema già accennato all'inizio, dal prof. Kreiner trattato nel suo *Pirandellos Endenicher Japaner*, in *Heitere Mimesis*, cit., p. 217-29. A lui chiedo ancora una volta scusa per la dimostrata insensibilità dello Spirito alla questione.

III

Lenau

p. 29-30:
– Per l'acquisto della lussuosa *Fiat 524* offertagli a metà prezzo dal Senatore Agnelli, cfr. LMA, 1020.
– È il carducciano e notissimo *Inno a Satana*.

p. 31:
– «Un largo, eloquente esame della coscienza moderna [...] e principalmente di quella artistica»: così nell'*Esclusa* è descritta la conferenza che Gregorio Alvignani, uno dei personaggi del romanzo, ebbe a svolgere all'università di Palermo (TIR, I, 150). Nessuna incertezza: il titolo, *Arte e coscienza d'oggi*, è lo stesso che il giovane laureato reduce da Bonn aveva adottato per una conferenza *non* nell'insigne ateneo palermitano, ma più modestamente al *Casino Empedocleo* di Girgenti. Ce n'è testimonianza in una lettera del marzo 1893

da Roma: «Il Babbo mi scrive che a Girgenti da un mese a questa parte si tengono ogni sabato conferenze al Casino Empedocleo; e vorrebbe che anch'io ne tenessi una pel giorno 25 del corrente mese» (LPI, 111). La conferenza, dunque, tenuta in occasione di un soggiorno a Girgenti (che si prolungherà poi fino a giugno per una serie di dolorose cure d'una adenite inguinale), verrà poi pubblicata in settembre su la «Nazione Letteraria», uno dei giornali sperimentali degli Orvieto prima della grande avventura del «Marzocco» (SPSV, 891-906).

– "L'acribico esegeta" che aveva supposto lo svolgimento della conferenza all'università di Palermo è il curatore delle LDF, 135.

– In un'altra lettera (LPI, 111-12) accenna al successo privato e familiare della sua conferenza facendone un quadretto domestico irresistibile: «...esco ogni sera con la Mamma e Annetta [*la sorella minore*]; si va da Maria [*una cugina*], che non sta ancora bene; si tagliano i panni al prossimo o si rileggono le conferenze, la mia e quella di Ciccio De Luca, con quanta tortura pei bambini potete immaginare. L'altra sera Michelino d'Annicchia [*un'altra cugina*] domandava atterrito a Maria: – *Zia Marì, chi si nn'hannu a leggiri assà conferenzi nni sta casa?*». Per quel che riguarda "Ciccio" (Francesco) De Luca, un giovane avvocato imparentato dal lato materno alla famiglia e amico di Luigi, v. qui la nota succ. alle *p. 71-72*.

– Su tutta la questione della *renaissance de l'idéalisme* e delle discussioni e polemiche che ne seguirono in Francia e in Italia, è essenziale L. Mangoni, *Una crisi di fine secolo. La cultura italiana e la Francia tra Otto e Novecento*, Einaudi, Torino 1985. Sulla crisi del romanzo naturalista rimane insuperato G. Debenedetti, *Il Romanzo del Novecento*, Garzanti, Milano, 1971. Sulla partecipazione di Pirandello «a quelle appassionate discussioni e che anzi in un certo senso vi prese parte manifestando opinioni in contrasto» (SPSV, 410), cfr. l'introduzione a LDF, 9-30, dove l'argomento è ampiamente trattato.

– L'articolo incriminato era *Il neo-idealismo*, che apparve ne «La domenica italiana» del 27 dic. 1896 (ora in SPSV, 913-21); su di esso cfr. CI, 274.

p. 32:
– La provvista di testi tedeschi fatta dal giovane a Bonn è ricostruibile attraverso BLP, 144-163, nella sezione "stranieri".

– Il giudizio del Lenau circa il *Faust* goethiano è in una lettera dell'11 nov. 1833 che egli scrisse all'amico Georg Reinbeck; cfr. N. Lenau, *Faust*, a c. di Alberto Cattoi, Marietti, Casale Monferrato, 1985, p. X.

– Sul patrocinio del Pascoli all'edizione pirandelliana della traduzione delle *Elegie romane* del Goethe illustrata dal Fleres e sul suo successivo pentimento, v. *Lettere inedite del Pascoli ad Angiolo Orvieto*, in «Il Ponte», XI, 11, nov. 1955, in particolare alle p.1880-81, e A. Barbina, *Sul primo Pirandello recensore e recensito*, in *Pirandello negli anni Sessanta*, Carucci, Roma, 1973, p. 121-22 e 140-43.

– Nelle citazioni dal *Faust* mi rifaccio all'edizione con testo a fronte a c. di A. Cattoi, cit.; qui v. p. 6.

– *L'ascensione*, traduzione della prima delle ventiquattro parti del *Faust* di Lenau, fu pubblicata nel periodico milanese «Musica e Lettere», il 4 febbr. 1900. Il titolo originale è *Morgengang* cioè passeggiata mattutina, ma il traduttore volle sottolineare il senso d'ascesa e la ricerca d'assoluto che sin dai primi versi si coglie nella composizione; cfr. SPSV, 819-21.

– Lenau, *Fausto*, traduzione di Fabio Nannarelli, U. Hoepli, Milano, s. d. (ma 1900 circa). Sulla traduzione pirandelliana v. A. Barbina, *L'ombra e lo specchio...*, cit., p.72-77.

p. 35-36:

– La XII della *Pasqua di Gea* mostra uno stato d'animo ben lontano dal *Weltschmerz* che Lenau regala al suo *Faust*. Non è un caso che una lieta presenza femminile abbia ispirato e accompagnato la composizione di quest'operetta pirandelliana dedicata alla primavera come rinascita della vita sulla terra. Cfr. SPSV, 520-22.

– Se il contrasto uomo-dio è dominante per il romantico Lenau, molto meno lo è per l'attardato e scettico positivismo pirandelliano. Mentre la lotta prometeica di Faust con dio non riuscirà mai a comporsi, concludendosi infine col suo suicidio (e con la follia di Lenau), al siciliano verrà in sostegno la consapevolezza realistica dei limiti, da cui egli maturerà la rinuncia a una inutile lotta. Tutto ciò, d'altronde, verrà pagato con un non meno dilacerante pessimismo, che heinianamente ride del suo dolore in una visione umoristica della vita e dell'arte.

– N. Lenau, *Faust*, cit., p. 12-14.

– Il motivo del *savio bestiame, per cui la sola verità, ch'esista, è l'erba che gli cresce sotto il mento* (SPSV, 897), viene direttamente dal passo del Lenau. Entrerà nel bagaglio permanente dello scrittore per diventarne, se così si può dire, un *leitmotiv*, a cominciare dal poemetto *Belfagor* e da *Arte e coscienza d'oggi*. Sulla sua persistenza nell'ideologia pirandelliana rinvio a LDB, 19 n. 31, e PAP, 61-64, con le esemplificazioni ivi riportate. In questi stessi *Colloqui* il tema sarà richiamato più volte.

p. 37:

– L'elegia boreale *Lancia a scabre roccie la fune...* apparve sulla «Cronaca d'arte» del 1° marzo 1891. Cfr. SPSV, 575-76. Su questa elegia, rimasta esclusa dall'edizione delle *Elegie renane*, v. W. Hirdt, *Pirandellos nordische Elegie Lancia a scabre roccie la fune su 'l monte fatale*, in *Aufstieg und Krise der Vernunft. Komparatistische Studien zur Literatur der Aufklärung und des Fin de siècle*, a. c. di M. Rössner e B. Wagner, H. Böhlau, Wien, 1984, p. 389-98.

– Sull'elegia *Lancia a scabre roccie la fune...* cfr. la lettera inviata da Bonn, LDB, 168-69.
– «Che è divenuto l'uomo? Che è divenuto questo microcosmo, questo re dell'universo? Ahi povero re!»: il brano è in *Arte e coscienza d'oggi* (SPSV, 896).
– Seguono varie esemplificazioni a conferma dell'influsso esercitato dal *Faust* di Lenau sul giovane Pirandello.
– N. Lenau, *Faust*, cit., 18.
– N. Lenau, *Faust*, cit., 34. La citazione pirandelliana deriva sempre da *Arte e coscienza d'oggi*, SPSV, 896.
– N. Lenau, *Faust*, cit., 184.
– N. Lenau, *Faust*, cit., 190.

p. 41:
– N. Lenau, *Faust*, cit., 132, e cfr. G. Faustini, *Luigi e Jenny...* cit., p. 302, G. R. Bussino, *Jenny...*, cit., p.174.

IV

Se...

p. 43-44:
– Franco Cardini ha di recente richiamato l'attenzione su Charles-Bernard Renouvier (1815-1903) e sulla sua teoria dell'*ucronía*. V. *Il ritmo della storia*, Rizzoli, Milano, 2001, p. 23-35. Scrive Cardini: «È arduo, praticamente impossibile, ma non sarebbe irrilevante, il calcolare con microesattezza le conseguenze di un fatto banale e consueto come il ritardo di un treno: esso in realtà si riflette su migliaia di altri microsistemi fatti di cose, di gesti, di parole. Affari andati a monte, appuntamenti mancati, fidanzamenti rotti, occasioni perdute, intese politiche saltate in aria» (p. 32). Sembra di leggere l'*incipit* della novella *Se...*
– «Ci vuol dinamite, sangue di Dio! Io divento ogni giorno più *rosso* e provo un'immensa voluttà di dissolvimento. Sfasciare, sì, sfasciare questa brutta barca! Io lo sogno!», così scriveva nel genn. 1887 il giovane Pirandello, anch'egli preda del sogno ucrónico di un'Italia diversa.
– Il giudizio negativo del Pascoli sui *nati sotto il settanta* si collega alla polemica carducciana delle *mosche cocchiere*, che dilagò tempestosamente tra il 1896 e il '98 sui giornali letterari, dal «Marzocco» in giù, dopo che il giovane Ojetti aveva petulantemente tamburreggiato sull'*inesistenza di una letteratura italiana moderna*. A quelle polemiche si riferiva Pirandello quando, nel discorso su Verga, diceva di avervi partecipato «manifestando opinioni in contrasto». Su tutto ciò cfr. l'introduzione alle LDF, 17-30.

– Parlando nel febbr. '93 delle avvilenti condizioni del lavoro letterario in Italia, egli tuttavia notava che meno peggio di lui s'erano trovati coloro che ai tempi del Sommaruga avevano potuto farsi un po' di nome, « ch'ebbero cioè quel che si suol dire un *soffio in culo*»; LDF, 133.

p. 45-47:
– La novella *Se…* venne pubblicata per la prima volta nel 1894. Cfr. NPA, I, 2, 1163.
– Cfr. E. Thovez, *Il Pastore, il Gregge e la Zampogna. Dall'Inno a Satana alla Laus Vitae*, R. Ricciardi, Napoli, 1926[4], p. 5.
– Il tema delle origini e della formazione del drammaturgo siciliano è stato analizzato da Luigi Russo ne *Il noviziato di Luigi Pirandello*, in *Ritratti e disegni storici. Dal Carducci al Panzini*, Laterza, Bari, 1951. V. anche M. Boni, *La formazione letteraria di Luigi Pirandello*, in «Convivium», Torino, 1948, 3, p. 321-50.
– G. Carducci, *Jaufré Rudel. Poesia antica e moderna,* conferenza tenuta in Roma l'8 aprile 1888 nella sede della *Società per l'istruzione scientifica letteraria e morale della donna*, Zanichelli, Bologna, 1888 (l'opuscolo è presente nella libreria pirandelliana di via Bosio). V. BLP, 49 in nota, e A. Barbina, *La "bella, fantastica romanza" di Melisenda*, in «Ariel», VIII, 1, genn.-apr. 1993, p.141-43.

p. 48:
– Su Tito Màmmoli cfr. LGPR, 233. Al Màmmoli, ben introdotto negli ambienti teatrali della città e in rapporti col capocomico Enrico Dominici che agiva con la sua compagnia al teatro Manzoni, si accompagnava in quel primo periodo romano il giovane Pirandello nella speranza di far rappresentare le scene siciliane cui aveva dato il titolo di *Comedia volgare*, poi ribattezzate *Fatti che or son parole*. Le esaltazioni e i sogni di cui dà testimonianza la lettera del 4 dic. '87 (LGPR, 237), saranno frustrati quando il Dominici manderà invece in scena *Le povere suicide* del Màmmoli (LGPR, 250, e cfr. G. Morelli, *Le povere suicide di Tito Màmmoli*, in «Strenna dei Romanisti», Staderini, Roma, 1981, p. 291-300).
– Nell'agosto 1898, tra la fine del mandato del prefetto De Seta e l'inizio di quello del prefetto Serrao, lo zio Rocco si trovò a reggere la prefettura di Roma. L'episodio è richiamato da M. Cacioli, *I prefetti di fine secolo (1893-1900)*, in *La prefettura di Roma (1871-1946)*, a c. di M. De Nicolò, Il Mulino, Bologna, 1998, p.442, 450-51. Un particolare non privo di comicità sulla *reggenza*, poi affidata di fatto al commissario di governo O. Germonio, è in LDF, 348, n.3.
– «…mi levo adesso adesso dal lavoro […]. Ma ancora non riesco a connetter nulla. Aspettate. Mi girano ancora per la mente Giovanni Guarnara e Marta Ajala, personaggi d'un romanzo che sto scrivendo. Sono già andati via…»; LDF, 132.
– «Ora supponiamo per un momento che questi personaggi, a un tratto, per un prodigio, balzino dal libro vivi innanzi a noi, nella nostra stanza, e si met-

tano a parlare con la loro voce e a muoversi e a compiere la loro azione senza più il sostegno descrittivo o narrativo del libro. Nessuno stupore! Questo prodigio appunto compie l'arte drammatica. Ricordate la bella romanza fantastica di Arrigo Heine su Jaufré Rudel e Melisenda?», *Illustratori, attori e traduttori* (1908), SPSV, 213-14. « Ora questo prodigio può avvenire a un solo patto: che si trovi cioè la parola che sia l'azione stessa parlata, l'azione viva che muova, l'espressione immediata, connaturata con l'azione, la frase unica, che non può esser che quella, propria a quel dato personaggio in quella data situazione: parole, espressioni, frasi che non s'inventano, ma che nascono, quando l'autore si sia veramente immedesimato con la sua creatura fino a sentirla com'essa si sente, a volerla com'essa si vuole», *L'azione parlata* (1899), SPSV, 1015-16.

p. 49-51:
– *Elegia renana X*, in SPSV, 566-68.
– Sulla conoscenza e sull'utilizzo delle *Sagen und Geschichten des Rheinlandes* di C. Geib, v. W. Hirdt, *Pirandello a Bonn…*, cit., p. 71-73.

V

Rocco e le due famiglie

p. 53-56:
– La ricostruzione della storia delle due famiglie, quella dei Ricci-Gramitto e quella dei Pirandello, è ricavata da fonti archivistiche e storiche. I risultati di queste ricerche sono stati già presentati nel 1994 sotto il titolo complessivo *Il Risorgimento familiare di Luigi Pirandello*, nell'introduzione a LGPR, 11-81. Lo stesso titolo è stato utilizzato anche per altri ulteriori approfondimenti, *Note e appunti* apparsi in «Ariel» IX, 2, magg.-ago. 1994, p. 107-18, e *Lo zio Canonico*, *ibid.*, XIII, 1-2, genn.-ago. 1998, p.249-56. Anche ora qui, pur muovendo da quei risultati, non si è voluto rinunciare a qualche ulteriore approfondimento: la forma affabulatoria non fuorvii quindi dai risultati di talune nuove ricerche effettuate sulla sepoltura di Giovanni Battista Ricci-Gramitto. In proposito mi è caro rivolgere un particolare ringraziamento all'Arciprete della Chiesa parrocchiale di Cospicua, che mi ha fornito i dati del *Liber mortuorum* della Collegiata dell'antica Bùrmula (Tav. IV), nonché al Padre Francesco Azzopardi della Curia provinciale dei Cappuccini di Floriana (Malta), che mi è stato largo di consigli preziosi.
– «Là sposò giovanissimo una Vella…», così in US, 29 e poi sempre conformemente ripetuto dai biografi. Per l'abate Vella ho utilizzato il classico G. Pitrè, *La vita in Palermo cento e più anni fa*, A. Reber, Palermo, 1904, vol. II: *L'ab. Vella e la sua famosa impostura*, p. 359-74.

p. 58-59:

– Un legame di parentela tra i Ricci-Gramitto e i Genuardi fu stretto quando una sorella minore di Giovanni Battista, Adriana, andò sposa a Gerlando Genuardi, originario di Comitini, il creatore della ricchezza della famiglia. Ma sarà il loro figlio Ignazio a portare ai massimi fastigi e poi a rapida rovina l'immensa fortuna costituita dalla proprietà di quasi tutte le miniere di zolfo siciliane, da un vastissimo patrimonio immobiliare e da crediti sempre generosamente largiti dalle banche e anche da numerosi speculatori privati. Ignazio Genuardi, clericale e borbonico, a differenza dei cugini Ricci-Gramitto non partecipò alle lotte risorgimentali ma seppe gattopardescamente adattarsi al nuovo regno sabaudo ricevendone la nomina a senatore il 9 novembre 1872 (governo Lanza). Tale nomina aveva spinto *l'imperatore degli zolfi* (come veniva chiamato) ad allentare il controllo sui suoi affari, che a un certo punto gli sfuggirono completamente di mano, mentre il fascino della nuova capitale e della vita mondana lo induceva a un tenore di vita estremamente dispendioso pur se consono alle sue immense ricchezze. L'enorme esposizione debitoria (oltre 14 milioni di lire, superiore di alcuni milioni a tutto il suo pur grande patrimonio immobiliare) aprì un'improvvisa e inarrestabile falla quando un creditore, e neppur dei maggiori, Gaetano Pàncamo, presentò istanza risarcitoria al tribunale di Girgenti. La sentenza di fallimento della ditta *Ignazio Genuardi e figli* venne pronunciata dal tribunale il 20 marzo 1876 giacché, nel frattempo, il senatore aveva rassegnato le dimissioni dall'alta carica preferendo al processo davanti al Senato costituito in Alta Corte, quello dinnanzi alla magistratura ordinaria della sua città. Anche il quarantenne Stefano Pirandello, con forti cointeressenze nelle imprese Genuardi e che non aveva saputo a tempo porsi in salvo, subì le conseguenze di quel tracollo perdendo quasi interamente il suo capitale. Egli dovette trasferirsi di nuovo a Palermo e ritornare per alcuni anni alle dipendenze dell'azienda del fratello Felice (cfr. *Pirandello & lo zolfo*, mostra a c. della. Biblioteca-Museo Regionale 'Luigi Pirandello', ed. fuori commercio, Agrigento, 2000, fasc. VIII). Sui Genuardi e sulle loro vicende v. R. Giuffrida, *Politica ed economia nella Sicilia dell'ottocento*, Sellerio, Palermo, 1980, p.207-12, e O. Cancila, *Storia dell'industria in Sicilia*, Laterza, Roma-Bari, 1995, p.149-153.

– Martino Lori è il protagonista di *Tutto per bene*.

– "*Il cannocchiale rovesciato*" e "*la filosofia del lontano*" sono espressioni concettuali che appaiono in novelle quali *Rimedio: la Geografia*, *Pallottoline!*, *La tragedia d'un personaggio*.

– Cosmo Laurentano è il personaggio 'filosofico' di *I vecchi e i giovani*.

– Vitangelo Moscarda è il protagonista di *Uno, nessuno e centomila*.

– Su Luigi Antonio Villari, ricordato assieme ad altri umoristi al termine della prima parte del saggio *L'Umorismo* (SPSV, 119), v., per i suoi rapporti con Pirandello, PAP, 161-75, e anche la succ. nota alla *p. 93*.

p. 60-61:
– Per Antonino Campanozzi, richiamato all'attenzione dei più dalla dedica del manoscritto del *Fu Mattia Pascal* ora nella Houghton Library dell'università di Harvard (Cambridge, Mass., U.S.A.), rinvio a PPI, 40-54. Sull'argomento v. anche MN, II, 115-16 in nota, e A. Barbina, *Amici della cordata siciliana: A. Campanozzi*, in «Ariel», XVII, 1, genn.-apr. 2002, p. 145. Qui di seguito, inoltre, la nota alla *p. 93.*
– L'episodio della fanciullina del balcone è nell'US, 64-65; quello della villanella è adombrato in *Peppino mio, lettere di Luigi Pirandello a Giuseppe Schirò*, con un saggio introduttivo di Matteo Mandalà, a c. di A. Perniciaro, F. Capobianco, C. A. Iacono, Biblioteca-Museo Regionale 'Luigi Pirandello', ed. fuori commercio, Agrigento, 2002, p. 52-55. L'edizione, condotta sugli originali e con quattro lettere inedite, rende evidenti "le discutibili scelte editoriali" (p. 14) operate dalla precedente edizione, *Amicizia mia, lettere inedite al poeta Giuseppe Schirò* a c. di A. Armati e A. Barbina, Bulzoni, Roma 1994.

p. 62-63:
– Il matrimonio religioso di Rocco Ricci-Gramitto con Adelaide Verger è un'altra notizia di cui finora non si aveva conoscenza. Della documentazione messami a disposizione (Tav. VI), cordialmente ringrazio la signora Mirna Verger e i signori Carlo De Angelis e Roberto Bontempi.
– «Tu sai che Rocco fu per me...», LDF, 368.
– Grazie al leopardiano *Dialogo di Federico Ruysch e delle sue mummie*, il nome dell'imbalsamatore olandese era ben presente alla mente del giovane Luigi quando nell'estate del 1887 si provò a riallacciare i rapporti epistolari con il compagno di studi Carmelo Faraci: «...Se vuoi, rispondimi, o altrimenti rimetti il morticino nella fossa, e credi pure, come io credo, che quest'oggi i morti, come le mummie di Federico Ruysch, han parlato», LGPR, 212.
– Orazio Antinori, il celebre esploratore e imbalsamatore, tra i fondatori della Società geografica italiana, è ricordato nel romanzo *I vecchi e i giovani*: Mauro Mortara racconta d'essere stato da lui assoldato per la caccia alle belve nel deserto della Libia e d'aver passato sei anni al suo servizio, apprendendo da lui l'arte dell'imbalsamatore, TIR, II, 150-51.
– A proposito della pietrificazione del corpo di Mazzini ad opera del Gorini, v. S. Luzzatto, *La mummia della Repubblica. Storia di Mazzini imbalsamato 1872-1946*, Rizzoli, Milano, 2001. Luzzatto sottolinea l'ambivalente approccio al tema della morte della cultura laica ottocentesca (*ivi*, p. 49-65 e *pass.*), che, da un lato, accetta la tradizionale conservazione dei corpi ancora e soltanto quando dalle tecniche dell'imbalsamazione o della pietrificazione ne venga esaltata la radice scientifica del risultato; e introduce, d'altro canto, la cremazione come moderna forma d'igiene ed insieme come ritorno alle tradizioni laiche della civiltà greco-romana. Il testamento pirandelliano, che ripudia ra-

dicalmente la conservazione corporea, si inquadra in queste tematiche e si motiva ulteriormente con l'orrore per la decomposizione e con l'inveterata avversione a qualsiasi limite alla libertà di disporre di sé e del proprio corpo. – L'episodio dell'intervento censorio di Renato Simoni sulla novella *L'illustre estinto* per la descrizione d'una *digestio post mortem*, in CI, 51.

p. 64-70:
– Viene ripercorsa la vita di Rocco Ricci-Gramitto, già oggetto di un ampio studio in LGPR, 34-79, cui si rinvia per ogni possibile riferimento bibliografico e archivistico. La novità qui consiste nel *capitolo* dal titolo *La proprietà è un furto, la famiglia un nome*, tip. E. Romito, Girgenti, 1871, che si rivela importante per la stessa formazione intellettuale del giovane Pirandello. Debbo alla generosità dell'amico prof. Giuseppe Faustini (Skidmore College, N.Y., U.S.A.) l'aver potuto disporre del testo, creduto disperso per una mia deficienza di ricerca e che non avevo utilizzato precedentemente. Chi per primo ha posto l'accento sull'influenza esercitata da Rocco Ricci-Gramitto sul nipote è stato P. Mazzamuto nel suo *L'arrovello dell'arcolaio*, Flaccovio, Palermo, 1974, soprattutto nel cap. *La cultura agrigentina dell'800 e il primo Pirandello*.

VI

Amici e maestri

p. 71-72:
– «Città delle tarasconesi iniziative», così Pirandello chiama la Palermo dei suoi anni giovanili in una lettera a Carmelo Faraci (Bussino, *Alle fonti…*, cit., p. 21), ed in effetti la vivacità culturale dell'antica capitale siciliana si percepiva non soltanto nella mai sopita contesa per la primazia con Napoli, ma anche nell'asse privilegiato sempre mantenuto attivo con la Parigi del gusto, della raffinatezza e della cultura. A Palermo egli iniziò quella sua vita irrequieta di artista e di poeta assieme ai coetanei Carmelo Faraci, Giuseppe Schirò, Enrico Sicardi, in uno scambio paritario e stimolante di esperienze intellettuali con gli esponenti più in vista della *intellighenzia* locale: i Pipitone-Federico, i Cesareo, i Lo Forte-Randi, i Salvioli, i Cortesi, i Fraccaroli. Cfr. LGPR, *ad nom. et pass.*; LDB, 17-18; G. Santangelo, *Influenza della poesia dell'800 sulla produzione lirica pirandelliana*, in *Pirandello poeta*, cit., soprattutto alle p. 34-38.
– Sul Faraci, oltre al richiamato lavoro di G.R. Bussino, v. A. Barbina, *Amami come fratello…* in «Ariel», XIV, 3, sett.-dic. 1999, p.159-170.
– I rapporti intellettualmente molto intensi tra Schirò e Pirandello, testimoniati dalle lettere di quest'ultimo, entrarono in crisi e poi definitivamente s'interruppero a causa del matrimonio di Lina, la sorella di Luigi, della quale

lo Schirò s'era invaghito senza ottenere quell'appoggio dall'amico ch'egli aveva sperato (cfr. *Peppino mio, lettere a Giuseppe Schirò*, cit., p. 199-213). Le qualità poetiche dello Schirò indussero Luigi, che le teneva in gran conto, a utilizzare alcuni testi albanesi dell'amico e, nel periodo di Bonn, financo a tentare una traduzione in lingua tedesca dell'idillio di Mili e Hajdhìa, cfr. G. Faustini, *A proposito di Pirandello traduttore*, in «Ariel», XVI, 3, sett.-dic. 2001, p. 197-218.

– Giuseppe Salvioli, titolare della cattedra di storia del diritto italiano, era allora uno dei punti di riferimento degli studenti palermitani, che affluivano numerosi anche da altre facoltà per seguirne le lezioni. Una traccia del suo magistero sul giovane Pirandello è rimasta nel poemetto *Pier Gudrò* e in certe riflessioni di *Liolà* a proposito della proprietà terriera, cfr. PPI, 32-33. Intorno al Salvioli si formò una leva di giovani attratti dal nascente movimento socialista, che in Sicilia troverà espressione nei fasci siciliani. Sui fasci, oltre alla letteratura coeva, di cui in particolare N. Colajanni, *Gli avvenimenti di Sicilia e le loro cause*, Sandron, Palermo, 1894, v. i recenti S. F. Romano, *Storia dei fasci siciliani*, Laterza, Bari, 1959, F. Renda, *I fasci siciliani 1892-94*, Einaudi, Torino, 1977.

– Ignazio Salemi, di Montemaggiore, studente in medicina, sul quale v. LGPR, 173.

– Nicolò Barbato di Piana dei Greci dov'era nato nel 1856, medico: il "carissimo amico Barbato" della lettera a Schirò del 19 giugno 1889, su cui v. *Peppino mio, lettere a Giuseppe Schirò*, cit., p. 236-37. "A Barbato si ispirerà Pirandello per tratteggiare il profilo di Cataldo Sclàfani, il mistico rivoluzionario socialista de *I vecchi e i giovani*" (*ibid.*, 270). V. anche DBI, vol. 6, 135-38.

– Francesco De Luca, ricordato precedentemente (v. nota alla *p. 31*) a proposito delle conferenze del marzo 1893 al *Casino Empedocleo*, subì arresti e persecuzioni per essere stato presidente del fascio di Girgenti, v. F. De Luca, *Prigionìe e processi. Una pagina di storia siciliana. Ricordi del 1894*, Giannotta, Catania, 1907. Il De Luca aveva un legame parentale con i Ricci-Gramitto, avendo preso in moglie Laura, figlia di Carmela Bartoli (*ibid.*, 47 e 109). Dei fratelli Bartoli noi conosciamo, oltre ad Anna, la nonna materna di Luigi, il prozio Domenico (*zio Mimì*), procuratore generale della cassazione e senatore del regno (LGPR, 29 in nota, 42; LDF, 65, 107), quest'altra sorella, Carmela, suocera del De Luca, e infine Francesco Salesio anch'egli, con Domenico, tra i girgentini che s'erano impegnati nella rivoluzione antiborbonica del '49 (LGPR, 29 in nota).

– Il giovane Pirandello, interessato com'era allora a tali temi, con tutta probabilità nell'inverno 1888-89 seguì le lezioni romane di Antonio Labriola sulla rivoluzione francese, al centro delle attese di un uditorio di "studenti, signore italiane e straniere, giornalisti, molti signori amici miei o curiosi", come lo stesso Labriola scriveva in una lettera al Barzilai (A. Labriola, *Carteggio II, 1881-1889*, a c. di S. Miccolis, Bibliopolis, Napoli, 2002, p. 480). Quando, nel febbr. '89, le manifestazioni degli operai edili per la crisi edilizia sfociarono in una sommossa per le strade della città, lo stesso Labriola fu oggetto di una violenta contestazione studentesca fomentata da un giornale romano che l'accusava di aver incitato gli operai alla rivolta. Di ciò lo studente Pirandello, fortemente impressionato, riferiva ampiamente nelle lettere ai familiari di quei giorni (LGPR, 316-17).

p. 73-74:
– L'episodio di Menico La Licata in LGPR, 121-22.
– Su Enrico Palermi, LGPR, 111-12, 256.
– «Bisogna proprio dire che Enrico Sicardi è nato per me sotto maligna stella», così in LDB, 45-46, a proposito degli errori di stampa nel *Mal giocondo*.
– «Ho finalmente trovato il mio Sancio Panza, voglio dire, un editore in persona di un tedesco che ha nome Carlo Clausen [...] compratore della famosa ditta Ermanno Loescher e C° Torino», LGPR, 325.

p. 75-76:
– Su Domenico Gnoli, sulla sua stroncatura al *Mal giocondo* e sulle reazioni suscitate tra gli amici siciliani di Luigi, v. PAP, 177-185.
– Sulla «Gazzetta d'arte», di Palermo, diretta da Ferdinando Di Giorgi, Pirandello pubblicò il primo frammento a stampa del poemetto *Belfagor*, v. PAP, 33-34.
– L'alloggio di Capuana di via in Arcione è entrato nelle cronache letterarie come punto d'incontro e di riferimento tra le vecchie e le nuove generazioni di quell'ultimo decennio del XIX secolo. Era lì che i giovani di belle speranze, per lo più meridionali, trovavano accoglienza generosa di consigli e di aiuti. Memorialisti della vita culturale della Roma umbertina furono, tra gli altri, Ugo Fleres, il contubernale con Saya di quell'alloggio, nel postumo *Caleidoscopio di Uriel*, Danesi, Roma, 1952, e Lucio D'Ambra nei suoi TVL, soprattutto nel primo volume *La partenza a gonfie vele*.
– Sul Fleres v. G. Natali, *Ricordi e profili di maestri e amici*, Ediz. di Storia e Letteratura, Roma 1965, p. 111-25, e DBI, vol. 48, 298-301.

p. 77:
– Il rapporto di amicizia con Giovanni Alfredo Cesareo, testimoniato da un carteggio pubblicato da A. M. Dotto («Nuovi Quaderni del Meridione», V, 20, ott.-dic. 1967, p. 473-81), è analizzato anche alla luce di nuovi documenti da A. Barbina, *La grande (e piccola) conversazione Pirandello-Cesareo*, in «Ariel», XVII, 1, genn.-apr. 2002, 139-156. Sull'influenza del Cesareo nella formulazione della teoria sull'umorismo, v. Paola Casella, *L'Umorismo di Pirandello, ragioni intra- e intertestuali*, ed. Cadmo, Fiesole, 2002, p. 16-18, 174-83 e *pass.*
– Il decennio felice della *liaison* del Cesareo con la Contessa Lara è descritto, sia pur con la riservatezza dovuta ai sopravvissuti, da Maria Borgese in *La con-*

tessa Lara, una vita di passione e di poesia nell'Ottocento italiano, Treves, Milano, 1938. Quando Eva Cattérmole, al termine della sua parabola terrena, venne ferita mortalmente dall'ultimo amante (30 novembre 1896), a visitare la povera salma "vennero – melanconico pellegrinaggio – Eugenio Rubichi, direttore della *Tribuna illustrata* […], Gino Monaldi, Pirandello, Capuana…" (*ibid.*, 240). Sul Cesareo v. anche DBI, vol. 24, 146-49.

– Su Giuseppe Màntica, nato a Reggio Calabria nel 1865 e morto ad Ariccia nel 1907 ad appena quarantadue anni, v. G. Natali, *Ricordi e profili…*, cit., p. 223-32. Sull'avventura arielana, di cui l'on. Màntica ebbe il patrocinio stendendone la pagina di presentazione, peraltro alquanto anodina, cfr. SPSV, 1080-81; e A. Barbina, *Ariel. Storia d'una rivista pirandelliana*, Bulzoni, Roma, 1984, *pass.*

– La memoria di Giustino Ferri si raccomanda principalmente alla recensione che del suo più importante lavoro, il romanzo *La camminante*, ne fece lo stesso Pirandello, SPSV, 992-96. Ma in comune tra i due c'era anche quel sentimento che al Ferri ispirò un altro suo romanzo, *Il capolavoro* (1901), ironica raffigurazione del furoreggiante superomismo dannunziano. Una vita breve anche la sua, che s'interruppe a 56 anni. Su di lui v. anche DBI, vol. 47, 161-63.

– A proposito di Giuseppe Aurelio Costanzo ci si riferisce qui soprattutto a quegli atti di generosità e di amicizia del direttore dell'Istituto di Magistero verso il giovane professore alle sue prime armi, di cui ci ha informato G. Natali, *Lettere inedite di Verga e Pirandello a G. A. Costanzo*, «Nuova Antologia», fasc. 1889, maggio 1958, p.126-29. Sulla sua militanza massonica v. A. A. Mola, *Storia della Massoneria dalle origini ai nostri giorni*, Bompiani, Milano 1993[3], p.264, 995 e *pass.* V. anche DBI, vol.30, 400-02.

p. 78-81:
– L'articolo di Lucio D'Ambra così prosegue: "Siciliano è Giovanni Verga, il maestro possente e glorioso; siciliano è Luigi Capuana, il vecchio e illustre combattente per le più nobili battaglie e che pur ieri nella sua prolusione su la *Scienza nella letteratura* pronunciata all'università di Catania, mostrava d'essere ancora animato dai più vivaci e geniali spiriti giovanili, quasi egli non avesse circa quarant'anni di penna e più di trenta volumi che portano il suo nome illustre; siciliano è Federico De Roberto, il forte autore dei *Viceré*, uno dei nostri più eminenti romanzieri; siciliano è l'ingegno non sempre ugualmente simpatico ma sempre luminoso e possente di Mario Rapisardi; siciliano è un critico come il Cesareo, un geniale scrittore proteiforme qual è Ugo Fleres; siciliani sono dei commediografi valorosi quali Sabatino Lopez, se non erro, e Ferdinando Di Giorgi, dei romanzieri e dei novellieri quali il Ragusa-Moleti, E. G. Boner e Luigi Pirandello…". Era l'omaggio reso a una cultura meridionale dalla quale lo stesso Manganella proveniva ("di nascita napoletano, di vita romano, di tendenze parigino", così di lui il Fleres). Una palese

svista è invece l'attribuzione di sicilianità al livornese Lopez, mentre viene inspiegabilmente dimenticato il nome di Nino Martoglio. Cfr. Paola Casella, *Strumenti di filologia pirandelliana*, Longo ed., Ravenna, 1997, p. 209, n.29. L'accoglienza data alle novità pirandelliane se, da un lato, era un riconoscimento dovuto al valore dell'artista non ancora a pieno affermato, dall'altro era un segno di solidarietà nei confronti d'un collega in improvvise difficoltà e che alla frustata ricevuta aveva saputo reagire coraggiosamente.

– Il testo virgolettato è ricavato dall'introduzione al *Per l'arte*, Giannotta, Catania, 1885, riprodotta in L. Capuana, *Verga e D'Annunzio*, a c. di Mario Pomilio, Cappelli, Bologna, 1972, p. 96 e 102-103.

– I versi delle *Allegre XI*, in *Mal giocondo*, SPSV, 468-69.

– *Prosa moderna*, «La Vita nuova», 5 ott. 1890, cfr. SPSV, 878-81, uno dei primi scritti letterari che innescherà la polemica *sulla solita questione della lingua* col Mastri (SPSV, 881-87). Nell'occasione ribadirà d'aver letto non sa più quante volte il proemio dell'Ascoli e manterrà il suo punto affermando, sempre con l'Ascoli, che il principio unificante della nostra lingua non sta nella stucchevole *neofiorentinità* degli attardati manzoniani o nel malinteso orgoglio municipalistico dei fiorentini, ma proprio nel processo di diffusione del sapere e nell'estensione sociale e nazionale della lingua, secondo il dantesco "quod in qualibet redolet civitate, nec cubat in ulla" (VE, I, XVI, 5). V. anche sul Mastri la succ. nota a *p. 93*.

– I versi delle *Allegre X*, in *Mal giocondo*, SPSV, 468.

– È nell'articolo del 1896 sul *Neo-idealismo* (SPSV, 913-21) che adopera la formula del Tommaseo (*ibid.*, 916), destinata a guidarlo «nelle tormentose ricerche d'una prosa viva, efficace, adatta a rendere tutte le quasi impercettibili sfumature del pensiero moderno», come lo stesso Capuana aveva suggerito (SPSV, 411).

p. 82-84:

– «Attendo a un romanzo di cui ho già scritto 6 capitoli, senza trovarne ancora il titolo; volevo chiamarlo *L'infedele*; ma non mi va» (LDF, 112). La lettera ai familiari, senza data ma risalente sicuramente al sett.-ott. 1892, è di quando, dopo due mesi di ozio, era stato di nuovo preso dalla febbre del lavoro (*ibid.*, 115). *L'infedele* è il primo titolo provvisorio de *L'esclusa*.

– "Si ricordano un po' convenzionalmente per *L'esclusa* i casi patologicamente aberranti narrati in *Ribrezzo* e *Giacinta* [romanzi del Capuana], mentre sembrerebbe più pertinente il rinvio allo 'squisito' – come lo chiama lo stesso Pirandello – *Profumo*: storia abbastanza singolare, fisiologica prima che etica, di un rapporto coniugale represso dall'ossessione materna da cui è dominato il protagonista" (N. Borsellino, *Ritratto e immagini di Pirandello*, Laterza, Bari, 1991, p.150). Di quest'osservazione di Borsellino possiamo solo registrare che qui lo Spirito l'ha fatta propria. 'Squisito' è definito il romanzo nella recensione a *Il Marchese di Roccaverdina* (SPSV, 960).

– «A Lucio D'Ambra, mio vicino di casa e di cuore», così nella dedica di *Erba del nostro orto* (1915).

– Tra le tante immagini di Pirandello che la bella fantasia di Lucio D'Ambra ha fissato, il ritratto giovanile fattone nei suoi TVL, II, 89-104, ha un'immediatezza e una verità impareggiabili: "un Pirandello attento al taglio dei suoi vestiti attillati, alla piega dei suoi pantaloni bene a piombo e all'immacolato color tortora o color ardesia dei suoi vasti soprabiti a campana, così larghi che di Pirandelli, invece di uno, ce ne potevano entrare quattro comodamente". Così veniva anche "pupazzettato" da Ugo Fleres nel *Caleidoscopio di Uriel*.

– Su Ugo Falena v. DBI, vol. 44, 416-18.

– Chi ha ricostruito le vie e le dimore romane è R. Quintavalle, *I luoghi romani di Luigi Pirandello*, «Strenna dei Romanisti», editrice Roma Amor, Roma, 1994, p. 431-45.

– Delle prime esperienze nel cinema muto il miglior testimone è ancora Lucio D'Ambra nel postumo *Gli anni della feluca*, Lucarini, Roma 1989, a c. di Giovanni Grazzini. Vicini alla dimora dei due amici si erano installati a partire dal 1910 gli stabilimenti della "Film d'arte italiana" dell'avv. Lo Savio, che cominciarono a produrre pellicole d'ogni genere. Alla loro realizzazione era spesso impegnato come *régisseur* lo stesso D'Ambra, che aveva coinvolto l'amico nell'avventura (*ibid.* 203-205).

– L'ideazione e la nascita del romanzo *Si gira* si lega a quell'esperienza cinematografica. Ma il processo elaborativo fu molto più complesso: l'ha potuto ricostruire G. R. Bussino attraverso documenti da lui ritrovati: una lettera a Giovanni Cena del 1° nov. 1909 e un foglietto autografo dal titolo *Filauri*. Cfr. G. R. Bussino *Il "Filauri" di Luigi Pirandello*, in «Ariel», VI, 3, sett.-dic. 1991, p. 93-97, e cfr. anche CI, 72-77, 182-83, e *pass.*

– In TVL, II, 94, troviamo anche la raffigurazione dell'invecchiato e incurvato *professor* Pirandello.

p. 85-86:
– La lettera alla sorella Lina fu scritta da Palermo il 31 ott. 1886 (LGPR, 148-49), ed è un drammatico rifiuto della vita. C'è in quelle parole la stessa tensione nichilistica che egli qualche anno dopo scoprirà in Lenau: «Un ideale, un sentimento, un'abitudine, una occupazione – ecco il piccolo mondo, ecco il guscio di questo lumacone, o uomo – come lo chiamano. Senza questo è impossibile la vita.[…] Quando tu riesci a non aver più un ideale, perché osservando la vita ti sembra un'enorme pupazzata, senza nesso, senza spiegazione mai; quando tu non hai più un sentimento, perché sei riuscito a non stimare, a non curare più gli uomini e le cose, […] allora tu non saprai che fare: sarai un viandante senza casa, un uccello senza nido. […] Io scrivo e studio per dimenticar me stesso, per distormi dalla disperazione. […] Mancato questo, io precipiterò rovinosamente!».

– Sull'influsso di Max Nordau e di Gaetano Negri, cfr. G. Andersson, *Arte e Teoria. Studi sulla poetica del giovane Luigi Pirandello*, Almqvist e Wiksell, Stoccolma, 1966, p.79-82, 92-94, 163-67, 225-29, e *pass*.

– Nella stessa lettera risalente al sett.-ott. '92, già ricordata a proposito dei primi capitoli del romanzo *L'esclusa*, scrive: «Ho cominciato una serie di *Dialoghi tra me e me*, anzi tra *il mio gran me* e *il mio piccolo me*, che credo riusciranno assai comici e interessanti, ma bisogna ancora attendere», LDF, 112.

– Sulla misteriosa morte del sen. Gaetano Negri e sull'ispirazione che gliene venne per la novella *Dal naso al cielo*, cfr. PAP, 67.

p. 87-88:

– Fu con l'omaggio dell'*Altalena delle antipatie* che per la prima volta Alberto Cantoni si mise in contatto col giovane collaboratore de « La Vita nuova » e amico dei suoi nipoti Angiolo e Adolfo Orvieto. Cfr. BLP, 114.

– La ritrosia cantoniana è rimasta proverbiale e ben descritta da B. Croce negli *Aneddoti di varia letteratura*, vol. III, R. Ricciardi, Napoli, 1942, p. 372: "…Alberto Cantoni, fine e schivo, che ebbe a ritrovarsi con me in uno stesso albergo di una città dell'Italia media dove solevo recarmi a passare l'estate, desinava con me nella stessa stanza, e non mi si dette a conoscere; e mi mandò poi a Napoli i suoi volumi". L'episodio risulterà meglio circostanziato nelle *Lettere di A. Cantoni a L. A. Villari (1895-1903)*, a mia cura, Herder, Roma 1993, p. 110 e *pass*.

– Che il carteggio Pirandello-Cantoni sia andato disperso è comprovato dalla sua inesistenza presso i due istituti che raccolgono la maggior parte delle carte pirandelliane (quello di via Bosio in Roma e la biblioteca-museo di Agrigento) e presso il *Fondo Orvieto* dell'Archivio contemporaneo "A. Bonsanti" di Firenze, dove è confluito il patrimonio archivistico e librario della famiglia Orvieto.

– L'*io* narrante dell'*Altalena delle antipatie* ha una profetica, straordinaria somiglianza col suo giovane ed entusiasta recensore del «Folchetto», che si avviava anch'egli, proprio allora, sulla strada del matrimonio.

– All'improvvisa e imprevista rottura delle trattative matrimoniali, Antonietta, che s'era vista proporre dal padre un altro partito, reagì rifiutando nettamente, US, 132-33. Un suo ritratto intimo e familiare prima da fidanzata e poi da sposa è in MLA, 14-34.

– Le tredici lettere d'amore alla fidanzata sono in LDF, 158-190.

p. 89-90:

– L'analisi critica qui delineata, basata sul saggio che Pirandello dedicò ad Alberto Cantoni nel 1905 (SPSV, 365-87), è insieme la ricostruzione dell'arte dell'umorista di Pomponesco e la dichiarazione di principio di chi, assimilatane pienamente la lezione, aveva creato una sua nuova forma espressiva con *Il fu Mattia Pascal*. Sulla teoria dell'umorismo, cui poi Pirandello si dedicò *ex professo* più tardi, esiste una vasta letteratura, di cui qui si richiama, innanzi tutto, Claudio Vicentini, *L'estetica di Pirandello*, Mursia, Milano, 1970, particolarmente alle p. 117-24, 130-35 e *pass.*; poi l'ediz. commentata del saggio *L'Umorismo* con introduzione di N. Borsellino, prefazione e note di Pietro Milone, Garzanti, Milano 1995; e infine il saggio della Casella, *L'Umorismo di Pirandello*...cit., che costituiscono gli attuali e indispensabili strumenti di conoscenza e di approfondimento in argomento.

– Le considerazioni del Cantoni su *L'Illustrissimo* sono nella lettera al Villari da Mantova del 6 apr. 1895; v. *Lettere di A. Cantoni a L. A. Villari*, cit., p. 18.

p. 90-92:

– «Un iconoclasta, il signor Enrico Thovez, della *Gazzetta letteraria* di Milano, ha tentato di rovesciar l'idolo della presente letteratura italiana, Gabriele D'Annunzio...», così l'esordio del lucido e micidiale attacco al Vate sferrato dal ventinovenne polemista siciliano sul periodico letterario romano «La critica» del 31 genn. 1896. L'articolo, cautelosamente messo da parte dal Lo Vecchio Musti e rimasto pressoché ignoto, è stato ripubblicato in L. Pirandello, *Verga e D'Annunzio*, a. c. di M. Onofri, Salerno, Roma, 1993, p. 105-14. Da qui gli spunti culinari e le altre considerazioni sul detestato personaggio.

– Sul Séailles, naturalmente, il riferimento va a Gösta Andersson, lo scopritore di questa fonte, cui egli dedica l'ultima ampia parte della sua *Arte e Teoria...*, cit., p. 142-224.

– In *Arte e coscienza d'oggi* (SPSV, 893-94) è già evidente l'insofferenza del giovane Pirandello verso l'equiparazione di *genio e follia* operata dal Lasègue e dal Lombroso.

– Di recente Barbina in *L'ombra e lo specchio*, cit., p. 235-88, ha studiato le carte di Pirandello confrontandole col testo del Séailles e riproducendo tutti i passi tradotti.

p. 93:

– Per l'altra "fonte", quella di G. Marchesini, *Le finzioni dell'anima*, Laterza, Bari, 1905, v. F. Rauhut, *Wissenschaftliche Quellen von Gedanken Luigi Pirandellos*, in «Romanische Forschungen», 1939, 53, 2, p. 185-205.

– Le espressioni esasperate contro l'invadenza e l'inutilità della critica sono da attribuire esclusivamente allo Spirito e alle sue incoercibili idiosincrasie.

– Con i nomi che seguono siamo in pieno *milieu* pirandelliano, amici che gli furono accanto nella vita e che per qualche parte ne condivisero l'impegno artistico.

– Italo Mario Palmarini esordì nel 1887 con uno studio erudito su *I drammi pastorali di Antonio Marsi, detto l'Epicuro napoletano*. Trasferitosi a Roma dalla natia Rieti, trovò nel cenacolo Capuana-Fleres ospitalità letteraria, iniziando a scrivere su giornali e riviste. Fu nel gruppo dei più stretti collaboratori di «Ariel» pubblicandovi vari racconti: *Novella antica*, *I sentimenti complementari*, *Musica sa-*

cra, La verità. Tra i suoi libri, *Aracne* e *Gomitoli*, quest'ultimo, una raccolta di novelle, venne recensito da Pirandello (SPSV, 942). Come il Fleres, che aveva abbracciato la carriera delle Belle Arti, lo troviamo all'inizio del secolo ispettore delle Gallerie di Firenze. Cfr. P. Casella, *Strumenti …*, cit., p. 130 in nota.

– Italo Carlo Falbo, trasferitosi a Roma dalla natia Calabria, frequentò il conservatorio di S. Cecilia. Redattore responsabile di «Ariel» vi tenne, con lo pseud. di Falicar, la rubrica *Teatri e concerti*. Dopo la breve avventura arielana si cimentò con l'operetta *Giris* a far la parodia dell'*Iris* di Mascagni. Critico musicale de «La Capitale», fondò e diresse la rivista «Cronache musicali illustrate» divenuta poi «Cronache musicali e drammatiche» e infine, nel 1906-08, «Il Tirso». Entrato nella redazione del «Messaggero», partecipò alle vicende che portarono il giornale sotto il controllo dei fratelli Perrone e ne divenne prima gerente responsabile e poi direttore, accettando la linea nazionalistica della proprietà. Per ispirazione di Pirandello, Falbo creò nell'ultimo periodo della guerra, dal 24 maggio 1918 al 6 luglio 1919, il supplemento letterario «Il Messaggero della Domenica» dal caratteristico color verde delle pagine. Le vicende del dopoguerra lo portarono a lasciare il «Messaggero» e ad assumere la direzione del quotidiano «L'Epoca» ed infine a trasferirsi negli Stati Uniti per dirigere «Il progresso italo-americano». Successivamente accettò di essere corrispondente dell'Agenzia Stefani. Cfr. DBI, vol. 44, 237-40.

– Paolo Orano collaborò anch'egli all'«Ariel» con una serie di articoli sulla *Sociologia dell'arte* dedicati al Tasso, a Dante e all'Ariosto. Professore di filosofia nei licei, attraversò varie esperienze culturali e politiche: socialista (autore dei *Patriarchi del socialismo*), sindacalista, nazionalista, deputato nel 1919, fascista (*Mussolini visto da vicino*, 1928), rettore dell'università di Perugia, senatore del regno (1939), legò infaustamente il suo nome al libro *Gli ebrei in Italia* (1937) che, recensito dal «Popolo d'Italia», fu il punto d'inizio delle campagne antisemite e delle successive persecuzioni. Cfr. R. De Felice, *Storia degli ebrei italiani sotto il fascismo*, Einaudi, Torino, 1993[4], p.212-15 e *pass.*

– Edoardo Giacomo Boner, messinese di padre svizzero, fu uno dei precursori degli studi di germanistica in Italia; da qui la sua amicizia, non solo per la conterraneità, con Pirandello che, stimandone le qualità, gli recensì la raccolta di versi *Musa crociata* del 1897 (SPSV, 942). Dei vari libri del Boner esistenti nella libreria di via Bosio (BLP, 93), la raccolta di novelle *Sul Bosforo d'Italia* (1899) fu oggetto di una sorta di *captatio* linguistica pirandelliana, come ci testimonia il *Taccuino di Harvard* (TDH, 35-42). Il Boner collaborò all'«Ariel» con una poesia e una novella (*Peppe l'accattone*). Morì nel terremoto di Messina del 1908. Cfr. DBI, vol. 11, 782-83.

– Anche Pio Spezi fu tra i collaboratori dell'«Ariel» con un'ampia e argomentata recensione al *Federico Confalonieri* di A. D'Ancona, edito da Treves, Milano, 1898. Storico, socio della Società romana di storia patria, cultore degli studi belliani, in ambito pirandelliano si ricorda per la memoria biografica raccolta e trascritta durante una conversazione estiva sul Monte Cave nei Castelli romani (1893). Pubblicata sulla «Nuova Antologia» nel 1933 (SPSV, 1281-83), venne – per testimonianza del Lo Vecchio Musti (*ibid.*, in nota) – smentita dallo stesso Pirandello, che proprio allora finiva di collaborare alla biografia del Nardelli. E in effetti l'unica parte attendibile rimane quella relativa al cambiamento dell'indirizzo di studio, dal tecnico al ginnasiale (US, 56-58, GG, 43-45), confermato anche dal recente ritrovamento del registro di classe (1879-80) del ginnasio "Domenico Scinà" di Girgenti (v. G. G. Vecchi, *Ma nel liceo di Pirandello la cattedra è ancora rispettata*; «Corriere della Sera», 12 sett. 2003) con i voti riportati nel secondo anno da un giovinetto sempre insofferente delle regole e delle *"pedagorie"* (LGPR, 213). Ovviamente inattendibile anche la seconda parte della memoria dello Spezi, quella relativa agli studi universitari, per cui v. sopra la nota alla *p. 21.*

– Felice Momigliano, di famiglia ebrea monregalese, fu il più affezionato collega di Pirandello al Magistero. Un'amicizia breve, cominciata nel 1914 quand'egli giunse a Roma nominato professore straordinario di psicologia, logica e morale. Ammalatosi gravemente appena giunto nella capitale, fu assistito fraternamente da Pirandello e da Panzini accorsi al suo capezzale d'ospedale. Quest'ultimo lo prese a modello per il personaggio di Beatus Renatus, lo svagato protagonista de *Il mondo è rotondo* (1920). Socialista mazziniano, aveva pagato con la condanna a un mese di confino il delitto d'aver fondato a Mondovì nel 1894 il circolo operaio. Gli ideali mazziniani sostanziati di profetismo ebraico lo allontanarono dal socialismo allo scoppio delle grande guerra, portandolo ad aderire all'interventismo democratico. Quando, nel novembre 1916, la commedia campestre *Liolà*, allestita dalla compagnia Musco, non ebbe il successo sperato soprattutto per le difficoltà del pubblico a penetrarne il dialetto, Pirandello avrebbe voluto stampare subito un'edizione bilingue per la presentazione del lavoro al pubblico milanese in occasione delle feste natalizie. I ritardi dell'editore Formìggini che riuscì ad approntarla soltanto alla fine del maggio 1917, esasperarono il drammaturgo, il quale sperò senza successo nei buoni uffizi del Momigliano per premere sull'editore amico e correligionario. Momigliano morì nel 1924, dopo che il collega Pirandello aveva abbandonato l'insegnamento da due anni. Cfr. l'ottima monografia dedicatagli da A. Cavaglion, *Felice Momigliano, 1866-1924. Una biografia*, Il Mulino, Bologna, 1988; v. anche il mio *Formìggini editore di Pirandello*, in «Belfagor», LVII, 1, 31 genn. 2002, p. 73-86.

– Un ritratto di Arturo Alcaro è in Fleres, *Caleidoscopio di Uriel.*, cit., p. 126-27: "Ah ecco affacciarsene ancora uno sul nebbioso orizzonte delle memorie, forse perché supera di statura tutti gli altri: Arturo Alcaro. Giungeva fresco fresco da Catania in Roma, per prender posto in un Ministero; presentato da Nino Martoglio, entrava nella banda Bussi [*la banda di letterati che frequantavano lo scomparso caffè Bussi di via Veneto*], e via di nuovo in Sicilia per sposare. Di lì a poco, infatti, l'Alcaro tornava alla brigata e si presentava marito e novelliere al capobanda Ferri".

– Tito Marrone, figlio d'un professore di francese, venuto a Roma dalla natia Trapani, era autore di poesie, traduttore dei poeti greci, conoscitore della letteratura francese. Quando Eduardo Boutet avviò il primo tentativo di stabile romana al teatro Argentina (1905-6), egli, sostenuto e incoraggiato da Pirandello e dal *clan* siciliano, ebbe l'incarico di tradurre insieme ad Antonio Cippico l'*Orestiade* di Eschilo, da mandare in scena in quel ciclo di spettacoli. Al trionfale esito della rappresentazione, interprete principale Ferruccio Garavaglia, Tito Marrone e Antonio Cippico ebbero la loro meritata parte di gloria. Ma qualche anno dopo, quando il Cippico lasciò Roma per Londra accettando l'incarico offertogli dall'università britannica, la partenza dell'amico indivisibile fece sì che anche Tito Marrone sparisse dalla circolazione... Così, press'a poco, ne scriveva venticinque anni dopo, nel 1929, Lucio D'Ambra in TVL, III, 379-86. È questa una delle rare testimonianze che ci rimangono sul Marrone, che da allora, pur non rinunciando a coltivare la sua passione artistica segreta, scelse di trascorrere il suo tempo tra le lezioni di francese, che gli davano il necessario per vivere, e il mezzanino di piazza della Regina a Roma, accanto al vecchio padre. Talvolta si concedeva qualche rara evasione nei loggioni dei teatri per assistere alle rappresentazioni degli amici d'un tempo, e poi, da solo, a comporre le sue poesie, a scrivere le sue opere teatrali, da chiudere immancabilmente in un cassetto. Alfredo Barbina – che gli fu vicino nell'ultimo decennio della sua vita – ha dedicato una sezione bio-bibliografica all'umbratile scrittore allora appena scomparso (morì nel 1967), nel *Teatro verista siciliano*, Cappelli, Bologna 1970, p. 541-67, pubblicando, tra i tanti inediti, un suo atto unico, *Re Ferdinando*.

– Pietro Mastri, il cui vero nome era Pirro Masetti fu, come Luigi Antonio Villari, un amico della giovinezza, l'uno e l'altro in rapporti con Pirandello nel periodo anteriore al fallimento dell'azienda paterna. Non a caso la loro corrispondenza, un po' svagatamente letteraria, al prospettarsi di quei drammatici avvenimenti, cesserà. Il fiorentino Mastri aveva nel 1890 sulle pagine de «La Vita nuova» battagliato col Pirandello studente a Bonn sostenendo il peregrino concetto della fiorentinità della lingua. Non poteva egli certo percepire i significati che quell'articolo, *Prosa moderna*, primo tassello di una concezione dell'arte ancora in formazione, avrebbe significato nel futuro di Pirandello. La loro corrispondenza, al di là dell'amicizia che rimarrà immutata, si svolgerà tra *causeries* letterarie, sfoghi e amarezze, interrompendosi nel 1903 su quello stesso scoglio della fiorentinità della lingua. Cfr. *Lettere di Luigi Pirandello a Pietro Mastri*, a mia cura, in «Nuova Antologia», fasc. 2189, genn.-mar. 1994, p.231-54.

– Luigi Antonio Villari è l'umorista napoletano che muovendo dalla sua amicizia epistolare con Alberto Cantoni tenterà di porre le basi per una sorta di *colleganza umoristica* anche con Pirandello. Ospitato da «Ariel», dove pubblicherà una recensione al libriccino *Epigrafi* del suo amico e conterraneo Odoardo Valio, quel sogno di colleganza a mala pena realizzato col recalcitrante Cantoni, sarà vanificato dal sopraggiunto silenzio anche del suo corrispondente romano, sopraffatto dalla sventura. Congedandosi dall'amico egli dichiarerà di non volerlo affliggere o turbare con le sue tristezze: «I miei lavori – gli scrive nell'ultima lettera – come a me non dànno gioja, così mi pare non debbano né possano darne altrui. E allora, di che parlare? a che scrivere?» (PAP, 174). Del Villari, grazie alla liberalità dei figli Alessandra ed Enzo e alla cordiale disponibilità di Alda Croce, sono stati pubblicati da chi scrive i due più importanti epistolari, *Carteggio Croce-L. A. Villari*, Il Mulino, Bologna, 1993, e le *Lettere di A. Cantoni…*, cit. Oltre a ciò v. le lettere indirizzategli da Pirandello (PAP, 161-75), quelle da Capuana («Nuovi Annali della Facoltà di Magistero dell'Università di Messina», a.VIII-X, 1990-92, p. 691-710), e, infine, la riedizione del racconto umoristico *Viaggio di due asini*, Bulzoni, Roma, 1992.

– Di un altro siciliano, Antonino Campanozzi, s'eran perse le traccie fino a poco tempo fa, malgrado fosse a lui dedicato il manoscritto del *Fu Mattia Pascal*, testimonianza, se pur ve ne fosse bisogno, d'una amicizia molto salda. E in effetti Campanozzi condivideva con l'amico Pirandello quella passione teatrale che per entrambi covava sotto le ceneri e che divampò quando l'esca fu loro offerta dalle iniziative di Nino Martoglio per il teatro dialettale siciliano. Sotto tale stimolo sia l'uno che l'altro non mancarono di dare all'amico belpassese un generoso contributo artistico, che per Pirandello segnerà l'inizio della sua grande avventura teatrale. Campanozzi produrrà varie *pièces* dialettali, di cui una in particolare, il *Baruni di Carnalivari*, conseguì un grande successo registrato dalle cronache e dalla critica. Per la sua mai rinnegata fedeltà al socialismo subì le persecuzioni del fascismo con due anni di confino (1926-28), costretto poi per il resto della vita al silenzio e alla semiclandestinità. Riuscì a pubblicare parte della sua opera teatrale in due rarissimi volumi, il primo, dal titolo *L'Imperatrice* (1931), e il secondo (1934), *Maschere del Novecento, opere postume* [sic!], editi entrambi a Roma dalla *Casa del Libro*. La raccolta delle *Maschere del Novecento* che, come s'è visto, figura *postuma* vivente ancora l'autore, comprende le seguenti cinque commedie: *Racanaca*, *Il metodo Anfossi*, *La strada nuova*, *Romolo e Remo*, *Rivoluzione in pantofole* (primo titolo: *Il prof. Segalin*). Campanozzi morirà nell'ottobre 1944, in tempo per vedere la liberazione di Roma e la fine del fascismo. Su di lui v. anche la prec. nota alle *p. 60-61*.

– Carlo Dadone, scrittore di facile vena e poligrafo versatile, andò incontro ai gusti del pubblico con tranquillo disincanto, spaziando agevolmente dal campo del mistero e dell'orrore (*La forbice di legno*, *Il barbiere dei morti*, trattati al modo del più corrivo *feuilleton*), a quello dell'ironia e dell'umorismo (*Come presi moglie*, *La casa delle chiacchiere*), fino alla letteratura per l'infanzia e per la gioventù (*Un eroe*, *Ridete ragazzi*, *La piccola Giovanna*, *Il talismano di Fefè*). Non mancò neppure di cimentarsi nel campo cinematografico con opere filmiche corrispondenti al suo abituale eclettismo (*Il mistero di Montfleury*, *Biribì il picco-*

lo poliziotto torinese, Il delitto del commendatore). Mantenne rapporti con Pirandello all'incirca dal 1903 al 1907, come può testimoniare la lettera da Roma del 29 nov. 1903, in risposta all'invio della raccolta di novelle *La forbice di legno*, pubblicata dal Barbina, *Quell'ombra fosca di Edgar Allan Poe*, in «Ariel», XVIII, 1, genn.-apr. 2003, p.164-68. Ma di un'altra lettera pirandelliana a Dadone, successiva a questa, non vi è più notizia: apparve in vendita per lire 80 mila nel catalogo n.° 11 (nuova serie), *Autografi, Stampe e Disegni*, Natale 1964, della libreria antiquaria Pregliasco (via Accademia Albertina 3bis, Torino), al n.156, con questa didascalia: *Lettera autografa firmata, 4 fitte pagine in 8.ᵛᵒ, datata Girgenti 17. IX. 1904, diretta al noto novellista e romanziere Carlo Dadone, con la quale Pirandello comunicava ampie notizie sui suoi scritti, le case editrici delle sue opere, informazioni relative alla propria biografia ecc.*, e scriveva: «Fra pochi giorni, appena ritornato a Roma, ti manderò una copia del *Fu Mattia Pascal*, che troverò finito di stampare nella *Collezione dei romanzi della Nuova Antologia*. Sui primi del venturo anno esso uscirà, tradotto in francese da Henry Bigot su *La Revue de Paris* e quindi in volume [...]. Del mio nuovo volume di novelle che lo Streglio – secondo i termini del contratto – dovrebbe pubblicare nell'imminente autunno, non si fiata..., ma un po' di considerazione dal signor Streglio credo di poterla pretendere, pensando al meschinissimo compenso (lire 100) che ho ricevuto da ben 20 novelle». *Il lungo scritto* – così prosegue la didascalia della libreria Pregliasco – *dà ancora notizie del programma di lavoro futuro, citando i titoli di varie sue opere. Segue un curioso periodo di interesse linguistico. Termina incaricando il Dadone:* «Se vedi Pastonchi a Torino ricordagli che mi promise di mandarmi *Belfonte*. Tu poi dovresti farmi il favore di mandarmi una copia de *La Vita ironica* dello Zuccoli». Integro così, sulla base d'una copia del catalogo Pregliasco in mio possesso, le informazioni che Barbina (p.168) ha dato di quest'altra lettera.

– Anche se non figura tra i collaboratori arielani, Ettore Romagnoli – a detta dei cronisti dell'epoca – appartenne a quell'*entourage* e fu amico costante di Pirandello. Il traduttore, il volgarizzatore e l'adattatore della grande arte dei tragici greci, l'animatore della tragedia classica nella splendida cornice del teatro di Siracusa, il critico teatrale de «L'Ambrosiano» sostenitore a spada tratta dell'amico quando presentava le sue opere sui palcoscenici milanesi, era stato anche colui che, con la sua traduzione, aveva fornito la traccia e la guida della versione in dialetto girgentino del *Ciclope* di Euripide. Una vera e propria collaborazione artistica sembrerebbe da escludere, ma è significativo che il siciliano guardasse con interesse a quell'opera di traduzione e di volgarizzazione delle tragedie greche. Cfr. A. Barbina, *Ariel. Storia d'una rivista...*, cit., p.149; GG, 385-86; *'U Ciclopu, dramma satiresco di Euripide ridotto in siciliano da L. Pirandello*, a c. di A. Pagliaro, Le Monnier, Firenze, 1967, p. XXIV-XXXV; IAP, 318.

– Nino Martoglio cominciò sin dal 1903 a lavorare intorno a un progetto di *Compagnie drammatiche siciliane* suggestionato dall'istinto innato e dalle qualità

spontanee di attori incolti provenienti dal teatro dei *pupi*, per perfezionarli e lanciarli fuori dei limiti regionali con un repertorio che egli stesso creava e andava richiedendo ai più importanti scrittori siciliani, sull'esempio dato sin dal 1884 da Giovanni Verga con la *Cavalleria rusticana*. Fu l'inizio d'un teatro dialettale la cui storia è racchiusa nella vita stessa di Martoglio, sparito repentinamente e tragicamente nel 1921. L'avvento del fascismo, ostile alla dialettalità, segnerà l'inizio d'una lenta estinzione della scena siciliana, della quale gli ultimi interpreti saranno Musco, Marcellini, Anselmi, Pandolfini. La collaborazione di Pirandello, data dapprima controvoglia, si intensificò quando lo scrittore sarà indotto a riconsiderare nella pratica teatrale il rapporto tra autore e attore, ognuno contribuendo, come in un atto di comunione artistica, alla realizzazione di quell'assoluto che è l'opera, nata, sì, nella mente dell'autore, ma per se stessa autonoma, aperta, libera e vitale. Questo atteggiamento innovativo verso la teatralità, non più intesa come mero conflitto autore-attore, è il dato più rilevante che si coglie nella corrispondenza con Martoglio, inizio di quel *gradus ad Parnassum*, di quel coinvolgimento teatrale che per Pirandello non s'interromperà più. Sull'importanza di questo tratto biografico-artistico, v. innanzi tutto le lettere a Martoglio in PM; e poi le analisi di Sandro D'Amico, *Itinerario di Pirandello al teatro*, in «Il Veltro», XII, 1-2, febbr.-apr. 1968, p. 81-95; di A. Barbina, *La mantellina di Santuzza*, Bulzoni, Roma, 1983, p. 133-217; di Franca Angelini, *Serafino e la tigre. Pirandello tra scrittura teatro e cinema*, Marsilio, Venezia 1990, p. 9-46, 101-16 e *pass.*, e infine di C. Vicentini, *Pirandello il disagio del teatro*, Marsilio, Venezia, 1993, p. 60 e segg. (dove è evidenziato l'*atteggiamento schizofrenico* di un autore che viene travolto da *una sorta di irresistibile fascinazione*). *Tutto il teatro in dialetto* di Luigi Pirandello, ivi comprese le due *pièces* scritte a quattro mani con Martoglio, è ora raccolto a c. di Sarah Zappulla Muscarà, voll. 2, Bompiani, Milano, 1993.
– Per Giuseppe Màntica e Giustino Ferri, si rinvia a quanto già detto nelle note alla *p.* 77.

p. 94-98:
– A meglio illustrare il rapporto di Pirandello con la «Nuova Antologia» occorre tener conto del sogno per un breve momento da lui accarezzato di divenirne il proprietario, quando essa fu posta in vendita, dopo la morte del conte Protonotari, dalle sue sorelle (cfr. LDF, 303-05). Ma l'acquisto da parte del deputato Maggiorino Ferraris, che chiamò Giovanni Cena a capo della redazione, fu per lo scrittore siciliano, le cui qualità erano già ben note, l'occasione fortunata per entrare nel novero dei collaboratori della rivista. V. Giovanni Spadolini, *L'esordio sulla «Nuova Antologia»: Lontano e Prunaja di Luigi Pirandello*, in L. Pirandello, *Epistolario familiare giovanile (1886-1898)*, Quaderni della Nuova Antologia, XXVI, Le Monnier, Firenze, 1986, p. 102-08.
– L'episodio è accennato nella XII lettera al Mastri, cfr. *Lettere di Luigi Pirandello a Pietro Mastri*, cit., p. 249. Su Domenico Oliva, oltre il ricordato capito-

lo in TVL, III, 133-47, è da vedere Gaetano Mariani, *Ottocento romantico e verista*, Giannini ed., Napoli, 1972, p. 619-92 e *pass.*, che ha attinto al ricco fondo epistolare lasciato dall'Oliva.

– Sulle recensioni che le opere del giovane Pirandello ebbero nella «Nuova Antologia», cfr. P. Casella, *Strumenti* …, cit., p. 208-9.

– Dopo il biennio di direzione de «La critica», Gino Monaldi tenne per lungo tempo un'apprezzata rassegna musicale sulla «Nuova Antologia».

– Su Ada Negri e la stroncatura a *Tempeste*, cfr. SPSV, 955-59.

– Su Giovanni Cena, morto di polmonite fulminante il 7 dic. 1917 mentre organizzava l'assistenza ai profughi serbi, v. il ricordo commosso di Pirandello nel «Messaggero della domenica», SPSV, 1082.

– Sulle vicende della recensione a *Una donna* di Sibilla Aleramo, prima destinata al «Marzocco» ma dal settimanale rifiutata, e poi pubblicata su la «Gazzetta del Popolo» di Torino (27 dic. 1906), cfr. S. Zappulla Muscarà, *Pirandello in guanti gialli*, S. Sciascia ed., Caltanissetta-Roma, 1983, p. 189-96, 219-25.

– L'influenza esercitata da Pirandello sulle nuove generazioni (quelle formatesi nel secondo terribile decennio attraversato dalla guerra mondiale), si coglie distintamente in Federigo Tozzi che pubblicherà proprio un anno prima di morire il suo omaggio al Maestro in un articolo de «La Rassegna italiana», II, 9, 15 genn. 1919, p.285-89. Il suo scritto è un tributo alla "coscienza del realismo" dello scrittore siciliano, contrapposta al "realismo incosciente degli Zola o dei Maupassant" e un riconoscimento al creatore di "una prosa che non prende vita dalle parole, ma in cui sono le parole che prendon vita da quel che è dentro". Un mondo, prosegue Tozzi, concepito in "una specie di gastigo, che lo costringe a ritorcersi e a limitarsi; senza quegli sfondi di concezione mistica che potrebbero consolare, o senza quelle coincidenze di realtà che potrebbero cambiare le loro condizioni" con una "logica implacabile che somiglia a una tragedia greca, a cui fosse tolto l'elemento divino". Lo scrittore senese si sentiva in contrapposizione e in rivalità con l'altro discepolo nel verbo pirandelliano, quel Rosso di San Secondo che sulla «Nuova Antologia», fasc. 265, 1° febbr. 1916, p.391-403, aveva dedicato un fin troppo storicistico saggio al diletto Maestro.

– Massimo Bontempelli appartenne invece a quella generazione di pochi anni più giovane di Pirandello, spesso da lui tenuta lontana e schivata perché sospettata d'interessi egoistici o di maligne denigrazioni. Contrariamente, Bontempelli gli fu vicino con affetto discreto, e sarà colui che pronuncerà la commemorazione dell'amico scomparso all'Accademia d'Italia, il 17 genn. '37. Cfr. «Nuova Antologia», fasc. 389, 1° febbr. 1937, p. 271-82. Il saggio, *Pirandello o del candore*, verrà poi ripubblicato la prima volta in *Pirandello, Leopardi, D'Annunzio*, Bompiani, Milano, 1938.

VII

Sei personaggi

p. 99-101:
– Per questa parte dedicata ai rapporti con la moglie Antonietta e alla sua malattia cfr. le tre biografie US, GG e MLA, il terzo vol. dell'epistolario familiare (LDF), i CI (soprattutto il carteggio con Ojetti), indispensabili tutti alla comprensione di quella tragedia familiare.
– A proposito del nome dato alla terzogenita, v. LDF, 316.
– Per la prima grande lite, quella in cui Antonietta lo chiamò *mignatta*, v. LDF, 340-42.
– Per la ricostruzione delle fasi della psicopatia di Antonietta, oltre ai riferimenti sopra richiamati, v. alcune illuminanti notazioni del figlio Stefano, in GGA, 161-64.

p. 102-104:
– «Ridono tutti i suoi dolori», è un *topos* ricorrente sin dalla prima giovinezza (lettera al Pipitone-Federico del 27 magg. 1891, a proposito della composizione del poemetto *Belfagor*, in cui – dichiara – *s'abbeverano e si nutrono tutti i suoi dolori*, PAP, 58). Nell'*Umorismo* la formula ricorre più d'una volta e in particolare a proposito del Quijotte: «egli *si vede* finalmente; si accorge che i giganti eran molini a vento e l'elmo di Mambrino un vil piatto da barbiere. Si vede, e ride di sé stesso. Ridono tutti i suoi dolori» (SPSV, 103). Ancora, in *Un preteso poeta umorista del sec. XIII*, «Quante volte leggendo alcune poesie del Heine non ci vien fatto d'esclamare: *Ma qui ridono tutti i suoi dolori!*» (SPSV, 250).
– «*Bruto, bruto, è mia figlia!*», è il grido della Madre nei *Sei Personaggi*, ma qui *mia* è diventato l'incestuoso *tua*. Sul drammatico episodio, pagine intense in MLA, 46-56.
– Il figlio Stefano nelle ultime pagine del romanzo *Il muro di casa*, Bompiani, Milano, 1935, p. 365-70, descrive l'incontro di Giacomo, il protagonista, con il padre al suo rientro dalla prigionia. Alludendo alla madre, il padre gli dice: "Io non so, io non so, figlio, come tu ti sia immaginato che potesse esser guarita…". In MN, II, 124, Alessandro D'Amico riporta il testo della cartolina di Stefano all'arrivo nel porto di Ancona a bordo della nave *Leopolis* carica di reduci dalla prigionia: "Vi supplico di non muovervi da casa: voglio ritrovarvi lì, tutti uniti, nella santa pace di casa nostra, casa mia!". Nel recentissimo *Il figlio prigioniero. Carteggio tra Luigi e Stefano Pirandello durante la guerra 1915-1918*, Mondadori, Milano 2005, un'attenta, documentata, illuminante ricostruzione curata da Andrea Pirandello, è mostrata tutta l'asprezza dell'impatto del figlio reduce con la dura realtà familiare che lo porta a una contrapposizione col padre, attenuata poi solo dall'intermediazione dei fratelli e da

un'autonoma, dolente riflessione (p. 303-355). Da queste esperienze drammatiche nasce una figura di figlio che potrebbe ben aver contribuito ad ispirare l'analogo personaggio, rigido nei suoi convincimenti e nella sua ostinazione, dei *Sei personaggi*. È da vedere anche l'altrettanto recente pubblicazione di *Tutto il teatro di Stefano Pirandello*, tre voll. a c. di S. Zappulla Muscarà ed E. Zappulla, Bompiani, Bergamo, 2004; con nel primo vol. (p. 50-414) una bio-bibliografia cronologica con ampia epitome dei carteggi del primogenito di Luigi.

– "...si sente *disperato*, annientata la sua vita, e con un solo pensiero fisso, quello di riprendersi in casa la moglie...", GGA, 163-64. Particolari sul villino Verdiani, "su una costa del Monteluco che domina Spoleto" dove Pirandello soggiornò nell'estate del '24, sono in MN, III, 409.

– Ricco di dati è lo studio di Maria Pia Ladi, *L'esperienza psichiatrica di Luigi Pirandello*, in *Intorno a Pirandello*, a. c. di Rino Caputo e Francesca Guercio, Euroma La Goliardica, Roma, 1996, p. 177-210. La Ladi pone al 14 gennaio il trasferimento della malata a *Villa Giuseppina*, che viceversa è anticipato al 13 in *Il figlio prigioniero*.

– Andrea Pirandello in *Quella tristissima estate del Ventuno*, «Ariel», I, 3, sett.-dic.1986, p.230-46, ha rievocato la vita familiare di Luigi Pirandello nel periodo che va dal matrimonio della figlia Lietta (16 luglio 1921) al suo ritorno dal Cile (genn. '25), dove col marito s'era trasferita nel primo periodo della loro vita coniugale. Le lettere di Stefano alla fidanzata Olinda Labroca sono la fonte per descrivere la vita di quegli uomini soli (Luigi con i figli Stefano e Fausto e, insieme a loro, il vecchissimo nonno) nella casa deserta di presenze femminili. Stefano descrive suo padre "annichilito" che non fa "che pensare a Lietta e ripete dieci volte al giorno che non sa più che stare a fare e che la sua vita è finita" (230). Si vedano le contemporanee lettere traboccanti d'affetto ch'egli indirizza alla figlia, in LAL, 23-108. In quelle condizioni l'inserimento di Olinda, sposa di Stefano nel marzo 1922, non fu facile: "giovane musicista, timida e in soggezione davanti a un suocero i cui valori spirituali le apparivano incommensurabili", ella affrontò il compito di dirigere quella casa consapevole delle difficoltà che avrebbe incontrate. "Una povera ragazza, educata in una famiglia quieta, trovarsi di colpo sbalzata al centro della vita di uomini così, tra questi cozzi: Olinda soffrì terribilmente le difficoltà dell'inserimento" (244).

p. 105:
– L'autonomia del personaggio al di fuori d'ogni partecipazione dell'autore, è una costante dell'invenzione artistica pirandelliana da *Quand'ero matto* (1902) fino ai *Colloqui con i personaggi* (1915); cfr. MN, II, 621-24, che ne offre tutte le coordinate. Altro testo di ottima utilità è l'edizione dei *Sei personaggi*, Einaudi, Torino, 1993, curata da Guido Davico Bonino che oltre al confronto tra le due stesure del '21 e del '25 offre una ricca appendice di testimonianze

e di critiche teatrali coeve. Difficoltoso risulta stabilire quando i *Sei personaggi* abbiano cominciato ad assumere la loro piena identità. Ce n'è traccia in un foglietto edito nel '34, dove si parla d'una certa signora Pace che convince una giovine procace a rendersi disponibile a un anziano signore cinquantenne. Ma non risulta accertata la datazione di quel foglietto, indicato una prima volta come risalente al 1910, una seconda al 1912, e la terza volta… senza data (MN, II, 624, n. 2). Anche lì, in quel foglietto, i personaggi, a dispetto dell'autore, «si sono messi a rappresentare tra loro le scene del romanzo» (SPSV, 1257). Ma fino a quando la traccia rimane quella *di un romanzo*? Tale è ancora nella lettera del 23 lug. 1917 al figlio Stefano (MN, II, 623). In questa gestazione lunga, travagliata e complessa, l'unico elemento è il termine *a quo*: quando *il romanzo* possa aver cominciato a diventare azione drammatica? L'ipotesi diventa reale *solo dopo* quella lettera al figlio, dalla cui data si dovrà porre l'inizio della lunga, ultima fase elaborativa, che passerà attraverso le drammatiche vicende della rotta di Caporetto (ottobre 1917) e si concluderà negli anni del dopoguerra quando, per la prima volta (ottobre 1919), sulla stampa viene dal commediografo l'annuncio della «commedia da fare in tre atti», MN, II, 626 e IAP, 128.

p. 106-107:
– Su Nino Martoglio v. la prec. nota alla *p. 93.*
– Nel saggio *Illustratori, attori e traduttori* (1908) è pronunciata – come osserva Vicentini – una "radicale condanna degli attori e delle scene". V. C. Vicentini, *Pirandello il disagio…*, cit., p.16; e cfr. SPSV, 210-24.
– I ventiquattro anni d'insegnamento all'Istituto femminile superiore di Magistero sono ricostruiti da Salvatore Comes, *Il professore Luigi Pirandello*, in «Annali della Facoltà di Magistero dell'Università di Palermo, 1968», p. 40-99, poi nel postumo *Scrittori in cattedra. Ferrari, Capuana, Pirandello, Bertacchi*, Leo S. Olschki, Firenze, 1978, p.111-160. Per l'impegno dedicato ai doveri accademici, v. GGA, 152.

p. 108-110:
– Sull'insofferenza per il teatro e sulla decisione di abbandonarlo, v. l'intervista del 23 febbr. 1919 al «Messaggero della domenica» in IAP, 123-26. Su questa decisione maturata in quell'anno ma non attuata, Vicentini ha scritto il suo *Pirandello il disagio…*, cit., cui qui naturalmente ci si richiama. Sono da aggiungere anche alcuni essenziali documenti che si elencano cronologicamente: una lettera a Maria Borgese del 18 magg. '19 pubblicata da Placido A. Sangiorgio su «Stilos», suppl. settimanale del quotidiano di Catania «La Sicilia», IV, 2, 24 genn. 2002; (indicata come originariamente pubblicata sul «Resto del Carlino» del 16 marzo 1943 da A. Barbina in «Ariel» XVIII, sett.-dic. 2003, n. 3, p. 226; parzialmente riprodotta da S. Zappulla Muscarà negli atti del 6° Convegno di Studi pirandelliani di Agrigento, 1979, dedicato alle *No-*

velle di Pirandello, tip. Sarcuto, Agrigento, 1980, p. 194-95); e *Due lettere inedite di Pirandello* [a Mario Puccini], pubbl. in «Strumenti critici», n.s., VII, 2, maggio 1992, p. 245-51, a c. di Dario Puccini, di cui qui interessa la lettera del 18 dic.'19 (si esclude l'altra, del 5 nov. 1912, di diverso argomento). Si noti anzitutto che sia l'intervista che le lettere riguardano tutte l'anno 1919, a indicare un persistente stato d'animo negativo in quel periodo. Nell'intervista al «Messaggero della domenica» annuncia di aver ancora tre opere in preparazione, al termine delle quali – come dice l'intervistatore – "egli medita il suo divorzio dalla scena". Ma dove l'argomentazione diventa serrata e i toni perentori è nella lettera a Maria Borgese; con la *gentilissima amica* egli s'apre interamente ed entra nel vivo della questione: «Quel che è avvenuto a Milano per la prima del *Giuoco delle parti* mi ha dato seriamente da pensare. È chiaro che il pubblico crede di vedere in me un proposito ch'io non mi son sognato mai d'avere, di mettere cioè a soqquadro il teatro, facendomi condottiero d'una nuova falange di giovani scrittori. Se invece il pubblico sapesse, che per questo suo errore di giudizio, appunto, che ha purtroppo tutta l'apparenza della realtà, io mi sono ridotto a maledire l'ora e il momento che mi venne la sciagurata idea di mettermi a scrivere per il teatro! […] È colpa mia, se tanti che per tanti anni si son pasciuti in segreto della mia opera narrativa, visto che gli spiriti e tanti modi di essa apparivan così nuovi a teatro, mi si son messi dietro a fare, come potevano, da scimmie; e han seccato? La vera ragione di quanto è accaduto l'altra sera al *Manzoni* è questa, creda. I clamori, le lotte, il contrastato giudizio non sono stati pro o contro la mia commedia, per quello che essa è in se stessa, ma pro e contro il così detto "teatro nuovo", "impresa cooperativa", "pirandellismo" come ora lo chiamano. Or tutto questo, per uno che ha lavorato sempre come me in silenzio e con serietà, non può non essere sommamente increscioso. Più d'uno, forse, ne sarebbe lusingato; io – che non ho potuto volerlo, perché so bene che l'arte non vuol dire "Noi", ma vuol dire "uno" – io ne son seccato enormemente. Tanto seccato che già penso di non scrivere più per il teatro». Con Puccini, a fine d'anno, si scuserà invece di non potergli far avere la novella promessa per il quotidiano di Milano «La Sera», a causa dei «maledetti impegni del teatro». Ma di nuovo, ora, il suo coinvolgimento sembra a tutto campo giacché, nel congedarsi dall'amico, dice che «c'è Ruggeri che ha già annunziato per la sua prossima stagione al *Valle* una mia nuova commedia *Tutto per bene*, di cui non ho scritto neanche una battuta».

VIII

Marta

p. 111-112:
– Sul poemetto *Belfagor*, v. PAP, 33-103.

p. 113-116:
– Su tutte le vicende del dopoguerra, sull'interpretazione del fascismo data da Tilgher e sulla successiva adesione del commediografo, rinvio ai due testi fondamentali GG e PPI, dove l'argomento è trattato esaurientemente. Quanto al Pirandello "tilgherizzato", oltre alle opere dello stesso Tilgher, segnatamente ai suoi *Studi sul teatro contemporaneo*, Libreria di Scienze e Lettere, Roma, 1929[3] e alle lettere indirizzate dal commediografo al critico, in L. Sciascia, *Pirandello e il pirandellismo*, ed. S. Sciascia, Caltanissetta, 1953, è essenziale la raccolta curata da A. D'Amico *Il problema centrale (cronache teatrali 1914-1926)*, ed. Teatro stabile di Genova, Genova, 1973. Ma è anche da vedere ora il documentato studio di I. Pupo, *Un frutto bacato. Studi sull'ultimo Pirandello*, Bulzoni, Roma, 2002, p.79-146.

p. 117-118:
– L'avventura del *Teatro d'Arte* dal 1925 al 1928 e la grande importanza di quell'esperimento d'innovazione drammaturgica e di svecchiamento delle scene italiane, è documentata in modo esemplare in PC.

p. 119-120:
– Si tenta qui, sulla base d'una ampia documentazione ormai disponibile, la ricostruzione della *liaison* decennale del Maestro e di Marta. All'abbondantissimo carteggio reperibile nei due testi fondamentali LLP e LMA, si debbono aggiungere almeno due altri testi, Pietro Frassica, *A Marta Abba per non morire. Sull'epistolario inedito tra Pirandello e la sua attrice*, Mursia, Milano, 1991, e Giorgio Pullini, *Il dramma di Pirandello nell'epistolario con Marta Abba*, in «Lettere italiane», XLVIII, 4, ott.-dic. 1996, p. 559-591.
– Il "Contratto di prestazione d'opera artistica" tra la signorina Marta Abba e la Soc. An. Compagnia del Teatro d'Arte di Roma reca la data 25 febbr. 1925. A causa dell'inagibilità del teatro Odescalchi, dove ancora fervevano i lavori, la compagnia continuò a provare fino al 23 marzo nel vecchio Metastasio, in via della Pallacorda (ex sede del *Teatro Minimo* di Martoglio). Quando Marta giunse da Milano insieme alla madre per iniziare le prove di *Nostra Dea* di Bontempelli l'incontro con Pirandello avvenne sulle tavole di quel palcoscenico. L'inaugurazione del teatro Odescalchi fu dieci giorni dopo, il 2 aprile, con il debutto attesissimo de *La sagra del Signore della Nave*. Cfr. PC, 18-21 e M. Abba, *La mia vita di attrice*, in «Il Dramma», Torino, XII, 1936, nn. 237-239, 1-15 luglio-1 agosto.

– Per i "matrimoni di sùlfaro" cfr. la nota alla *p. 12*.

– La drammatica vicenda dell'insolvibilità e dell'asta giudiziaria dei beni di Capuana, che lo portò a tentare il suicidio, è descritta nelle *Lettere di Luigi Pirandello a Pietro Mastri*, cit., p. 251-52; v. anche A. Barbina, *Pirro l'amico ritrovato*, in «Ariel», XVIII, 1, genn.-apr. 2003, p.168-70.

– Sull'«atroce notte» di Como, gli unici accenni in LMA, 20 e 844. La compagnia del Teatro d'Arte presentò i suoi spettacoli a Como in due occasioni, nell'ottobre 1925 e nel maggio 1926. Ortolani, nella nota di commento (LMA, 1398), appoggiandosi all'accenno: «Serbo un ricordo preciso, incancellabile, di *tutti*, *tutti* i posti dove sono stato con Te, dal primo all'ultimo, a cominciare da Como prima della partenza della *tournée* per la Germania», individua nell'ottobre '25 la data del verificarsi dell'*evento catastrofico*. Quanto a ciò che accadde, l'ipotesi ch'egli avanza è "riflessa nel finale del secondo atto di *Quando si è qualcuno*, in cui Veroccia si offre al famoso vecchio poeta e ne riceve un rifiuto". Pullini capovolge la situazione, postulando un rifiuto da parte dell'attrice, e si chede: "chi impedisce di pensare che Pirandello abbia volutamente capovolto la situazione, per sublimare l'immagine ideale di se stesso nello scrittore protagonista che si nega all'offerta della giovane innamorata di lui? Lo fa pensare il tono di molte lettere percorse da una calda, abbandonata vena amorosa non esente da venature sensuali" (G. Pullini, *Il dramma di Pirandello…*, cit., p. 575-76). Le due ipotesi sostanzialmente si equivalgono nel mostrare una equamente distribuita negatività, ma difettano tuttavia d'un elemento riportato da GG, 173-74, circa la mancata consumazione delle nozze nella prima notte da parte dello scrittore (notizie provenienti dalla famiglia della sposa, da accettare come attendibili). Come non postulare dunque un analogo blocco anche in quest'altra circostanza nella quale una dichiarata complicità da parte della donna, considerati gli effetti, è escluso che ci sia stata?

p. 121-124:

– Le difficoltà finanziarie d'una compagnia che si distaccava dal convenzionale contesto teatrale italiano e che anzi ad esso si contrapponeva, non poteva non incontrare difficoltà sempre crescenti. Sulle traversie dell'impresa anche sotto il profilo politico e dei contatti col governo, v. l'insostituibile Alberto C. Alberti, *Il teatro nel fascismo, Pirandello e Bragaglia. Documenti inediti negli archivi italiani*, Bulzoni, Roma, 1974.

– Sulle polemiche con gli ambienti antifascisti argentini che accusavano il Teatro d'Arte di essere finanziato dal regime e di fare soltanto propaganda fascista, v. Gabriel Cacho Millet, *Pirandello in Argentina*, Novecento, Palermo, 1987, p. 63-95, PPI, 141-46, e IAP, 388-90.

– Per il ritiro dal Teatro d'Arte di Leo Ferrero e di Corrado Alvaro, v. PC, 14.

– «Fuori, andar fuori»: è una parafrasi della lettera a Marta del 22 sett. '28, LMA, 49-50. Su Telesio Interlandi e i suoi rapporti con Pirandello, v. Giampiero Mughini, *A via della Mercede c'era un razzista*, Rizzoli, Milano, 1991, *pass.*

– Della possibilità d'un colloquio con Mussolini alla vigilia della partenza per la Germania c'è un accenno nella lettera del 25 sett. '28, l'ultima scritta a Marta per quell'anno; ma la ristrettezza del tempo aveva fatto supporre che l'incontro non fosse avvenuto, cfr. LMA, 55 e 1405. Invece l'udienza ci fu, il 13 ottobre, costringendo il drammaturgo a trascorrere in treno ininterrottamente le sue ultime giornate italiane, correndo prima a Roma, per abboccarsi con Mussolini, e poi subito di nuovo a Milano, dove già s'era trasferito per i preparativi della partenza con Marta e Cele per Berlino, partenza che avvenne il giorno dopo. Tutto ciò si può ricostruire grazie a un trafiletto della «Gazzetta del Popolo» del 13 ott. ritrovato da Ivan Pupo, in cui si legge: "Il Capo del Governo ha ricevuto Luigi Pirandello che partirà domani per la Germania. L'on. Mussolini si è interessato della nuova concezione che Pirandello gli ha esposto dell'arte cinematografica e di quanto egli si propone di fare in questo campo", cfr. IAP, 424, n. 3. Il riferimento all'udienza si trova anche in una intervista a «Comoedia» del 15 genn. 1929 in cui Pirandello, lamentando che nessuno si fosse occupato delle sue nuove idee sull'arte cinematografica, aggiungeva: «salvo Mussolini, il quale vede tutto, sa tutto e che, nell'udienza accordatami, ha voluto ch'io gli illustrassi le mie idee», IAP, 419. Sorge un dubbio: – che proprio questa sia stata l'udienza dalla quale (come racconta Alvaro nella prefazione alle *Novelle per un anno*, cit., p. 22), Pirandello uscisse sconvolto perché il *tombeur* Mussolini con italico cinismo gli aveva suggerito di buttare su un divano, senza tante storie, la bella Marta?
– Sulla notte di capodanno al *Casanova*, cfr. LMA, 88.
– "Allora io stessa consigliai il Maestro a tornare ad appartarsi nel suo lavoro, lasciando questa combattuta e insidiosa vita del mondo teatrale per seguitare a dare a noi attori nuove opere. Necessario quindi e cosciente il mio distacco da lui". Così Marta Abba ne *La mia vita d'attrice*, che solo qui sembra alludere al periodo di convivenza berlinese, cfr. «Il Dramma», XII, 238, 15 lug. 1936, p. 4. D'altra parte la desolazione del Maestro per l'abbandono è ben leggibile in LMA, 63 *segg.*, e ancor più eloquente è la fotografia (scattatagli da Pietro Solari) nell'*Album Pirandello*, a c. di M. L. Aguirre D'Amico, Mondadori, Milano, 1992, p. 250.
– «Debbo continuamente frenarmi, perché m'avviene ormai una cosa stranissima: vedo *così vive* le creature della mia fantasia, *così indipendenti da me*, che non riesco più a contenerle nella composizione che debbo farne: mi scappano via per conto loro; tendono più che mai a uscire dalle loro parti assegnate e a far altro, a parlar d'altro, le cose più impensate, che nascono dal caso, da un cangiamento d'umore, come avviene a noi tutti nella vita. Ricondurli, quasi per forza, alla loro azione nel dramma, mi costa ogni volta una fatica incredibile», LMA, 269. Questa dichiarazione risale al 27 sett. '29 e riguarda la composizione del *Come tu mi vuoi*, rivelando i primi segni d'un affievolimento delle facoltà creative.

p. 125-128:

– «…in questo momento di conciliazione col Vaticano mi piacerebbe far udire in Italia una voce coraggiosa e salutare che metta a posto la coscienza moderna sul problema religioso […], far udire una voce coraggiosa su la vita e la morte, sul Dio dei vivi e il Dio dei morti (proprio il Fascismo e il Vaticano)», LMA, 154-55. In tal modo all'*impolitico* Pirandello capitava sovente d'andare con le sue stesse mani a cacciarsi nei pasticci!

– Per il giudizio dato dall'organo della Compagnia di Gesù sul *Lazzaro*, v. «La Civiltà Cattolica», LXXXI, II, 5 apr. 1930, p. 52-57.

– «…Ti giuro che mi sento *veramente morto*. A Torino, nella Tua stanza, addossato al muro, l'ultima sera, nel licenziarmi da Te, ho avuto questa precisa sensazione della mia morte; e me ne corre ancora il brivido per la schiena. Tu non l'hai forse avvertito. Se l'avessi avvertito, avresti forse avuto una parola di pietà per me, o piuttosto, di compianto», LMA, 306. Così da Torino il 12 dic. '29; e, nella lettera prec., dell'11, «…sarà bene, ora, che tu vada buttando a mare questo cadavere del repertorio pirandelliano; e così potessi anch'io colare a fondo con lui! Líberati, líberati di me, figliuola mia! Io ho ormai bisogno di morire. Non sento più altro che questo bisogno: estremo», LMA, 304.

– «…è stato *mortale* per me, mi ha *tagliato vivo* ciò che m'hai detto a Ferrara, prima, e poi a Lucca prima di partire… Non puoi immaginarTi che sforzo atroce mi costi da allora questo trascinarmi ancora nella vita, in questa vita che non è più vita; tanto più che non una parola, non un gesto Tu hai più avuto da allora che smentissero questa condanna per me capitale…», lettera da Berlino del 3 marzo '30, LMA, 316. Il commento del curatore, Benito Ortolani, coglie bene una situazione esistenziale ormai bloccata, anche se la decisione di Dulcinea con le mani nel grembiule non troverà mai ascolto nel suo stralunato Don Chisciotte, cfr. LMA, 1440.

– «…e se Tu, Marta mia, non fossi stata così buona e non fossi venuta, a quest'ora, io, credi, non ci sarei più! Inutile, ormai, ritornare su quanto è avvenuto. Ti vedo seduta accanto a me, la mattina della mia partenza, nello scompartimento del wagon-lit, e questo mi basta a rasserenarmi…», lettera da Berlino del 1° marzo '30, LMA, 313.

– Ammalato di broncopolmonite, scrive il 29 marzo '30 a Marta: «Non puoi immaginare che impressione m'ha fatto, nello stato in cui mi trovavo, il non ricevere risposta nemmeno al telegramma, al primo per cui avevo ben pagato la risposta di 15 parole. Avevo la febbre sopra 39 ed ero come in preda a un delirio. Non Ti dico ciò che immaginai per questo Tuo silenzio; ciò che mi pareva di vedere, ciò che anzi vedevo con tanta evidenza, che per sottrarmi all'atroce dolore che ne provavo avrei voluto springare dal letto e andarmi a buttare dalla finestra». In questa situazione gli nacque per la prima volta l'idea del *Quando si è qualcuno*, come, ormai migliorato, scrive otto giorni dopo, il 6 apr. '30: «Mi rimetterò al lavoro. Ne ho pensato uno nuovo che può aver per titolo *Quando si è qualcuno*. Cosa strana! Ho pensato il titolo in tedesco, la prima volta: *Wenn man jemand ist. Quando si è qualcuno* è una traduzione. Peccato che non possa anche scriverlo in tedesco da me…», LMA, 368. E nella lettera dell'8 apr.: «Mi è entrato ora nella mente il diavolo di *Quando si è qualcuno*…», LMA, 375. Che qualcosa di diabolico aleggi in questo dramma del *Qualcuno*, è una sensazione difficile da cancellare.

– Marta, il 10 apr., così gli si rivolge: "leggendo queste lettere sapendo che del suo male non è ancora guarito, che la minaccia è d'una pleurite per cui bisogna avere grandi riguardi e cure, saperla lontana in quella Berlino per me odiosa, e ancora più sapere che Lei, proprio Lei va cercando proprio le ragioni per star peggio, per affliggersi e per affiggere, questo ancora mi dà più dolore. Ma non starò a parlare di questo. Ciò che mi preme in questo momento è la sua salute, è lei che in questo momento deve star bene, non solo star bene ma essere felice, contento di vivere e creare. Tutti l'invidiano, e perché Lei solo e proprio Lei deve essere così pieno di tristezza, solo tristezza?", LLP, 75-76. La lettera succ., quella dei "volumi di parole inutili", è del 12 apr., LLP, 78.

– "Allegro Maestro che il mondo è suo" conclude Marta la sua lettera del 14 magg. '30, LLP, 95. La risposta del Maestro è del 17 magg., LMA, 464.

– "…ho il Bull ammalato da molti giorni, è ridotto ora poverino che non sta più in piedi", LLP, 87.

– Le difficoltà di gestire la compagnia teatrale, le gelosie dei colleghi, l'avversione dei critici, il sentirsi diversa dalle altre attrici, la forte coscienza di sé portavano Marta a forme d'insoddisfazione che talvolta la riavvicinavano al Maestro nello stesso desiderio di evasione dall'Italia (lettera del 25 apr.'30, LLP, 85-87). Al riguardo è da vedere la sua reazione a un articolo di Silvio D'Amico sulla «Tribuna» del 25 magg. '30 (che le suggeriva di ampliare il suo repertorio *per non rimanere chiusa nel cerchio dell'arte pirandelliana*) in LLP, 101-107, e il riscontro in LMA, 499-501.

p. 129:

– Sulla caduta di *Questa sera si recita a soggetto* al Lessingtheater di Berlino la sera del 31 maggio 1930 le spiegazioni datene da Pirandello parlano d'una congiura organizzata da Hans Feist, l'ex traduttore delle sue opere che nel marzo '29 aveva rivendicato una partecipazione ai diritti d'autore percepiti in Germania per le sue traduzioni, ricevendone un rifiuto che sfociò in una lite giudiziaria. A luglio si era arrivati a una transazione con l'esborso di duemila marchi in favore del Feist; ma a settembre fu lo stesso Feist a prodursi in un colpo di coda dichiarando a «un giornale socialista» d'essere stato truffato e d'esser lui ad aver abbandonato Pirandello, perché «il suo teatro non vale più nulla né in Italia (dove nessuno più lo rappresenta) né in Francia, né in nessun paese del mondo», prendendosi in cambio una querela, LMA, 250. Con tali precedenti non sorprende quindi se otto mesi dopo il Feist si adoperasse per la caduta dell'*Heute Abend* ed organizzasse financo un accordo di fischietti nel foyer del teatro prima dello spettacolo, LMA, 496-98. D'altra parte Pirandello, insoddisfatto della prova generale, si rendeva conto della mancanza «di ciò che qui chiamano "tempo" nella rappresentazione […], cioè misura, ritmo», LMA, 495, e imputava al regista Hartung d'essersi messo a sofisticare su ogni battuta, d'aver perso l'effetto d'insieme con una «inscenatura pretenziosa e pedantesca di gusto tedesco» (*ibid.*). Un ulteriore elemento negativo fu il sopravvenuto mutamento dei gusti nel pubblico tedesco, non sfuggito né all'ex traduttore né allo stesso Pirandello; il quale, nel passare in rassegna gli spettacoli presenti sulle scene berlinesi nel marzo del 1930 ne misurava la distanza dal suo modo di concepire il teatro: «Sudiciume pseudo-freudiano, come *Die Kreatur*, il nuovo lavoro di Bruckner, caduto al Deutsches Theater, o lavori di tendenza, comunistici o contro la guerra, o insulse farsette inglesi…», LMA, 393. Mathias Adank (che ebbe modo anche di avvicinare e di sentire lo stesso Feist, a quel tempo ormai residente in Svizzera), ricostruisce così la parabola tedesca di Pirandello: pressoché sconosciuto fino al 1924, raggiunge all'improvviso il massimo della notorietà quando Max Reinhardt mette in scena i *Sei personaggi* dandone un'interpretazione penetrante e fantasiosa (*op. cit.*, 16). Poi, nel 1925, attraversando la Germania con la compagnia del Teatro d'Arte, sarà egli stesso a mostrare al pubblico tedesco non soltanto una diversa impostazione teatrale, ma anche a proporre un'ampia scelta di opere sue nel momento del trionfo del teatro pirandelliano in Germania. Osserva Adank: "dopo l'immensa tensione dell'ultimo decennio [*1914-'24: gli anni della guerra e del disastroso dopoguerra*], i tedeschi scoprivano di nuovo il teatro", ed aggiunge: "Shaw è meno vicino e meno familiare alla natura spirituale tedesca. I tedeschi richiedono il pessimista, l'uomo di Schopenhauer. E questo Pirandello era sulla scena" (*op. cit.*, 18). Ma come dunque, in quella seconda parte del decennio (1925-'30) e in così breve giro d'anni, si venne modificando tanto radicalmente il gusto dei tedeschi? Ne coglie il processo Willi Hirdt (*Tra moda e morte. Presenza di Pirandello nel teatro tedesco*, in «Scena illustrata», rivista mensile, Roma, CXXII, 3, marzo 1987, p. 32-35) quando osserva che anche in mezzo al generale consenso non mancarono "lampi di ironia, di sarcasmo e infine di inesorabile rifiuto", e cita lo scrittore e drammaturgo Bernhard Diebold che sulla «Frankfurter Zeitung» del 9 sett. '25 parlava "d'un sagace bluff, di questioni artificiose che la vita non pone mai, di drammi che sembrano giochi di bussolotti"; o l'anonimo R.G. che sull'autorevole «Das Theater» del 15 ott. '25 indicava già nel titolo del suo articolo, *Pirandello-Pirandellitis?*, l'esaurirsi di una moda anche per l'ormai eccessiva presenza di testi pirandelliani nei teatri tedeschi. Ma vi è ancora dell'altro, che è stato colto da Mara Fazio in *Berlino 1930. "Questa sera si recita a soggetto": ragioni di un insuccesso*, in *Granteatro. Omaggio a Franca Angelini*, Bulzoni, Roma, 2002, p. 251-274. La Fazio osserva che alla fine del lunghissimo periodo di crisi e di depressione del dopoguerra, la ripresa economica spinge i tedeschi a cercarsi un teatro di puro divertimento e a decretare la clamorosa affermazione d'uno spettacolo cabarettistico in cui una debuttante, Marlene Dietrich, porta al trionfo la canzone *Es liegt in der Luft eine Sachlichkeit* ("c'è nell'aria qualcosa di vero"), uno dei successi più straordinari (dice la Fazio, p.253) degli anni di Weimar. Sul versante più colto ed intellettuale la tendenza è verso *un nuovo realismo* (*eine Neue Sachlichkeit*, come nella canzone), verso quel teatro d'impegno i cui esponenti, i Piscator, gli Jessner, i Brecht conquistano i berlinesi con *Die Dreigroschenoper* (1928), riadattamento della *pièce* settecentesca *The Beggar's Opera* di John Gay. Grazie anche alle musiche di Kurt Weill *L'opera dei tre soldi*, celebrazione di un mondo di scellerati, di ricattatori e di impostori in cui il male cinicamente trionfa sempre e solo sul più debole, diventa un altro strepitoso successo di quell'epoca. Ma la nuova tendenza ebbe poco tempo per affermarsi, destinata a fare i conti con *un'altra realtà*. Lo stesso Pirandello, a proposito di quel 1° maggio del '30 trascorso a Berlino, scriveva: «...qua, nella così detta repubblica socialdemocratica: sciopero generale, tutto chiuso, niente giornali. L'altro anno, nei quartieri popolari, si sparava dalle finestre delle case: ci furono più di venti morti; e la sparatoria durò poi parecchi giorni, per rappresaglia dei comunisti contro la polizia. Chi sa se qualcosa di simile non avverrà anche quest'anno...», LMA, 431. Se il rischio di un'altra battaglia per le strade non ci fu, in quello scadere di decennio si verificò invece un nuovo repentino cambiamento a causa della crisi economica mondiale, rimbalzata con tale violenza in Germania da portare la repubblica verso il collasso. Berlino, la città rivoluzionaria del 1918-'21, la metropoli intellettuale dei Döblin (*Berlin Alexanderplatz*, 1928), dei Remarque (*Im Western nicht Neues*, 1929), dei Renn (*Krieg*, 1928, *Nachkrieg*, 1930), dei teatri e della grande cinematografia muta, ne sarà la cassa di risonanza e l'ago più sensibile. Nelle elezioni generali del 14 settembre di quello stesso 1930 il partito di Hitler otterrà sei milioni e mezzo di voti e 107 seggi al Reichstag, con un salto dal nono al secondo posto in parlamento. La repubblica weimariana, che grazie a uomini come Erzberger, Rathenau e Stresemann aveva traghettato la Germania dalle durissime clausole del trattato di Versailles, dall'occupazione della Ruhr, dalla devastante inflazione postbellica, alla ripresa ed alle rinnovate relazioni internazionali (accordi di Rapallo e di Locarno), ora soccombeva sotto il crollo di Wall Street nel giovedì nero del 24 ottobre '29. Fortemente sostenuta dai prestiti americani, prima con il piano Dawes e poi con il piano Young, e da essi dipendente, la Germania fu lo stato europeo su cui più rapidamente giunsero gli effetti di quel crollo, con l'arresto della produzione e con un balzo pauroso della disoccupazione. L'agonia si protrasse per tre anni, il tempo di indire altre elezioni (31 luglio '31), in cui il partito nazista raggiunse il suo massimo con quasi quattordici milioni di voti, cui seguirono, il successivo 6 novembre, nuove elezioni generali a conferma del processo di avanzata dissoluzione del sogno weimariano d'una Germania repubblicana e parlamentare. Ma Pirandello ormai era lontano: aveva lasciato Berlino dopo la sua sconfitta artistica, rientrando in Italia in giugno e poi a fine luglio soggiornando a Parigi, per poi prendervi dimora stabile da dicembre. In argomento v. Michele Cometa, *Il teatro di Pirandello in Germania*, Novecento, Palermo, 1986, che non solo offre ampi ragguagli sull'insuccesso dell'*Heute Abend*, p. 285-315, ma analizza tutte le complesse relazioni del drammaturgo col mondo teatrale tedesco. V. anche Oscar Budel, *Pirandello sulla scena tedesca*, in «Quaderni del Piccolo Teatro della città di Milano», I, 1961, 99-122. Sul rapporto Pirandello-Reinhardt v. infine M. Fazio, *Reinhardt: sulla ripresa dei Sei personaggi*, in «Ariel», XVII, 1, genn.-apr. 2002, p.157-62.

p. 130-132:
– «E la *verità vera* è che io non sono vecchio, ma giovane…», così in LMA, 312, e altrove ripetutamente in altri passi di LMA.
– La poesia, VIII delle *Tristi* del *Mal giocondo*, è in SPSV, 499-500.
– <Quarantamila dollari è un prezzo, anche in America, eccezionalissimo: il che dimostra il successo anche eccezionale che la commedia ha laggiù», da Parigi il 22 febbr. '31, LMA, 655.
– Per l'inattesa offerta a Marta di recitare al *Saint Georges* v. LMA, 893-95 e LLP, 221-22. La reazione di Marta è indicativa del suo carattere: "Ma Lei Maestro si rende conto che io non so nulla di francese? Sicuro che mi piacerebbe, ma come superare tutte le difficoltà? […] Ma non importa, il più è recitare a Parigi in una commedia del mio grande Maestro e fare un successo vero. Questo è ciò che conta".
– La crisi anginosa è descritta in LMA, 660.
– Sulla celebrazione verghiana all'Accademia d'Italia cfr. PPI, 148-152, ma qui soprattutto LLP, 226-37.
– Sull'incontro di Marta con Mussolini cfr. LLP, 226-42 e LMA, 906-22.

– p. 133-136:
– Sulla prima delle due udienze a Pirandello del 1932, cfr. LMA, 948-55. Il fervore e gli entusiasmi destati in lui dopo l'incontro con Mussolini furono raggelati dalle conseguenze del convegno sulle corporazioni svoltosi a Ferrara con la relazione *bolscevica* di Ugo Spirito, che portarono nell'estate alle dimissioni di Bottai da ministro delle corporazioni: in proposito v. U. Ojetti, *I taccuini 1914-1943*, Sansoni, Firenze, 1954, p. 395-398, e LMA, 997.
– «Ho avuto di lui un'impressione, che addirittura m'ha gelato il sangue nelle vene», così LMA, 1065-67, nel descrivere il secondo incontro con Mussolini del 5 dic.'32..
– *L'uomo della tonaca maledetta* era Crispi, v. LGPR, 302.

p. 137:
– Per *La Favola del figlio cambiato*, caduta clamorosamente al Teatro dell'Opera di Roma il 24 marzo 1934, occorre far riferimento alle lettere a Marta, LMA, 1113-21 nonché alla testimonianza di G.F. Malipiero in *Luigi Pirandello mio librettista*, ACISP, 913-15, e alle lettere scrittegli da Pirandello, pubblicate

ivi e in *Almanacco letterario Bompiani 1939*, p. 62. Il carteggio è stato poi curato da G. Petrocchi, *Il carteggio Pirandello-Malipiero*, in «Ariel» I, 3, sett.-dic.
1986, p. 126-138. Sui risvolti politici v. PPI, 112-14.

IX

Non conclude

p. 139-141:
– Partendo dalle sue ultime opere non scritte e di cui ci ha lasciato solo trac-
ce nelle interviste e in qualche foglio di appunti, lo Spirito si abbandona ora
a considerazioni sul presente dell'umanità, da cui naturalmente ogni dissenso
è non solo lecito ma auspicabile. E non si entra neppure nel merito delle altre considerazioni addotte, che sembrano ispirate a talune tesi sulla *fine della
storia* che il profetismo d'un professore, tal Francis Fukuyama, ha tempo fa,
con molta enfasi e altrettanta precipitazione, proclamato.
– I romanzi non realizzati, che si presentano di volta in volta sotto vari titoli,
Da capo, Adamo ed Eva, Informazioni sul mio involontario soggiorno sulla terra, sono tutti in realtà riconducibili a un'unica ispirazione, come risulta dall'ultima
intervista a G. Patanè del luglio '36. Val la pena di riportare un brano di quel-
l'intervista, specchio dell'*animus* dell'ultimo Pirandello quale anche qui, nei
Colloqui, abbiamo riconosciuto. All'intervistatore egli dichiara che non si tratta né di un romanzo nè tanto meno di un dramma, ma di un'opera *sui generis*
dal titolo *Informazioni sul mio involontario soggiorno sulla terra*. Un libro vasto,
un'enorme visione originalissima, una biografia fantastica di un uomo che ha
sofferto molto di essere nato uomo. Quest'uomo si sfogherà contro la natura
umana, contro la sciagurata condizione interiore ed esteriore dell'individuo.
Ed ecco l'intervista: «Nascere pianta è meglio che nascere uomo. L'uomo ha
bisogno di coprire le sue nudità. Un cane, un cavallo no. La vita umana è fatta inferno dagli uomini. La terra è dei pesci per due parti e per una parte degli uomini. L'uomo è un pesce rimasto a secco. La sua intelligenza è una malattia terribile. La sua intelligenza uccide la bellezza della vita. La vita deve essere momentanea perché la creazione non è eterna. La vita non può concludere. Le conclusioni degli esseri umani sono conclusioni arbitrarie. Guai se
non crollassero. Le piccole cose sono quelle che più contano». – E *Adamo ed
Eva*, il romanzo tante volte annunziato? – chiede a questo punto Patanè. –
Sarà assorbito dalle *Informazioni*, – è la risposta. Al riguardo, cfr. Stefano Pirandello, *Le opere che Pirandello non scrisse*, in *Bibliografia di Pirandello*, parte seconda, a c. di M. Lo Vecchio Musti, Mondadori, Roma, 1940, p. XI-XIX; e v. anche IAP, *pass.*, ma soprattutto 331-34 e 580; e SPSV, 1099-1109.

p. 142-145:
– Sul passo cit., cfr. SPSV, 1103 n. 8. Per il resto, chiunque potrà trovare collegamenti a Rousseau attraverso l'analisi delle opere del Nostro.

p. 146-149:
– L'incenerazione delle spoglie di Antonio Gramsci avvenne il 28 aprile 1937, il giorno dopo la sua morte avvenuta alle ore 16,10 del 27. Nella sua lettera a Sraffa, Tatiana Schucht indica l'ora come *4,10*, ma è evidente che intende 16,10; cfr. *Lettere dal carcere*, cit., p. 918. Tatiana aggiunge inoltre: "…ci hanno avvertito dalle pompe funebri che la polizia aveva intimato l'ordine di eseguire la cremazione al più presto". La fretta, per la necessità di evitare la diffusione della notizia e il paventato afflusso di persone ("l'ordine del Ministero era che nessuno doveva vedere la salma", *ibid.*), portò le autorità a soprassedere a tutti gli adempimenti necessari per quella eccezionale procedura. Dalla clinica Quisisana le spoglie furono portate al Verano, dove nel Tempio Egizio era in funzione l'inceneritore. "Ora – proseguiva Tatiana – le ceneri sono state deposte dentro una cassetta di zinco ed un'altra esterna di legno, nei posti riservati dal governatorato, senza pagamento, per dieci anni. Aspetto di chiedere l'autorizzazione di trasporto", *ibid*. D'intesa con i familiari di Gramsci, Tatiana sperava di poter portare le ceneri in Sardegna, cosa che poi non avvenne; cfr. la cronologia della vita di Gramsci, relativa all'anno 1937, premessa all'ed. critica dell'Istituto Gramsci dei *Quaderni del carcere*, a. c. di Valentino Gerratana, Einaudi, Torino, 1975, p. LXVIII.
– Tutta l'interpretazione gramsciana dell'opera culturale e letteraria di Pirandello è nei *Quaderni del carcere*, cit., p. 1195-7, 1670-74, 1678-79 e *pass*. Per quel che riguarda la critica teatrale da Gramsci esercitata sull'edizione torinese dell'«Avanti!» nel giro degli anni che vanno dal 1916 al 1920, v., con particolare riguardo alla drammaturgia pirandelliana, *Letteratura e vita nazionale*, Einaudi, Torino, 1950, p. 307 e *segg*. Un'analisi approfondita dell'argomento, *Gramsci in cerca di Pirandello*, è in N. Borsellino, *Ritratto e immagini di Pirandello*, cit., p. 241-50, studio inizialmente presentato in un convegno organizzato dal *Centro Gramsci* di Catania, 12-13 marzo 1982, e poi pubblicato nel numero unico *Pirandello siciliano ed europeo*, de «Le forme e la storia», III, 1982, C.U.E.C.M.
– Che vi sia una connessione segreta tra *La tempesta* e i *Giganti della montagna* lo ha affermato Giacomo Debenedetti nel suo primo saggio pirandelliano, a proposito del personaggio di Cotrone, che – egli afferma – "è l'uomo ritornato solo, evaso dalla società, scampato in una di quelle isole, in cui i poeti vagheggiano da sempre il soggiorno idillico della Fantasia […]. Il mago, l'isola, la superata tempesta degli affanni mondani, la signoria sugli spiriti e sui fantasmi: ce n'era anche più del necessario per far pensare alla *Tempesta* shakespeariana. E infatti non c'è stato recensore che, in occasione della recita postuma dei *Giganti* [al giardino di Boboli di Firenze il 5 giugno 1937], non ab-

bia fatto il nome di Prospero. Ma Cotrone non è Prospero. Non potrà mai gettare in mare la bacchetta di incantatore, con quel rito che non è già addio alla poesia, quanto restituzione della poesia al sogno e alla promessa di una poesia infinita. Impossibile sogno, che Pirandello aveva scontato duramente lungo tutta la sua opera. I *Giganti* rimasero tronchi, perché Pirandello non poteva gettare in mare la sua bacchetta magica". Cfr. G. Debenedetti, *Saggi*, Mondadori, Milano, 1999, p. 644-45.

Indice dei nomi, delle opere e dei personaggi

NB. Nell'indice non figura il nome di Luigi Pirandello: sono riportati invece i titoli delle sue opere e i nomi dei personaggi che abbiano ricorrenza nel testo; così, del pari, sono indicati i gradi delle varie parentele, sempre a lui riferite.

CRISPI Francesco, 72, 111, 194.
CROCE Alda, 179.
CROCE Benedetto, 92, 95, 174, 179.

Da capo, progetto di romanzo, 195.
DADONE Carlo, 93, 179-80.
D'ALESSANDRO PIRANDELLO Eugenia, zia, 61.
Dal naso al cielo, novella, 86, 174.
D'AMBRA Lucio (pseud. di Renato Manganella), 78, 82, 84, 95, 152, 170-71, 173, 178.
D'AMICO Alessandro, 152, 181, 183, 187.
D'AMICO Silvio, 12, 154, 191.
D'ANCONA Alessandro, 176.
D'ANNA PIRANDELLO Rosalia, nonna, 57.
D'ANNUNZIO Gabriele, 10, 44, 94-95, 132, 172, 175, 182.
DAVICO BONINO Guido, 184.
DAWES Charles Gates, 193.
DE ANGELIS Carlo, 167.
DEBENEDETTI Giacomo, 161, 196-97.
DE FELICE GIUFFRIDA Giuseppe, 72.
DE FELICE Renzo, 176.
DE FILIPPO Eduardo, 151.
DE GUBERNATIS Angelo, 151.
Délago, personaggio di *Quando si è qualcuno*, 127.
DELLA TERZA Dante, 152.
DE LUCA Francesco, 72, 161, 169.
DE LUCA Giuseppe (Sac.), 12, 145, 154.
DE LUCA-APRILE Gerolamo, 76.
DEMATTIO Fortunato, 159.
DE NICOLÒ Marco, 164.
DE ROBERTO Federico, 171.
DE SANCTIS Francesco, 32, 91, 93.
DE SETA Francesco (prefetto), 164.
Dialoghi tra il mio Gran Me e il mio piccolo me, 58, 85, 174.
DIEBOLD Bernhard, 192.
DIEZ Friedrich, 155, 159.
DI GIORGI Ferdinando, 76, 170-71.
DI GIOVANNI Gaetano, 159.
DI SIMONE Maria Rosa, 156.
DIETRICH Marlene, 192.
DÖBLIN Alfred, 193.
DOMINICI Enrico, 164.
DOSTOEVSKIJ Fjodor, 81.
DOTTO Anna Maria, 170.

Elegie boreali v. *Elegie renane*
Elegie renane, raccolta di versi, 16, 32, 38, 49, 76, 95, 161.
Elegie romane, traduzione dal Goethe, 95, 161.
ENRICO IV, imperatore di Germania, 49-50.
Enrico IV, tragedia, 49-51, 86, 109.
Epilogo (L'), dramma in un atto, 90.
Erba del nostro orto, raccolta di novelle, 173.
ERZBERGER Matthias, 193.
ESCHILO, 178.
Esclusa (L'), romanzo, 31, 48, 82, 84, 89, 96, 146, 160, 172, 174.
EURIPIDE, 180.

FALBO Italo Carlo, 93, 176.
FALENA Ugo, 83, 173.
Fantasmi (I), primo atto dei *Giganti della montagna*, 130.
FARACI Carmelo, 71, 167-68.
FAUSTINI Giuseppe, 157, 163, 168-69.
Favola (La) del figlio cambiato, opera per musica, 130, 137, 194.
FAZIO Mara, 192-94.
FERDINANDO IV, re di Napoli, 56.
FEIST Hans, 129, 191-92.
FERRARI Severino, 94, 185.
FERRARIS Maggiorino, 94, 96, 181.
FERRERO Leo, 117, 121, 188.
FERRI Giustino, 77, 94, 171, 177, 181.
Figliastra (La), personaggio dei *Sei personaggi in cerca d'autore*, 119.
Filauri (I), v. *Quaderni di Serafino Gubbio operatore*.
FILÌ ASTOLFONE Ignazio, 64.
FINAZZI-AGRÒ Luciana, 155.
Fiorìca Beatrice, personaggio de *Il berretto a sonagli*, 143.
FLERES Ugo, 32, 76-77, 95, 161, 170-71, 173, 175, 177.
FOERSTER Wendelin, 17-25, 77, 147, 155-56, 158-59.
FOGAZZARO Antonio, 96.
FOLGORE di San Gimignano, 22.
FORMÌGGINI Angelo Fortunato, 177.
FORZANO Giovacchino, 51.
FRACCAROLI Giuseppe, 168.
FRANCESCO, autista-maggiordomo, 136.
FRASSICA Pietro, 151, 187.
FRAU Ombretta, 152.

FRIEDRICH Caspar David, 34.
FRISCIA Saverio, 67.
FUBINI Elsa, 153.
FUKUYAMA Francis, 195.
Fu Mattia Pascal (Il), romanzo, 19, 59, 83, 90, 96, 146, 154, 167, 174, 179.

GALLO Nicolò, 12.
GARAVAGLIA Ferruccio, 178.
GARBO Greta, 131.
GARGÀNO Giuseppe Saverio, 74-75.
GARIBALDI Giuseppe, 64.
GARIBALDI BOSCO Rosario, v. BOSCO Rosario Garibaldi.
GAROGLIO Diego, 94.
GAY John, 193.
GEIB Carl, 49, 165.
GENTILE Giovanni, 107, 134.
GENUARDI famiglia, 166.
GENUARDI Ignazio, 58, 166.
GENUARDI Gerlando, 166.
GERMONIO Onorato (prefetto), 164.
GERRATANA, Valentino, 196.
Giara (La), commedia in un atto, 107.
Giarra ('A) v. *La giara*.
Giganti (I) della montagna, 127, 130, 137, 148, 196-97.
GIOLITTI Giovanni, 114.
GIOVANELLI Paola Daniela, 154.
GIOVANNA d'Arco, 63.
Gita a Kessenich, dal *Taccuino di Bonn*, 15, 25.
GIUDICE Gaspare, 151.
GIUFFRIDA Romualdo, 166.
Giuoco (Il) delle parti, commedia, 107-09, 185.
GIUSTI Raffaello, editore, 32.
GNOLI Domenico, 74-75, 95, 127, 170.
GOETHE Johann Wolfgang, 21, 32, 91, 95, 161.
GORINI Paolo, 62, 167.
GRAF Arturo, 94.
GRAGNANI Cristina, 152.
GRAMSCI Antonio, 10, 146-47, 153, 196.
GRAZZINI Giovanni, 173.
GREGORIO Rosario, 56.
GREGORIO VII, Ildebrando di Soana, papa, 50.
GROSSI Tommaso, 43, 48.
Guarnara Giovanni, nome provvisorio del personaggio, v. *Alvignani Gregorio*.
Gubbio Serafino, protagonista del romanzo

Quaderni di Serafino Gubbio operatore, 105.
Gueli Maurizio, personaggio del romanzo *Suo marito*, 75.
GUERCIO Francesca, 184.
GUERRAZZI Francesco Domenico, 43, 49.

HAGER Giuseppe, 56.
HARTUNG Gustav, 192.
HEINE Heinrich, 32, 47-50, 128, 165, 183.
HELD dr., medico, 18, 156.
Heute Abend wird aus dem Stegreif gespielt v. *Questa sera si recita a soggetto*.
HIRDT Willi, 5, 25, 154-55, 162, 165, 192.
HITLER Adolf, 193.
HOHENZOLLERN, dinastia degli, 113.
Homme (L'), la bête et la vertu v. *Uomo (L'), la bestia e la virtù*.
HÜFFER Hermann, 160.
HUGO Victor, 81.

IACONO Cristina Angela, 167.
IBSEN Henrik, 32, 81.
ICARO, 140.
Illustratori, attori e traduttori, saggio, 165, 185.
Illustre (L') estinto, novella, 168.
INAZÒ Nitobe, 25-26.
In corpore vili, novella, 90.
Infedele (L'), titolo provvisorio del romanzo *L'esclusa*, 172.
Informazioni sul mio involontario soggiorno sulla terra, frammento di romanzo, 141, 195.
INTERLANDI Telesio, 121, 188.

JASTER Barbara, 155, 158.
JESSNER Leopold, 193.
JUNG Willi, 155.

KABAYAMA Aisuke, 27.
KREINER Josef, 25, 155, 160.

Labirinto, raccolta di versi rimasta inedita, 90.
LABRIOLA Antonio, 72, 169-70.
LABROCA PIRANDELLO Olinda, nuora, moglie del figlio Stefano, 184.
LADI Maria Pia, 184.
LA LICATA Menico, 73, 169-70.
Lancia a scabre roccie la fune, elegia renana, 37, 162-63.
LANDER Alvina, 20.

Indice generale

Finito di stampare in Firenze
presso la tipografia editrice Polistampa
Settembre 2005